汉语 作为第二语言

搭配知识习得机制研究

李梅秀 / 著

社会科学文献出版社
SOCIAL SCIENCES ACADEMIC PRESS (CHINA)

本书的研究和出版受教育部人文社会科学研究青年基金西部和边疆地区项目（19XJC740002）、云南民族大学中国语言文学博士点成果项目和云南省青年人才项目共同资助

序　言

　　词语搭配使用作为语言运用和理解的重要组织形式，是句法结构规则、语义组合规则、使用频率等多种因素综合作用的语言单位。因此，语言的搭配就是一套以搭配词语为核心的完整的知识体系，在学习者语言习得过程中逐渐丰富发展，可以称之为搭配知识，搭配知识可以看成词汇知识的重要组成部分。第二语言学习者在习得目的语的过程中，不仅需要习得单个的搭配结构，更需要习得目的语中以搭配词为核心的搭配知识体系，而在习得搭配知识的过程中，又会受到多种因素的影响。目前，把搭配作为一种词汇知识体系的研究还不够深入，特别是对于汉语作为第二语言学习者来说，汉语特有的搭配特征和学习者的母语背景知识之间的相互作用是一个重要的研究视角。李梅秀博士的《汉语作为第二语言搭配知识习得机制研究》就是一部对汉语作为第二语言的学习者搭配知识习得机制进行系统研究的代表性著作。

　　李梅秀博士本科就读于北京语言大学人文学院，受到良好的语言学和语言教学等专业的基础知识训练，硕士阶段就跟着我攻读语言学及应用语言学专业，主要进行汉语二语习得方面的研究，硕士毕业后继续跟着我攻读北京语言大学中国语言文学一级学科下自设的首届汉语国际教育学术性博士学位。从本科到博士阶段，她一直致力于语言习得研究，主要进行汉语母语习得过程和汉语作为第二语言的习得过程等方面的研究工作。硕士期间作为主要参与人，参加了我的博士生导师、北京师范大学舒华教授主持的教育部哲学社会科学研究重大课题攻关项目"学生语言能力发展研究",有幸得到了舒华教授的亲自指导。博士期间争取到国家留学基金委的联合培养博士支持基金,赴美国马萨诸塞大学阿默斯特校区,跟随王志军教授学习语言习得相关研究方法,在学术视野上得到了很好的拓展,并积累了和搭配知识习得过程研究相关的重要资源,为搭配知识习得过程研究打下了基础。李梅秀博士期间一直致力于第二语言词汇知识习得方面的研究,研究成果曾在核心期刊发表,在毕业论文的答辩过程中,5位评阅专家中有4位专家推荐她的博士论文为优秀博士论文,应该说李梅秀的博士论文已经具备了很高的创新性,为将来的学术道路打好了坚实的基础。

李梅秀博士的这部专著《汉语作为第二语言搭配知识习得机制研究》是在她的博士学位论文的基础上形成的系统的研究成果。该专著将汉语作为第二语言的学习者搭配知识习得过程作为研究对象,采用语料库分析方法,考察留学生汉语搭配习得过程中影响习得的相关因素,在此基础上采用实验研究方法,考察留学生词语搭配知识的习得情况,考察了搭配频率、近义词、语义选择限制等影响搭配习得的重要因素,并从搭配知识的理解和产出两个通路进行了影响模式探讨,研究视角非常独特。最可贵的是,该研究构建了二语学习者词汇知识体系构造模型,具有很重要的理论价值,对搭配知识习得及教学研究具有重要的参考价值,对于语言能力评价也有重要的潜在价值。我认为该专著具有这几个方面的特点。①理论支撑完备。该研究是一项基于联结主义理论的研究,非常符合联结主义理论浮现的特点,在研究过程中注重频率和特征的相互作用。②研究方法科学。该研究采用基于大规模语料库进行知识获取的研究范式,获取目的语的知识体系,在此基础上从心理认知的特点出发,采用心理学的实验研究方法,考察了不同加工通路的加工机制。③研究的系统性强。该研究考察了多种参数，统计数据和实验结果构建了静态关系模型和动态影响机制模型两种认知加工模型，为将来的研究提供了很好的理论支撑。

李梅秀博士毕业后作为云南民族大学引进的人才回到家乡工作，工作期间刻苦努力，在承担大量专业课程教学任务的同时，继续科研探索，入选了云南省青年人才项目，并获得了教育部科研项目的支持。在短短几年时间里，在教学和科研方面已经取得可喜的成绩，这些成绩的取得和她扎实的专业基础、严密的逻辑思维能力、科学的研究方法和认真刻苦的工作态度都有着密切的关系，这本专著的出版也证明了这些。在李梅秀博士的著作即将付梓之际，作为导师，我也倍感欣慰。我相信李梅秀博士在将来的教学和科学研究中，会取得更好的成绩。

邢红兵

2020 年 11 月 1 日

于北京语言大学

内容提要

搭配知识是词汇知识体系的重要组成部分，也是决定语言理解和产出质量的重要方面。由于搭配知识本身也是一个很复杂的系统，在语言体系中，搭配涉及语法、语义、语用等各个平面。在词汇知识体系中，搭配知识贯穿概念、符号等各个层面，既涉及概念与概念之间的联结、符号与符号之间的联结，又涉及概念与符号之间的联结。而这个联结体系中各知识单元的联结又是复杂多样的，受到不同因素的制约。

本书针对搭配知识体系的这些特点，分别通过中介语搭配分析和搭配理解测试，系统地考察了语际、语内、语外多维因素对汉语作为第二语言搭配习得难度及搭配加工的影响。并根据研究结果拟建了一个静态的关系模型和一个动态的影响机制模型，来解释这些因素分别在知识体系的什么层面、搭配习得的哪些阶段、搭配加工的哪些环节中起作用以及起什么样的作用，以及各因素如何相互影响，并共同作用于搭配的习得和加工。在此基础上探析汉语作为第二语言的搭配知识习得机制。主要有如下发现。

（1）搭配的结构知识在习得难度上有层次性，表现为不同结构类型的搭配习得难度不同。基本结构类型的习得难度从难到易的顺序为：中补结构＞动宾结构、定中结构＞状中结构＞主谓结构。每类结构内典型组合形式习得比较容易，非典型的组合形式习得较难。

（2）语义层面的搭配知识是一个多层次的复杂体系，不同层次的习得难度和加工效率不同，具体表现为语义透明度越高的搭配越容易习得，越低的越难习得；目标搭配构成成分与其近义词的相似度以及近义词数量都会影响搭配的习得难度，并且在搭配产出中起干扰作用，在搭配理解中起促进作用。语言选择限制方面，语义搭配范围的把握是难点，表现为学习者语义搭配范畴界线仍然模糊，常常将词语的搭配范围泛化到语义相关或相近的范畴。

（3）语用方面，词语搭配的语用知识主要影响学习者语言表达的地道性，从研究结果来看，学习者普遍缺乏语体意识，中、高级学习者书面产出中仍有近 50% 的搭配为偏口语的搭配。语韵和语义韵特征的习得相对比较滞后。

（4）除了结构、语义和语用方面的知识，使用频率等也是搭配知识的一些重要方面。搭配词的频率、共现率和联结强度都影响搭配的习得，各类语内因素、学习者母语、汉语水平之间均存在复杂的相关性。

结合联结主义理论、动态系统理论和基于用法的二语习得理论的探讨，进一步得出如下推论。

（1）搭配及其成分本身的属性与学习者的母语、汉语水平等相互作用，共同决定了搭配习得的难易度。其中，搭配及其成分本身的属性是预测搭配习得难度最重要的指标。

（2）各个因素在搭配知识体系的不同层面起到不同的作用，在搭配习得的各个阶段起到不同的作用，并且表现在理解和产出的不同环节、不同层面。其中，频率效应存在于搭配知识体系的各个层面，并且贯穿搭配习得的始终。母语和汉语水平两个因素主要通过与其他因素的相互作用，影响搭配的习得和加工。

（3）搭配的理解和产出通路不同，受各个因素的影响存在很大差异。在搭配理解过程中，主要起作用的是母语、汉语水平，以及搭配的频率、语义透明度和近义词方面的知识。在搭配的产出中，除了这几个因素，语义选择限制、语体、语域和语义韵等方面的知识也是重要的影响因素，尤其是语义选择限制知识。其中，近义词知识在理解和产出中起到了不同的作用，通常在理解中起到优化作用，在产出中起到阻碍作用。

  对搭配知识体系及其习得难易度影响因素的这种多维考察加深了我们对汉语二语搭配知识体系及其习得机制的理解。同时可为搭配习得难度的自动评测提供理论依据和参考指标，从而为准确预测搭配习得难易度、提高词语搭配的教学效率增加可能性。

目　录

第一章　绪论　　　　　　　　　　　　　　　　　　　　1
　1.1　研究背景　　　　　　　　　　　　　　　　　　1
　1.2　理论依据　　　　　　　　　　　　　　　　　　6
　1.3　研究目的及意义　　　　　　　　　　　　　　　11
　1.4　研究思路及方法　　　　　　　　　　　　　　　14

第二章　词语搭配研究的历史与现状　　　　　　　　　21
　2.1　搭配研究的历史发展　　　　　　　　　　　　　21
　2.2　搭配的界定和分类　　　　　　　　　　　　　　22
　2.3　语言本体视角的搭配研究　　　　　　　　　　　40
　2.4　计算语言学领域的搭配研究　　　　　　　　　　44
　2.5　心理语言学视角的搭配研究　　　　　　　　　　46
　2.6　第二语言习得领域的搭配研究　　　　　　　　　48
　2.7　本章小结　　　　　　　　　　　　　　　　　　73

第三章　搭配知识习得影响因素预测　　　　　　　　　77
　3.1　语际因素　　　　　　　　　　　　　　　　　　77
　3.2　语内因素　　　　　　　　　　　　　　　　　　80
　3.3　语外因素　　　　　　　　　　　　　　　　　　94
　3.4　本章小结　　　　　　　　　　　　　　　　　　95

第四章　基于产出的搭配知识习得影响因素研究　　97
- 4.1　语料资源及研究方法　　97
- 4.2　结构因素　　100
- 4.3　语义透明度因素　　119
- 4.4　近义词因素　　122
- 4.5　语义选择限制因素　　129
- 4.6　语体因素　　135
- 4.7　语域因素　　151
- 4.8　语义韵因素　　152
- 4.9　本章小结　　155

第五章　基于理解的搭配知识习得影响因素分析　　157
- 5.1　基于主观评测的影响因素分析　　157
- 5.2　基于理解测试的影响因素分析　　164
- 5.3　本章小结　　195

第六章　搭配知识习得难度及习得机制　　196
- 6.1　语言习得难度的预测方法　　196
- 6.2　搭配知识习得难度及相关因素　　207
- 6.3　搭配知识习得机制　　210
- 6.4　本章小结　　217

第七章　搭配知识习得特点及相关思考　　218
- 7.1　词语搭配知识习得和加工的特点　　219
- 7.2　二语知识体系的理论思考　　221

  7.3 成果的应用 224

第八章 结语 227

附 录 230
  附录1 主观评测量表 230
  附录2 理解测试问卷 233

参考文献 243

后 记 276

第一章 绪论

1.1 研究背景

词语搭配（collocation）作为一种重要的语言组合关系，是词汇知识体系的重要组成部分。在第二语言习得中，搭配习得的重要性主要体现在两个方面。第一，搭配学习是获得词汇知识的一个重要途径，绝大多数词语在实际语言使用中的具体语义、语用特征等，大多通过与其他词语的组合关系获得；第二，搭配知识的掌握关系到第二语言学习者能否在听、读过程中准确理解目的语，也关系到目的语表达的流利性和地道程度。

正如有些学者指出的，很多词语在真实表达中的语义往往来自与其他词语构成的组合，而不是直接使用词典中概括的概念义或理性义（Firth，1951：196；苏宝荣，2000：141）。例如"打游戏""打篮球""打扑克"等搭配中的"打"，在词典中对应的义项是"做某种游戏"，但在"打游戏"这个搭配中"打"既不能直接理解成"做"，语义特征也不完全等同于"打球""打扑克"等搭配中的"打"。因为"做游戏"是另外一个意思，而且"打球""打扑克"的"打"都有与"打游戏"的"打"不一样的动作特征。再如"动物+走"和"人+走"中的"走"概念义一样，但动物的"走"和人的"走"从动作形态上讲实际上是不一样的"走"，认知神经科学领域的相关研究也发现人的运动和动物的运动激活的脑区是有差异的（Han，Bi，Chen，Chen，He & Caramazza，2013），说明其在大脑中的语义表征也不一样。因此，学习者只有接触到词语的各种搭配，才能构建起完整的词汇知识体系。只有掌握大量的搭配，了解词语在特定搭配中的语义，才能准确理解目的语表达的意思，在说话或写作中才能产出地道的表达。我们在交流或者阅读目的语文章时经常遇到"知道每个句子的语法结构以及所有的词语却不能正确理解句义"的情况，或者在说话、写作中能够表达基本意思，但表达不地道，往往就是因为没有掌握词语在特定搭配中的语义。

可见掌握词语的相关搭配对目的语词汇习得以及目的语理解、产出都十分重要。但是要掌握词语的搭配并非易事，两个词语能否搭配使用，受句法、语义、语用、音节组配规律等多种因素的制约。二语搭配习得还受学习者母语背景、语言水平等因素的影响。二语学习者只有掌握了不同层面的搭配知识，抑制母语知识的干扰，才能在写作或口语表达过程中顺利提取到正确的搭配，输出地道的目的语句子，否则就会出现"你可以做太极拳或者呼吸运动或者很轻的运动""要保持心理安静""我感觉有压力的话做什么都不能稳定地做"等（来自HSK汉语口语考试录音）不恰当的表达。如果对外汉语教师能够很好地掌握搭配知识体系的特点及影响学习者习得的因素，了解学习者习得的难点，在教学中有针对性地进行教学，将会在很大程度上改善这些问题。

实际上，搭配在语言学领域的研究从19世纪50年代英国伦敦学派的弗斯（Firth）开始，至今已有60多年的历史了。20世纪80年代，受搭配研究的启发，加上很多一线语言教师在教学过程中发现中、高级学习者虽然掌握了基本语法，词汇量也不断增加，但语言表达几乎停滞不前，常常遭遇语言理解和表达上的尴尬，语法的强化和词汇语义的解释，在中、高级学习者语言水平的提升方面失去了老师们预想的作用，教师们开始反思传统教学法"词汇、语法一分为二"倾向的不足，渐渐意识到了搭配教学的重要性（Lewis，2000）。二语习得和教学领域相继出现了大量搭配习得方面的研究。相关研究显示，对于二语学习者来说，搭配问题比其他一般词汇问题要严重（Bahns & Eldaw，1993）。

目前，在搭配习得研究成果和一线教师教学实践的相互印证、相互影响下，人们在搭配习得的重要性方面基本达成共识。很多有多年教学经验的一线教师清晰地认识到学习者如果不知道一个词的搭配用法就不算真正掌握了这个词（Hill，2000）；学习词汇不仅仅是学习新单词，而是学习已知单词的新组合（Woolard，2000）；在词汇教学中，与其把大量的时间花在解释语义上，不如教会学生如何去使用，如何去搭配（Lewis，2000）。甚至有人提出：解决中级水平学生"高原期"现象的办法就是多教搭配，而不是不断地加强他们的语法或者教他们很多生词。中级水平学习者只要简单地学会怎么使用他们已经知道的词，学会这些词的大量搭配，不需要花太多时间在完善语法上，就会有显著的进步（Lewis，2000）。相关研究也证实学习者总体语言水平与搭配知识的掌握有很强的相关性（如 Al-Zahrani，1998）

认识到搭配教学的重要性之后，横在教师们面前的问题是，哪些词的搭配需要系统讲解，哪些搭配需要不断强化，不同搭配的教学需要强调哪些搭配知识等。国内外相关领域已在学习者搭配的习得情况、搭配知识的测评、搭配词典和教学材料、搭配学习策略及教学方法等方面进行了大量的研究，对搭配教学有很大的启发。但从目前的成果来看，很多结论还需要更多的认知理据，可以直接参考或使用的东西还比较有限。

由于教学材料的容量及教学时间非常有限，而搭配的数量几乎是无限的,不可能在教学材料和教学中穷尽地呈现所有搭配。因此,教学材料的编纂和教学实践中在搭配的选择和信息的呈现等方面通常需要考虑两点。第一,常用度。常用搭配是教学的重点,一个搭配常用与否基本可以通过其在实际语言使用中的频率来确定。第二,难度。常用搭配固然重要,但在搭配信息的呈现或搭配教学中不必也不可能全部详细地呈现或讲解。重点应该是比较难的搭配及其比较难的知识。而一个词的搭配或者一个搭配的难易度,不仅涉及句法、语义、语用等语内因素,即汉语词语搭配知识体系本身还涉及学习者母语与目的语的一致性等语际因素,以及语言能力、语言水平、学习环境、接触目的语的时间、文化差异等语外因素。

国内外二语习得和教学领域的研究都不同程度地考察了这些因素对搭配习得的影响,但究竟哪些是影响汉语搭配习得难易度的决定性因素?其背后的习得机制是怎样的?等等。这些问题尚待考察,主要原因有三。一,尚无较系统的研究。一方面,已有相关研究大多集中关注部分因素对搭配习得的影响,各个因素在整个系统中的相对作用有待进一步考察。另一方面,还有一些重要因素没有关注到,比如搭配词的近义词家族数、近义词与目标词的相似度、搭配词的频率、搭配在语义和语用方面所受的限制等因素。二,汉语作为第二语言的搭配习得机制还需深入考察,认知理据和实际应用的对接有待完善。目前,汉语作为第二语言的搭配习得研究很少深入认知层面,对汉语二语搭配知识体系的动态构建过程尚无较系统的研究。而认知层面的少量研究成果则很难直接应用于搭配的教学实践中。三,搭配习得难度的预测缺乏系统的量化指标。在实际的教学材料编纂或教学中,对搭配习得难易度的大概评估是不够的。因为搭配的数量是无限的,而学习材料的容量以及教学的时间都是有限的,教师也很难根据很少的几个指标,或者自己掌握的知识和经验对每一个搭配的习得难易度做出比较精确的评估。因此要在无限多的搭配中准确选择需要强化的搭配，还需要一个比较具体的标尺，这首先需要找出影响搭配习得的各类因素，并弄清楚它们如何在搭配知识体系的构建中起作用。

以往在进行语言习得难度的预测时，研究者一般根据语言间的差异性（如 Keenan & Comrie，1977）或根据语言形式的普遍性直接做出习得难易度的预测（如 Schachter，1974；Pavesi，1986；Chaudron & Parker，1990），或者通过观察学习者语言使用中的表现（如，偏误情况）进行预测（如吴门吉、周小兵，2005；王静，2007等），还有少量研究者通过观察语言相关属性对学习者语言理解或产出的影响进行习得难度的预测（如封颖，2015）。第一种预测方法以语言的差异性或普遍性为标准，能够预测到部分语言点的习得难度，但也存在很多与这两种方法的理论假设相悖的情况。比如基于语言对比的预测方法所依托的"对比分析假设"认为与学习者母语有差异的语言项更难习得，但很多研究者发现事实并非完全如此。比如对疑问句的相关研究发现对于以英语为母语的汉语学习者来说，与英语疑问句不同的"……吗"式疑问句并不比与英文一致的其他问句更难习得（转引自朱永平，2004）。后两种方法则主要以学习者的正确或偏误情况为指标进行预测，能预测到基于对比分析和普遍语法理论的方法预测不到的情况，但其背后的认知机制还需进一步考察。学习者使用中的正确或偏误情况虽然能反映相关语言点的习得难易度，但并不等同于习得难度。若将学习者使用中的正确或偏误情况作为习得难度的观测指标，或以造成偏误的因素作为习得难度的预测指标，都需要一个合理的解释机制去解释习得难度与理解和产出表现之间的关系，弄清楚理解和产出表现到底在多大程度上能够反映出一个语言点的习得难度。

综合以上考虑，本书借鉴已有研究成果，将各类已证实的影响因素以及未证实但可能很重要的潜在影响因素融合到一起，拟通过语料分析和实验研究，着重从语言认知的角度找到解释各类影响因素与搭配习得难度、搭配的理解和产出表现等变量之间关系的机制，从而深入了解汉语二语词语搭配的习得机制。在此基础上找到能够预测搭配习得难度的重要指标，为搭配习得难度自动评测提供方法和认知理据，为词语搭配的学习资料和工具书的编写以及词语搭配教学提供参考。

1.2　理论依据

1.2.1　联结主义理论

联结主义理论（Connectionism）起源于人们对大脑结构及其运作机制的研究，"联结"一词就是对神经网络模型及其软、硬件实施中各个方面特点的概括（沈政、林庶芝，1995）。联结主义具有两个关键特征：一是认为知识的表征是分布表征（distributed representation），即一个概念由多个表征单元通过共同作用来表达，而不是一个单元对应一个概念的一对一模式；二是认为知识的学习过程是一个学习和调整分布表征的过程（李平，2002）。

根据联结主义理论，语言知识的学习包括学习知识的表征和建立表征单元之间的关系，而单元与单元之间的关系主要通过联结权值来调整。权值代表单元与单元之间的联结强度，权值越高代表联结越强。当知识表征单元之间的关系网络调整和建立完善之后，学习过程就基本完成了。因此，单元之间联结权值的调整是知识学习的核心（邢红兵，2016）。

知识的联结包括符号和概念之间的联结、单位和特征的联结、单位和单位的联结等基本类型。从联结成分之间的关系来看，单位和单位之间的联结是同类联结，符号和概念之间的联结是跨类联结，单位和特征之间的联结是上下位联结（邢红兵，2020）。词语搭配本质上是单位与单位之间的同类联结，即词语单位之间的联结。因此，二语搭配的习得实际上就是建立和调整词语单位之间联结关系的过程。但这种联结不是随意的，也不是独立于其他联结成分的，而是受词单位及其特征之间的上下位联结关系影响。搭配知识体系本身还涉及符号与概念之间的跨类联结。因此，词语搭配知识体系的构建包括建立词语对应概念之间的特征关系、概念表征与符号表征之间的关系，以及符号与符号之间的关系。通过不断地调整，在概念单元、符号单元，甚至基本概念和词形符号下一层表征单元之间建立起对立而又相互连通的关系，从而实现概念的整合，建立起适用于目的语表达的词语搭配知识体系。在此过程中，各个知识表征单元之间关系的建立会受不同因素的制约。

1.2.2 基于使用的二语习得理论

基于使用的二语习得理论（Usage-based approaches to SLA）主要是指依托于以下两个假设的二语习得相关理论：①语言学习主要基于学习者对语言的接触，即主要靠大量的语言输入来实现；②在语言的学习过程中，学习者利用各种知识学习通用的认知机制，抽取目的语的规则。联结主义学习理论也属于基于使用的二语习得理论（Ellis & Wulff，2008）。

基于使用的二语习得理论认为语言表征的基本单位是结构（constructions），即形式与意义或功能的配对。结构的范围囊括各个层面的单位，从简单的语素（如 - ing）到复杂而抽象的句法框架（如 Subject-Verb-Object-Object）。语言学习就是学习结构，即学习形式与意义或功能之间的关联。因此，形式与意义或功能之间的联系越简单、越稳定（reliable），习得就越容易。通过学习总在某个阶段对一个"形式—意义"对的知识掌握程度，可以推知他们在什么样的情境下接触到该"形式-意义"对，以及接触到该"形式-意义"对的频率有多高。语言学习的过程很大程度上是内隐性的学习，即在学习者没有意识的情况下进行的。大脑会使用简单的学习机制分析给定的"形式-意义"范例的各种特征，包括频率、共现的词语和短语的类型以及更大的上下文语境等，以此获得相应的语言知识。语言学习是一个渐进的过程，在这个过程中，目的语知识在认知学习机制和目的语输入的交互作用下形成一个复杂的适应性体系（Ellis & Wulff, 2008）。

根据这个理论，搭配的"形式-意义"联结的复杂性和稳定性在很大程度上决定了搭配习得的难易度。搭配的习得是在搭配的内在规则特征词语之间的聚类关系、搭配的频率等多种因素共同作用下建立起目的语搭配知识体系的过程。这些因素的作用最终会通过学习者搭配知识体系的外在表现，即理解和产出表现出来。

比较两个理论，基于使用的二语习得理论对搭配习得的解释实际上也是联结主义的思路，但是其对语言习得机制的解释还只停留在一些关系层面，例如认为语言习得就是习得"形式与意义或功能之间的关联"。但实际上语言知识体系内部的联结是多维的复合联结，不只形式、意义、功能之间存在关联，还有形式之间、意义单元之间、功能与功能之间的关联。甚至形式、意义、功能的亚单元之间，以及上一层单位之间等，都存在复杂的联结关系。相应的，语言习得也涉及各个层面的联结关系。从这一点来看，联结主义具有更强的解释力，因为它对语言习得机制的解释可以深入各个层面，以及不同层级之间复杂的联结。因此，我们主要以二者共同强调的联结关系为框架，并借助联结主义理论进行较深入的讨论。

1.2.3 动态系统理论

动态系统理论（Dynamic System Theory, DST），也被称为复杂系统理论（Complex System Theory, CST）、混沌理论（Chaos Theory）、协同理论（Synergetic Theory）或者自组织系统理论（Self-organizing Theory），该理论源于用来解释复杂系统发展状况的数学范式（崔刚、柳鑫淼、杨莉，2016：35-36）。该理论认为，任何一个具有随着时间而变化的组配关系的体系都是一个动态系统（Baranger，2002：7），"动态系统内的子系统或者其构成要素之间都是相互关联的，这种关联使得整个系统作为一个整体而起作用，任何要素都不能脱离系统而单独存在。在动态系统内部，所有的变量都是相互关联的，任何一个变量的变化都会对系统的其他所有变量产生影响"（Pienemann，2007，转引自崔刚等，2016：36）。因此，基于该理论的研究主要强调事件关系的重要性和系统内各元素之间的关联性。

Larsen-Freeman（1997）首先在应用语言学领域提倡动态系统理论，并把它引入二语习得的研究之中（崔刚等，2016）。动态系统视角下的二语习得理论把二语习得的过程看作一个基于使用和基于项目的学习过程，这个过程是非线性的（不同于传统二语习得研究将习得过程视为连续渐变的线性过程的观点），即"学习者不是按部就班地学习完一个项目之后再转向下一个项目的学习"，而是一种表现为曲线发展的学习过程，这个过程中布满了峰和谷、进步和倒退（Larsen-Freeman，1997：转引自崔刚等，2016：50）。

动态系统理论主要强调系统的动态性，但是也不忽视系统在变化过程中存在的稳定状态。

以动态系统理论视角看二语搭配习得过程，那么，二语学习者目的语搭配知识体系的构建过程及其相关因素实际上也构成了一个各要素相互关联、相互制约的动态系统。例如，目的语中同一个词语的搭配知识体系，对于不同母语、不同学习阶段的学习者来说都是不一样的，搭配知识体系不同层面的内容对于不同情况的学习者也有不同的意义。有些母语背景的学习者只需要将其母语中的知识体系移植到目的语中，即可完善该词语的搭配知识体系的构建，而有些母语背景的学习者则需要两种语言体系的转换，要抑制母语的影响，构建全新的搭配知识体系。处在不同汉语水平阶段的相同母语背景学习者在习得同一个词语的搭配时，受到的影响因素又会各不相同。如果我们撇开其中一些因素而独立地考察少量相关因素，那么只能得到在特定情况下适用于特定对象的结论。如果我们将各种因素放在整个多因素关联的动态体系中去考察，并构建出动态的习得机制模型，那么我们既可以在这个模型中看出搭配知识习得机制的稳定状态和各因素间的互动规律，也可以通过在具体情境下系统中部分因素的变化及其引起的整体系统变化来较准确地预测特定学习者特定搭配的习得情况。例如，当我们得到了一个包含搭配习得各因素之间相互作用模式和相关系数的模型以后，这个模型的各因素的具体参数就因不同时间、不同情况、不同学习者而不同，但因素间的关系模式和整体运行机制是稳定的。这样，我们就可以利用这个模型较准确地预测出不同情况、不同学习者学习同一个汉语搭配的难易度，而不是只能预测多数普遍现象而解释不了个别现象，或者只掌握个别情况而不能预测普遍的稳定现象。

  鉴于以上考虑，本书首先在已有研究成果的基础上，尽可能全面地梳理出了汉语搭配习得相关影响因素，再着重对其中比较重要的因素进行深入考察。研究先梳理出相关因素体系，并不是想在一个研究中做到面面俱到，而是想在考察其中任何一个因素时，都能将其放到这个整体体系中去探讨，在与其他因素相互关联的动态体系中去探讨其相对作用，而不是孤立地看其"绝对"的作用。因为在实际情况下，没有任何一个子系统或因素可以脱离整体而独立发挥作用，也不可能完全不影响其他子系统或因素。

1.3 研究目的及意义

1.3.1 研究目的

（1）找出汉语搭配习得的主要影响因素及其动态影响机制，深入了解搭配习得和加工的内在机制。

（2）构建一个可以系统地解释各个因素影响机制的模型，为搭配习得难度预测提供相应的方法和认知理据。

（3）通过对搭配习得难度影响因素的系统考察，为搭配教学材料的编纂以及教学实践提供更系统的参考。

1.3.2 研究意义

1.3.2.1 理论意义

（1）搭配习得和词汇习得研究方面的意义。

本研究将搭配知识视为词汇知识体系的重要组成部分，系统地考察了影响词语搭配习得的各类因素，研究结果对二语搭配习得研究的丰富和发展具有一定的推动作用，也为汉语二语词汇习得理论提供了相关的实验证据。

（2）理解汉语二语搭配知识体系及其发展机制方面的意义。

研究将搭配习得相关因素放在一个相互关联的动态系统中进行考察，以较多维的视角，采用多种方法对搭配知识体系和搭配习得相关影响因素进行了全面的验证，并构建了动态的汉语二语搭配习得机制模型。在理论层面有助于深化我们对汉语二语搭配知识体系及其发展机制的理解。

1.3.2.2 方法论意义

从宏观角度讲，研究可以为词汇习得相关研究及不同层面语言单位习得难易度的相关研究提供方法上的参考。从语言单位层级体系来看，搭配本身也是一个相当于短语的语言单位，对搭配习得机制的系统研究，将为其他语言单位（如词汇、句子）的习得机制研究提供可参考的研究范式。

1.3.2.3 应用价值

（1）为搭配词典编纂和教学材料编排提供参考。

搭配学习词典的编纂既要考虑搭配的收录范围，也要考虑搭配信息的呈现方式。搭配习得难度相关因素及其影响机制的确定，一方面可以为词典中收录哪些搭配提供较准确的参考，另一方面也可以为搭配信息的呈现提供很好的参考。比如，面对某个搭配时，首先根据习得难度及其常用度（频率）确定是否收录，再根据各个指标的影响机制及该搭配的各项属性决定突出哪些方面的相关信息（如结构类型、搭配成分的近义词辨析、语义选择限制、语用特征等）。在教材的编排中，也可以参考该研究成果，根据搭配的整体难度确定其在什么等级的教材中出现，以及在教材中的出现次数，根据各项指标的影响系数及搭配的相关属性编写练习等。

（2）为搭配教学提供依据。

在教学中可以根据影响搭配习得难易度的各类因素及其相互关系，决定哪些搭配重点讲解，以及从哪些方面入手进行强化。

（3）为搭配测试材料的编写提供依据。

研究结果可为搭配测试题的编写提供参考。一方面根据搭配的难易度确定选择哪些搭配进行测试；另一方面可以根据不同的影响因素及影响的大小有针对性地设计考点。

（4）为汉语学习者词汇水平的评估提供一定的参考。

词语搭配能力是体现学习者词汇运用能力的一个重要方面。了解二语搭配知识体系的构建过程及相关影响因素，就可以通过评测二语搭配知识体系中最能体现搭配运用能力的知识，来评估学习者的二语搭配能力，在此基础上推测其词汇水平。

（5）为汉语搭配习得难度自动评测提供一定的参考依据。

搭配习得的难易度受语内、语际、语外多种因素的影响。本书系统地考察了这些因素对汉语搭配习得的影响，以及各因素之间的相互关系。这为汉语搭配习得难度的自动评测提供了理论依据评测框架和重要的测评指标。

（6）为汉语二语学习者作文自动评分提供潜在的评测指标。

词语搭配能力在很大程度上体现了二语学习者的二语水平，他们在写作中的搭配使用是否准确，则在很大程度上决定了其作文的地道性。而语言表达地道与否应当是评价一篇作文质量高低的重要标准之一。本研究梳理的搭配习得影响因素体系可作为评价一个搭配难易度的指标，从而可以将学生作文中不同难度搭配的使用情况作为作文评分的指标之一。

（7）在教学材料和分级读物的文本难度自动评测方面有潜在的应用价值。

文章的文本难易度，不光由其词汇本身的常用度和难度等因素决定，不同难度搭配的分布情况也在很大程度上决定了文本的难度。这是因为，同样难度的词语，构成的搭配有些可能比较容易，有些则比较难。因此，两篇包含词汇几乎一样的文章，词语组合不同，文本难度可能就会存在很大差异。如果能将搭配的难易度也作为评测文本难易度的一个指标，就能区分出词语难度相当的两篇文章中哪一篇更难，文本难度的评测结果将更准确。

1.4 研究思路及方法

1.4.1 概念的界定和研究对象

1.4.1.1 概念的界定

1.4.1.1.1 词语搭配

在遵循国内外相关研究已达成的基本共识的基础上,综合考虑词语组合形式的多样性特点①、组合的内在机制、二语学习者词语组合的习得特点②以及二语教学的需要等因素,将词语搭配界定为"两个词在一个句子内按照一定的句法规则构成的、在语义和语用上为母语者普遍接受的词语组合关系"。

该界定只针对实词搭配,不包括语法搭配,主要强调四点。

第一,句法规则是构成搭配的先决条件。两个词的组合只有符合一定的句法规则,形成一定的句法结构(如主谓、动宾等),才算搭配。排除那些频繁共现但没有特定句法关系的词序列,如"老师在五层会议室开会"中的"会议室开会"不是搭配。另外,句法关系也是确定两个词构成的多个组合是否同属一个搭配的关键。如果两个核心词构成的多个组合属于同一句法关系,那么它们属于同一个搭配的不同形式,比如,"吃苹果""吃了一个苹果""吃了毒苹果"中,"吃"和"苹果"都是动宾关系,因此都是

---

① 两个词的组合形式有多种可能,有些可以构成多种结构形式的搭配,有些必须相邻,有些可以插入其他修饰限定成分,有些词语之间的搭配则在其他修饰成分参与的情况下才成立。

② 在二语习得中,不同类型的词语组合都有不同程度的习得难度,并非只有限制性搭配在习得上有困难。从深层关系上讲,自由组合、固定组合等本质上都是词语组合关系,可以作为一类进行研究;从二语教学的角度讲,了解不同类型词语组合的习得规律和相关影响因素,对词汇及搭配教学都有重要的意义。

"吃+苹果"的搭配。如果两个核心词组成的多个组合属于不同句法关系，那么应该视为不同的搭配，例如，"他认识一个漂亮姑娘"中"漂亮"和"姑娘"是定中关系，"那个姑娘很漂亮"中"姑娘"和"漂亮"是主谓关系，因此这里的"漂亮姑娘"和"姑娘漂亮"，虽然构成成分相同，但属于不同的搭配。

第二，两个词构成的组合在语义和语用上都必须为母语者普遍接受。搭配除了必须符合一定的句法规则，在语义组合和语用特征上都必须符合母语者的习惯。有一方面不符合，就不是一个恰当的搭配。例如"得到疾病""吩咐老师"，基本语义说得通，但语用特征上不符合汉语的习惯，母语者普遍不接受这样的搭配。另外，因语感差异，只有个别母语者可以接受的组合不算常规搭配。

第三，搭配的核心成分为两个词，区别于一般的短语。搭配本身在语言单位上讲是短语，但并非所有短语都是搭配。比如，"卖菜的""美丽可爱的姑娘""又白又胖"等都是短语，但不是我们这里所讲的词语搭配。其中，"卖菜的"这个短语中包含了一个搭配"卖菜"，"美丽可爱的姑娘"包含了"美丽的姑娘""可爱的姑娘"两个搭配，"又白又胖"包含了"又……又……"的语法搭配和意义上并列的两个词语，不属于这里讲的词语搭配（即实词搭配）。

第四，搭配强调的是两个词语之间的联结关系，在实际文本中两个词不一定相邻。如"买了一件漂亮的衣服""买了很多衣服"都是"买+衣服"这个"型"的不同文本实"例"（参考李斌，2011a）。因此，两个词常常既可以构成紧邻搭配，又可以构成离散搭配。无论构成紧邻搭配还是离散搭配，两个词一定在同一个句子中出现，跨句的共现关系不构成我们所讲的搭配。

1.4.1.1.2 习得难度

本研究的核心是通过考察影响搭配习得难度的因素及其作用机

制来了解搭配知识的习得机制，因此首先要明确什么是习得难度。综观已有研究，除了专门的学习或习得难度研究，第二语言习得相关研究对习得难度也有诸多论述，但对习得难度的概念并没有明确的界定。最大的问题是没有区分学习难度和习得难度。国外相关研究大多用"学习难度"（learning difficulty）的概念，实际考察的内容既涉及学习难度，也涉及习得难度；国内多数学者使用"习得难度"的概念，还有一些学者交替使用"学习难度"和"习得难度"的概念。实际上，这是两个不同的概念。"学习"是指有意识地获得语言知识的过程，获得的是"显性语言知识"，而"习得"是指通过无意识或下意识的方式获得语言知识，习得的结果是获得"隐性语言知识"（王建勤，2009）。因此，学习难度只是获取"显性语言知识"的困难程度，而习得难度是将通过学习或其他渠道获得的知识内化为隐性语言知识的难易程度。另外，习得难度外显指标的界定和论证方面还几乎是空白。通俗地讲，就是没有指明习得难度具体体现在哪些方面，没有论证观测结果是否代表真正的习得难度。由于习得难度本身是一个无法直接、准确测量的变量，需要通过一些观测指标（observable indicators）去测量。在考察习得难度及其影响因素之前，首先必须明确哪些变量可以作为习得难度的观测指标，再通过考察相关因素对这些观测指标的影响，来确定这些因素是否可以准确预测到习得难度。

鉴于以上考虑，本研究将语言的习得难度界定为"将通过各种渠道获得的语言知识内化为隐性语言知识的困难程度"。一个语言项目的隐性知识越难获得，其习得难度越大。

据此，搭配的习得难度即指获得隐性搭配知识的困难程度。隐性搭配知识主要体现在理解性搭配知识和产出性搭配知识的获得方面。而获得隐性搭配知识的困难程度又体现在两个方面：一是获得时间的长短，通常需要时间越长的知识越难；二是可达到的深度，搭配知识的深度可以通过理解和产出来衡量。在相同学习时间内，如果一个搭配连达到理解的水平都很难，那么这个搭配的习得难度就非常大；如果一个搭配只能达到理解的水平，很难达到自由产出的水平，那么这个搭配的习得难度相对比较大；如果一个搭配可达到自由产出的水平，那么这个搭配的习得难度就相对比较小。因此，我们可以通过观察不同阶段搭配的理解和产出水平来观测搭配的习得难度，通过影响搭配理解和产出的因素间接预测搭配习得难度，从而深入了解搭配的内在习得机制。

1.4.1.2 研究范围

Benson（1985）、Benson et al.（1986b，1997）等根据组成成分之间的语法关系和整个组合的语法结构分出了语法搭配（grammatical collocations）和词汇搭配（lexical collocations）。语法搭配是指由一个主导词（a dominant word，如名词、动词、形容词等）与一个介词或语法结构（如不定式、从句）构成的组合，如"名词+介词""形容词+介词""名词+不定式"等（Benson et al.，1997）；词汇搭配是指由名词、动词、形容词、副词等实词构成的组合，如"动词+名词""形容词+名词""名词+动词"等（Benson et al.，1997）。

本研究考察的是由实词组成的词语搭配，不包括介词等有虚词成分参与构成的语法搭配。另外，由于量词与名词、动词构成的搭配比较特殊，其相关限制因素与其他的实词搭配差异比较大，也暂不纳入当前的研究中。因此，我们将研究范围限定为名词（含代词）、动词、形容词、副词构成的搭配，参考张寿康和林杏光（1992）、李裕德（1998）的搭配框架，一共分出五种结构类型的搭配，如表1-1所示。

表 1-1 搭配的结构类型

结构类型	结构形式(例)
主谓	N+V(方案通过);N+A(情况复杂);V+V(失恋引起);V+A(学习很累)
动宾	V+N(安排活动);V+V(进行安排);V+A(喜欢安静)
定中	A+N(干净的房间);V+N(解决的方法);N+N(汉语水平);
状中	Adv+V(刚回来);Adv+A(非常漂亮);N+V(明天回来);V+V(轮流发言);A+V(认真地写);Pron+A(这么高)
中补	V+A(打得好);A+A(复杂得多);A+V(富裕起来);V+V(猜出来);A+Adv(美丽极了)

注:普通名词或代词参与构成的搭配,表中"N"的位置包括"Pron"的情况。

由于并列结构的构成成分关系主要强调意义上的并列结构关系的复杂性、语义选择限制等方面都不同于表 1-1 中所列的几种结构类型。相对于这些结构,并列结构的限制较少,学习者出错的概率也相对比较低,因此暂不将并列结构纳入本书的研究。

1.4.2 研究问题

(1) 哪些是影响搭配习得的关键因素?这些因素之间是怎样的关系?

(2) 各个因素如何在搭配知识体系的不同层面以及搭配习得和加工的不同阶段起作用?各个因素与搭配知识体系的关系机制是怎样的?

(3) 如何通过这些影响因素预测搭配的习得难度?

1.4.3 研究思路

研究将结合已有本体研究的成果,通过语料分析和理解测试考察相关因素在搭配习得中的作用，并通过模型对各个因素的影响机制进行解释和探讨，从而深入挖掘搭配习得的机制。研究本着系统性原则，将所有因素放在与其他因素的关系网络中，考察其在整个搭配知识体系习得过程中的动态作用。一方面要尽可能地找出所有可能有影响的因素，以保证观察到的各个因素的作用是在整个关系网络中的相对作用，避免因脱离与其他因素的关系而作出片面的结论。另一方面要对其中起关键作用的因素进行深入考察和探讨，以便找到预测搭配习得难度的关键指标。因此，研究的各个部分将在尽量全面的基础上，分别有所侧重。具体分如下几个步骤。

第一，对搭配习得影响因素的研究成果和搭配的本体研究成果进行"元分析"式的归纳总结，探讨语际、语内和语外三个维度影响搭配习得的已知因素和未知的潜在因素，将归纳总结得到的影响因素作为考察的主要因素。

第二，通过对中介语语篇中的搭配进行穷尽式的描写和统计分析，考察上一步列出的因素在搭配产出中的影响，以及其他可能影响搭配习得的重要因素。首先随机抽取多个母语背景的中介语语篇（包括中级和高级水平的语篇）。然后从这些语篇中穷尽地提取主谓、动宾、定中、状中和中补结构搭配，包括所有正确的、不太地道的和偏误的搭配。最后根据要考察的因素进行分类统计和描写，观察各个因素在搭配产出中的表现。

第三，通过学习者主观评测和深层理解测试，考察各个因素对搭配理解的影响。由于考察的因素较多，因素间的关系比较复杂，且考察的搭配结构类型较多，很难采用"在线"的实验研究方法——考察。而"离线"的测试具有可操作性强，受测试环境、时间等影响相对较小的优点，通过优质的测试题，能在有限的时间内，很方便地测很多方面，也能深入认知层面。因此，本研究暂时只采用"离线"的诱导性测试考察相关因素的影响。

第四，根据语料分析和测试所得结果，构建相应的模型，解释和探讨因素间的关系及其动态的影响机制。在此基础上进一步探讨搭配习得难度的预测指标和预测机制。

第二章　词语搭配研究的历史与现状

由于学界对搭配的界定和分类有诸多不一致的地方，研究首先借鉴已有搭配界定和分类的优缺点，结合搭配习得的特点，给出一个明确的界定，划定具体的研究范围。其次，研究的主要内容除了参考搭配习得的相关研究，还需要参考本体研究和应用研究的相关成果。因此，本章我们首先简单介绍搭配研究的发展概况，再分别介绍搭配的界定和分类、语言本体视角的搭配研究、计算语言学领域的搭配研究，最后着重介绍面向第二语言习得和教学的相关研究。每一部分的介绍将根据国内外的研究情况展开，如果国内外研究差异比较大，则先介绍国外的研究再介绍国内汉语相关研究，国内外研究比较接近的内容，则按具体研究内容或研究视角进行介绍。

2.1　搭配研究的历史发展

西方最早有关搭配现象的研究可以追溯到公元前 300 多年，当时的古希腊斯多葛学派（Stoicism）就已认识到词义随搭配对象的变化而变化（Robins，1979：18）。搭配（Collocation）成为语言学术语则始于 1750 年 Harris 用"collocation"指线性的词序列（the linear constellation of words）（Palmer，1933），20 世纪二三十年代 Palmer 等人也在日本做了一些针对英语教学的搭配研究（如

Palmer，1931，1933），但真正将搭配作为一个专题来研究则始于英国伦敦学派代表人物 Firth。20 世纪 50 年代，Firth 以"搭配"(collocation) 作术语进行了大量研究（Firth，1951，1957，1968），使得该术语在语言学界广为人知。

国内汉语学界对搭配现象的关注最早可追溯到 19 世纪末马建忠《马氏文通》中对"联字"（相当于现在所说的"搭配"）的讨论（冯奇，2007）。20 世纪 20 年代开始，陆续出现了一些涉及搭配的研究。金兆梓（1983）首次从语法和语义方面探讨了词语搭配的问题。50 年代，词汇研究领域的一些研究者开始强调要在组合关系中考察词义，尤其是在同义词的考察中要关注词语之间的配合关系（如张世禄，1956；周祖谟，1959）。90 年代中期，随着汉语词汇语义研究的进一步发展，很多研究者越来越关注词义的组合关系，开始尝试通过词语的用法和搭配特点来分析词义（辛平，2014），代表性的研究有符淮青（1996，2004）、苏宝荣（1999，2000）、王惠（2004）、刘叔新（2005）、张志毅和张庆云（1994，2001）等。总体上看，20 世纪 90 年代以前的汉语词语搭配研究主要作为研究其他语言现象的途径和视角，90 年代以后词语搭配本身才逐渐成为研究的重要内容。

目前，国内外语言本体、计算语言学、认知语言学、心理语言学、语言习得及教学等领域都不同程度地对搭配进行了多角度的考察，取得了比较丰硕的成果。

2.2 搭配的界定和分类

2.2.1 搭配的定义

经过几十年的发展，搭配在语言本体研究和应用研究领域都有丰厚的成果。但是由于不同研究者的研究角度和出发点不同，国内外学界至今没有统一的搭配定义，各家搭配界定的唯一共同点是都将搭配视为词语的组合关联（Nesselhauf，2005）。已有研究对搭配的界定，大致可分为广义/宽式搭配和狭义/严式搭配两种。广义的搭配考察的是"自由组合—限制性组合—词汇化的习语"的连续体，而狭义的搭配仅仅考察限制性组合（王宗炎，1998：167；冯奇，2007）。国外相关研究对搭配的定义大致可分为四类。

（1）短语学方法的定义

短语学传统的搭配研究受 20 世纪 40 年代俄国短语学研究的影响（Cowie，1998），基本在句法和语义框架下进行分析。因此，学界将该传统的研究对搭配的定义方法统称为"短语学方法"（phraseological approaches）（Nesselhauf，2004：12），或"以意义为导向的方法"（significance oriented approach）（Herbst，1996：380）。国外词典编纂（lexicography）和语言教学领域多采用该传统的定义。短语学传统的搭配研究主要代表有：Cowie（1981，1988，1994，1998），Howarth（1996，1998a，1998b），Mel'Čuk（1998）等。该传统下最常见的定义大致可以概括如下：搭配是介于自由组合与熟语之间的词语组合，这种组合中至少有一个词的语义是非常用义（如 take a step，read one's mind），或者对可以进入组合的词有限制（如 commit 只能与表示"错误行为"的词搭配，shrug 在 V + N 结构中只能搭配 shoulders）。

由于词语组合在语义的透明度和所受的限制上存在差异，且从自由组合到习语的固定程度是渐进的，没有明确的界限，加上不同研究者对词语组合的划分有粗有细，短语学传统下的相关研究界定的搭配范围也不尽相同。

Cowie（1988）将词语组合分为"套语式"（formulae）和"合

成式"（composites）两类，前者是通常具有某种语用功能的句法单位（units of sentence-length），如：How are you，后者是具有某种句法功能的低于句子水平的单位（units from below the sentence level）。根据 Cowie 的观点，搭配是"合成式"组合的一种。Cowie 主要根据语义透明度（transparency）和可替换性（commutability/substitutability）来区分搭配与其他组合①，区分出了四类词语组合：自由组合（free combinations，如 drink tea）、限制性搭配（restricted collocations，如 jog someone's memory）、比喻性习语（figurative idioms，如 close ranks）和纯习语（pure idioms，如 spill the beans）②，并将搭配研究限制在"限制性搭配"的范围内。Howarth（1996，1998a）对词语组合的划分与 Cowie 相似，但将 Cowie 划分的自由组合称为"自由搭配"（free collocations）。由于俄罗斯短语学家主要关注较固定的词语组合（more fixed word combinations），该传统下大多数研究者界定的"搭配"相当于 Cowie 等人划分出的限制性搭配，大致介于自由组合和习语之间（如 Bahns，1993；Benson，M.，Benson，E. & Ilson，1997；Mel′Čuk，1998；Nesselhauf，2004；Nesselhauf，2005；LeŚniewska & Witalisz，2007；Durrant & Mathews-Aydinli，2011；Wolter & Yamashita，2015）。但也有少数研究者将自由组合纳入搭配的研究中（如 Lyons，1977）。这也是短语学传统下搭配界定不一致的一个表现。

---

① 透明度是指组合整体与其组成成分的语义相关度，即组合的整体语义可以从其组成成分的语义推知的程度。透明度高的组合整体和成分语义相关性高，透明度低的组合整体和成分语义相关性低。可替换性是指组合成分多大程度上可以被替换而不影响原来的语义。

② 自由组合：对替换的限制以语义为基础，所有组合成分取字面义；限制性搭配：成分在一定程度上可替换但受一定的约束，至少一个成分取字面义，一个成分为非字面义；比喻性习语：组成成分几乎不可替换，组合整体有比喻义，但可以保留字面义；纯习语：组成成分完全不能替换，组合不保留字面义，只有比喻义。

(2) 基于频率的方法 (Frequency-based approaches)

语料库语言学和计算语言学领域通常以共现频率为判断标准，将搭配定义为文本中具有一定共现倾向的词序列，因此称为"基于频率的方法"(Nesselhauf, 2004: 12)，也作"统计导向的方法"(statistically oriented approach) (Herbst, 1996: 380)。该传统下定义的搭配既包括短语学传统下界定的搭配（通常在统计上有很高的共现倾向），也包括在语义或句法关系等方面没有特殊限制但常常共现的词序列，因此研究范围较短语学传统的研究范围要广（如 Biber, 2009; Hoey, 1991; Sinclair, 1991)。该定义方法主要继承了 Firth (1951, 1956, 1957, 1968) 以及 Halliday (1961, 1966)、Sinclair (1966, 1987, 1991) 等新 Firth 学派学者的研究传统。

Firth 将搭配界定为共现的词序列，搭配的长度从 2 个词到 15 个词不等（如 Firth, 1957), Halliday 和 Sinclair 继承了 Firth 的理念，并在具体的界定上做了一些调整，引入了一些量化指标。Halliday 认为，搭配作为词汇项目的组合关联，可以在文本上量化它们在一定距离之内共现的概率 (1961: 276)。他分别用"节点词"(node) 指搭配的主词（研究的目标词），"搭配词"(collocate) 指与"节点词"构成搭配的词，"跨距"(span) 指节点词和搭配词的距离。Sinclair 等人将搭配界定为文本中在较短的距离内共现的两个或三个词，并通过计算延伸了 Halliday 关于搭配项在一定距离范围内共现的观点，其研究发现：在实际文本中，95% 的搭配词出现在节点词 (node) 左、右分别 ± 4 个词 (orthographic words) 的范围内（见 Jones & Sinclair, 1974)。

关于共现频率为多少算搭配，没有统一的标准，因此在该传统下，不同研究者界定的搭配所包含的词语组合范围也有差异。如有些研究者认为只要在真实语料中共现一次以上的组合就算搭配

（如 Halliday，1966；Moon，1998；Kjellmer，1987；Kennedy，1990）；有些则认为具备一定共现频率的组合才算搭配（如 Jones & Sinclair，1974；Stubbs，1995），如 Jones 和 Sinclair（1974）认为当两个词在一定的语料中共现的频率高于它们各自单独出现的频率，那么这两个词就构成搭配。

（3）心理语言学方法（Psycholinguistic approaches）

心理语言学领域从语言加工和储存模式出发，将搭配定义为具有内在心理现实性的词与词的组合，这种组合在心理词典中要么整体储存，要么各个元素之间具有较强的联结（如 Bolinger，1968；Hoey，2005；Wray，2002）。Hoey 认为搭配是"词语之间的心理联结"，证据是它们在语料库中共现的次数往往比随机分布的次数多（Hoey，2005：3-5）。相对于其他领域的搭配研究，心理语言学视角的研究较少，关于搭配的界定讨论得也不是很多。

（4）多种视角相结合的定义

除了以上三种传统的定义，还有很多研究者在定义搭配时兼顾了不同角度的界定标准。比如，Mitchell（1966，1971）认为搭配是词根的组合，这种抽象联结在文本中可以表现为不同的句法形式，其对搭配的界定考虑了搭配词之间的句法关系，并用习惯性（habitualness）作为判定标准（1971：54），间接地考虑了频率因素。Kjellmer（1987：133）将搭配定义为"符合一定的语法规则且在文本语料中以相同形式出现过一次以上的词序列"，Handl（2009）认为搭配是由至少两个具有一定内在关系的搭配项（partners）组成的语言符号（linguistic sign），这种组合关系取决于搭配方向以及一个搭配项对另一个搭配项的吸引力，是两个搭配项之间在语义、词汇和统计上的多维关系。这些研究在搭配的界定上既考虑了语法和语义关系，又兼顾了频率因素，综合了短语学方法和基于频率的方法（类似的还有 Greenbaum，1970，1974；Stubbs，

1995；Nesselhauf，2003，2005 等）。

Gyllstad（2007，2009）将搭配定义为语言使用者心理词典中词语抽象概念（word abstractions）间的关联性联结（associative connections）。在具体的文本层面上表现为约定俗成的词语组合，由相互关联且频繁共现的两个词构成，两个词或者相邻或者相隔一定的距离，其中一个词使用的是由整体组合产生的比喻性的、虚化的或者专门的意义，有时候需要额外的词汇元素使其符合语法规则和语言使用规约，并且不同的搭配在语义透明度上存在差异。该定义不仅综合了短语学传统和基于频率的传统，还涉及搭配成分在心理词典中的关系，融合了以上三种主流传统的定义方法。

习得领域的一些研究则在兼顾以上角度的同时主要从学习者的角度出发进行定义。如，Palmer（1933）将搭配定义为学习者必须/应该学习的一种词序列，学习这种词序列最好或最方便的方法是将其作为独立的整体（integral whole or independent entity）进行学习，而不是将几个组成成分放在一起。Palmer 并没有具体说明为什么这些序列应该整体学习，但其对搭配的定义间接体现了搭配在结构以及心理加工或存储方面的一些特点，综合了短语学和心理学层面的界定标准。Durrant（2014）在 Palmer（1933）的基础上作出的定义为：搭配是两个词的组合，这种组合在语言学习的过程中应该是作为一个整体学会的，而不是把组成成分分解开来学习。因为如果没有特定的知识，学习者可能无法理解或准确地产出这种组合，并且这种组合共现的频率很高，作为整体来学习会促进语言加工的流利性。从搭配的语义特点（不透明，没有特定知识就会有理解上的困难）及其对语言理解和产出效果的影响角度解释了搭配为何应该作为整体进行学习，是在短语学定义法和统计学定义法框架下，从语言学习的角度对搭配所作的定义。

总的来看，三种传统定义法主要的差异是短语学传统的定义只关心搭配成分间的句法关系和语义特点，重在区分搭配与其他词语组合之间在语义透明度以及成分的可替换性方面的差异。而纯统计学传统的定义并不关心搭配成分间的句法关系和语义上的限制，虽然后期很多研究者也限制了搭配成分间的句法语义关系，但所定义的搭配在范围上要比短语学传统定义的搭配广泛得多，包括很多短语学传统排除在外的自由组合（如 next week、drink tea 等）。兼顾不同角度的搭配定义在沿袭不同定义方法的基本标准的同时，综合不同角度的优缺点，在研究方法和界定标准上进行了相应的调整，对搭配在不同层面的特点有了更新的认识。

由于受短语学传统搭配研究的影响，国外的搭配研究大多关注的是严式的搭配。国内的外语学界对搭配的界定大致沿袭西方搭配研究的传统，且多数采用短语学传统的搭配定义，因此，多数考察的也是严式的搭配。

相比之下，我国汉语相关领域对搭配的理解相对比较宽泛，研究范围包括了自由组合、限制性搭配和固定搭配等（如宋玉柱，1990；林杏光，1994；朱永生，1996；冯奇，2006；李斌，2011a；邢红兵，2016；郝瑜鑫，2017 等）。

有些研究甚至将成语、俗语以及由介词、关联词语等构成的固定结构也纳入搭配的考察范围。如，周新玲（2007）将汉语搭配分为自由搭配、半固定搭配、固定搭配和离合词。其中，自由搭配指的是词与词之间的自由组合，词组的整体意义大部分能从其组成成分直接得到。如：神圣的土地、珍惜机会、爬起来、走进去等；半固定搭配包括介词结构、固定格式以及出现在同一个句子中的关联词，如"从……来看"、"越……越……"、"非……不可"、"连……也……"等；固定搭配指的是熟语，包括成语、俗语和惯用语等，根据语义可以分为组合性熟语、综合性熟语和融合性熟语；离合词作为搭配时主要考察的是分开来作为词组使用的情况，如"走大马路""帮一次忙""帮倒忙""洗了一次澡"等。

多数学者主要从语法、语义、逻辑等方面对搭配进行界定,但至今尚无统一的定论(李斌,2011a),而且大部分研究并没有给出明确的定义和界定标准。郝瑜鑫(2017)是已有研究中对搭配进行了比较明确地界定,并列出了详细界定标准的一个。他把"词语搭配"界定为"自然话语中组合轴上按照一定句法规则习惯性共现的一组词",强调搭配是真实语言中的词语组合行为(区别于聚合行为),这种组合行为受句法规则和共现频率的制约,并强调搭配是一种词语现象,搭配研究的核心是意义(郝瑜鑫,2017:38-39)。

2.2.2 搭配的界定标准

由于对搭配的定义有诸多差异,国外对搭配的界定也有一套比较详细的标准。在这一部分,我们将以 Nation(2001)、Nesselhauf(2004)、Gyllstad(2007)提出的标准为例(见表2-1),介绍国外界定搭配的常见标准。

表2-1 三个比较详细的搭配判定标准

Nation(2001)	Nesselhauf(2004)	Gyllstad(2007)
(1)共现频率(Frequency of co-occurrence)	(1)共现频率(frequency of occurrence)	(1)搭配的性质(the nature of the collocation)
(2)是否相邻(Adjacency)	(2)透明度(transparency)	(2)构成元素的性质(the nature of the elements)
(3)语法关联(Grammatically connected)	(3)可变性(variability)	(3)组成元素的数量(the number of elements)
(4)语法结构(Grammatically structured)	(4)语法关系(grammatical relationship)	(4)语法关系和结构(grammatical relation and structure)
(5)语法唯一性(Grammatical uniqueness)	(5)组成元素的性质(the nature of the elements)	(5)是否相邻(adjacency)
(6)语法化石化(Grammatical fossilisation)	(6)组成元素的类型(the types of elements)	(6)共现频率(frequency of co-occurrence)

续表

Nation(2001)	Nesselhauf(2004)	Gyllstad(2007)
(7)搭配专门化(Collocational specialisation)	(7)组成元素的数量(the number of elements)	(7)词汇化石化(Lexical fossilisation)
(8)词汇化石化(Lexical fossilisation)	(8)连续或分离元素(consecutive or separated elements)	(8)语义模糊性(Semantic opaqueness)
(9)语义模糊性(Semantic opaqueness)	(9)搭配的性质(the nature of the phenomenon itself)	(9)语义的唯一性(Uniqueness of meaning)
(10)语义的唯一性(Uniqueness of meaning)	(10)元素之间关系的平等性(the equality of the relationship between elements)	

表2-1所列的是搭配研究中比较详细、全面的判定标准，已有研究的判定标准基本都在其范围内。三类判定标准大部分是重合的，综合起来可以概括为以下几条。

(1) 搭配和搭配成分的性质

关于搭配和搭配成分的性质，大致有四种观点。第一种观点认为搭配是具体的文本现象，其组成成分是具体的词形（word forms）（如 Firth），根据这种观点，hold tight 和 holds tight 是两个不同的搭配（例子来自 Nesselhauf，2005：13）。第二种观点认为搭配是词根（root）之间的抽象联结，因此 heavy drinker、heavy drinking、drink heavily 等都是 heavi-和 drink-的搭配（Mitchell，1966，1971）。第三种观点认为搭配是词位（lexeme）[①]之间的关联组合，这种关联组合在具体文本中可表现为不同的形式（Halliday，1961；

[①] 词位（lexeme）是一个抽象的词义单位，一个词位可能包括多个屈折或派生形式，一般用大写的词形表示词位。如 run、runs、ran、running 都是词位 RUN 的不同词形。词位水平包含形态（morphological）以及语音/拼写（phonological/orthographic）信息。

Cowie, 1998; Howarth, 1996; Nesselhauf, 2005)。根据这一观点，says a prayer、said a prayer、saying a prayer 等都是 SAY + PRAYER 这个搭配的不同文本形式。第四种观点认为搭配是词元（lemma）①之间的联结，在符号层面表现为不同的文本实例（如 Gyllstad，2007）。

　　后两种观点与第二种观点的思路类似，但对搭配的认识不再仅仅停留在语言符号层面，而是深入心理词典层面。两种观点对搭配的认识非常相似，都认为搭配源于母语者心理词典中词语表征之间的关联，唯一的区别是对于搭配的表征关联发生在词位（lexeme）水平上还是词元（lemma）水平上有不同的认识。

　　在很多心理语言学模型中，人们说出来一个词（将想法转化为一个语音）至少要经过两个阶段：第一阶段是处理语义（semantics）和句法（syntax）信息，处理结果是一个单词的抽象概念（即词元）；第二阶段是处理对应的语音信息，提取对应的词位。根据已有研究，搭配本身既涉及语义，也涉及句法，是依附于一定的语义和语法而形成的组合。因此，我们认为，搭配应该是在词元水平上的联结关系，在词元水平上以抽象的语义和句法关系存在，在词位水平上以词与词的抽象关系存在，在文本形式上以符号形式的词语组合存在。搭配从词元水平到词位水平是一对一的关系，从词位水平到文本形式层面是一对多的关系。也就是说，文本形式的搭配 says a prayer、said a prayer、saying a prayer 等在词位层面只表征为一个词位搭配"SAY + PRAYER"，对应词元水平上的一组抽象概念关系，即"say"的抽象概念与"prayer"的抽象概念之间 V + N 式的句法联结关系。

---

① 词元（lemma）是词语的抽象概念，一个词元代表一个特定的含义，但词元本身不是一个具体的符号形式。一般认为词元水平包含词的语义（semantic）和句法（syntactic）相关信息。

需要注意的是，在词元层面如果表现为两种句法关系，那么即使词元相同，也不属于同一组抽象概念关系，因此不能算作同一个词位搭配。有研究者基于第三和第四种观点，将 pay attention、pays attention、paid attention、attention was paid 视为同一个搭配的不同文本形式（Nesselhauf，2005），我们认为值得商榷。因为这些文本形式包括两种句法结构，一种是主动形式的 V + N 结构，另一种是其被动形式。因此，在搭配的界定中，必须兼顾语义和句法关系。

（2）搭配成分的数量

不同研究者界定的搭配，在组成成分的数量上也存在一些分歧。有些研究者对搭配成分的数量没有特定的限制（如 Firth，1951，1957；Kjellmer，1990；Sinclair，1991；Palmer，1933；Hoey，2005；Biber，2009），比如 Sinclair（1991：170）将搭配定义为"两个或两个以上的词在一个较短距离内的共现"，并且强调，搭配模式通常限于词对，但是"对于涉及的词的数量没有理论上的限制"。Firth 和 Palmer 甚至将"all the world drowned in blood and sunk in cruelty"（Firth，1957：96）、"to be difficult for someone to do something"（Palmer，1933）这样的结构也算作搭配。汉语搭配研究领域，如周新玲（2007）、郝瑜鑫（2017）等对搭配成分的数量也没有严格的限制，有些搭配为两个以上词语构成的短语。如"帮助"的搭配包括"用科技帮助"、"多形式多渠道帮助"等。但总体上看，大部分研究者认为搭配由两个成分构成（如 Jones & Sinclair，1974；Mel'Ču，1998；Siepmann，2005；Gyllstad，2007；辛平，2014），要么认为搭配只由两个核心成分构成，要么认为搭配本质上是一个二元结构，要么认为搭配由两个词组成。如 Siepman（2005）认为搭配通常由两个元素组成，即使有多个成分，通常也可以简化为两个核心元素的组合。Gyllstad（2007）提出"搭配本质上主要是二元结构，是词语之间在心理词典层面的抽象联结"。因此，keep secrets、keep a secret、keep a mysterious secret 都可以归到二元序列 KEEP + SECRET 的搭配中。

（3）搭配成分间的距离

关于搭配成分之间是否相邻或者应该保持在多大距离范围内，学界主要有两种观点：一种观点认为搭配成分必须相邻（如 Kjellmer, 1994），另一种观点认为搭配成分可以相邻，也可以不相邻（如 Sinclair, 1987b; Howarth, 1996; Evert & Krenn, 2003; Gyllstad, 2007 等）。多数研究者持第二种观点，但是对于要不要限制搭配成分之间的距离、限制在多大范围内合适等问题，不同研究者有不同的看法。比如，Jones & Sinclair (1974) 根据其研究结果提出搭配成分之间的距离应该限制在 4 个词的范围内。Howarth (1996) 则认为将搭配成分间距限制得太小会遗漏很多搭配，比如会遗漏像以下这段话中的 have impact (on) 这样的搭配。

The <u>impact</u> that opening up Heathrow to more foreign carriers, including American and United Airlines, and the Government's decision to hand some of its Tokyo slots to virgin Atlantic would <u>have on</u> BA's profits.

Evert & Krenn (2003)、Gyllstad (2007) 的观点则比较中庸，认为搭配成分不必相邻，但需保持在一定范围之内，这个范围不能太小，否则很多潜在的搭配会被排除在外，也不宜太大，否则会引入很多干扰数据（noisy data）。但是这两个研究都没有指明应该将搭配的距离限制在多大范围内。

（4）共现频率

前面提到过，对于共现频率为多少可以算搭配，学界观点也不一致。有的认为只要在母语者语料库中共现一次以上的就算搭配，有的认为只有共现频率达到一定水平才算搭配（具体看 2.1.1）。我们认为只要在标准的现代汉语语料库中共现一次以上且母语者语感上可以接受的组合就可以算一个合法的搭配。当然，如果这样判定搭配，那么从定义搭配的角度来看，频率似乎失去了其参考的价值，但是从辨别二语学习者产出中的搭配是否合法这个角度来讲，这也是一个重要的标准。另外，从频率与习得的关系角度来讲，频率是一个很重要的影响因素（在"影响搭配的因素"一节会详细论述），值得进一步考察。

（5）语法关系和结构

大多数搭配的研究，尤其是继承短语学传统的搭配研究，都比较注重搭配元素间的语法关系，如 Greenbaum（1970）定义的搭配只考虑词语之间符合语法规范的组合关系。以此为标准，他认为只有在语法上能构成"副词+形容词"状中关系、"形容词+名词"定中关系、"名词+动词"主谓关系、"动词+名词"动宾关系等组合才是搭配的研究范围。Benson 等人根据组成成分之间的语法关系和整个组合的语法结构分出了语法搭配（grammatical collocations）和词汇搭配（lexical collocations）。语法搭配是指由一个主导词（a dominant word，如名词、动词、形容词等）与一个介词或语法结构（如不定式、从句）构成的组合，如"名词+介词"、"形容词+介词"、"名词+不定式"等；词汇搭配是指由名词、动词、形容词、副词等实词构成的组合，如"动词+名词"、"形容词+名词"、"名词+动词"等（Benson，1985；Benson, M., Benson, E. & Ilson，1986b；Benson et al.，1997）。

而一些纯统计学角度的研究不太关注搭配元素间的语法关系，这样就有可能将"and the"、"but for"这样高频共现的序列也当作搭配（Gyllstad，2007）。但总的来看，目前绝大部分研究者在界定搭配时都将"成分之间具有一定的语法关系"作为基本的条件。

（6）语义透明度

一个组合的语义透明度，或一些英语搭配研究中所说的语义模糊性（opacity/opaqueness，如 Nation，2001；Gyllstad，2007）是指一个组合在多大程度上可以由其组成成分的语义推知。这是短语学传统下的研究最常用的判定标准之一，主要用以区分搭配与自由组合和习语，该传统的研究认为习语无法通过组成成分的语义推知整体语义，而搭配可以，至少有一个成分的语义是比较透明的，但是相对于自由组合来讲，搭配的组成成分中有一个成分的语义至少不是其基本义。

我们认为搭配本身是一种组合层面的匹配关系，强调的是成分之间的可匹配性，而不是成分与整体语义的关系，自由组合和符合搭配结构的习语本质上也是一种搭配。因此，不应将组合的语义透明度作为界定搭配的标准，而应将其作为搭配分类的一种标准。尤其是在二语习得研究中，语义完全透明的自由组合和高度词汇化的不透明组合都需要关注。对于前者，我们需要强调"自由"背后的组合规约；而对于后者，我们需要相应的策略使学习者正确理解并且在使用中达到高度的"自动化"。

（7）语义的唯一性

有些词语组合有多种可能的语义，比如 draw a line 既可以看作一个自由组合，指"画一条线"；也可以看作一个固定组合，指区分/界定相关的事物（Gyllstad，2007）。在西方的语言学研究中，这样的组合算不算搭配也存在争议。对于这种多义的组合，一般将其作为自由组合的身份排除在搭配之外。我们认为一个组合算不算搭配，跟语义的唯一性没有直接的关系。搭配跟词语一样，也存在单义和多义的情况。多义词无论以什么词义出现都是一个词，搭配亦如此。

（8）组合的固定性

一个组合的固定性由其成分的可替换性决定，相当于 Nation（2001）和 Gyllstad（2007）所说的词汇化石化（Lexical fossilisation），Nesselhauf（2004）所说的可变性（variability），或者有些研究中说的可替换性（commutability/substitutability，如Cowie，1988，1992），与组合的语义透明度有紧密的关系。与语义透明度一样，这也是短语学传统的搭配研究最常用的界定搭配的标准之一。短语学传统的多数研究者定义的搭配至少是半固定的组合，即搭配中至少有一个成分不能随意替换（如果替换成其他词，整个组合的语义就发生变化）。

以上就是国外研究者常常用来区分搭配与其他词语组合的一些具体标准。相比之下，由于国内汉语相关领域大部分研究者研究的是宽式搭配，对于搭配的界定没有成系统的标准。不同研究者根据自己的研究范围来定标准，在搭配的界定上主要强调搭配成分之间的句法关系和共现情况，对搭配成分的数量、成分间的距离、语义的透明度、组合的固定性等没有严格的限定。在搭配的性质方面，汉语搭配研究领域也有过一些探讨，但与国外搭配研究的着眼点不同。国外相关研究对搭配性质的探讨主要服务于搭配的界定，讨论集中于"搭配是具体文本现象还是抽象组合关系"的问题，而国内汉语研究基本将词看作构成搭配的基本单位，对搭配性质的讨论着眼于搭配在语言研究中的定位，因此，争论主要集中在"搭配是语法问题还是语义问题"上。

早期的一些研究者认为搭配是语法问题，如邢公畹（1980）认为词语搭配从深层次看还是语法问题。有些研究者则认为搭配是语义问题（常敬宇，1990；苏新春，1997），也有的认为搭配是语义与语法的综合体（文炼，1982；林杏光，1990）。还有一些研究者认为搭配不仅是语法、语义问题，还包含着习用性问题（马挺生，1986；宋玉柱，1990）。随着研究的深入，很多研究者认识到搭配实际上受语法、语义、语用等各个层面因素的制约，因此，不再将注意力集中在搭配属于语法还是语义的问题上，而是对搭配进行多视角、多维度的考察。

2.2.3 搭配的分类

搭配可以从句法语义等不同层面，根据不同的标准分出不同的类型。以下主要介绍几种基于句法、语义、固定性或典型性等特征的分类。

（1）按句法结构或句法关系分类

Benson（1985）、Benson et al.（1986b，1997）根据句法特征，区分了语法搭配和词汇搭配。语法搭配主要是一些带功能词（虚词）的公式化组合，很多研究主要关注的是二元结构的词汇搭配，包括动词+名词、名词+动词、形容词+名词、名词+名词、副词+动词等结构的实词搭配。按照 Greenbaum（1970）的观点，只有符合一定语法组合关系的组合才算搭配，那么搭配可以根据句法结构关系分为偏正关系的搭配、主谓关系的搭配、动宾关系的搭配等。

汉语搭配相关研究也多按 Greenbaum（1970）的方式进行分类。如李斌（2011a：10）认为按搭配成分之间的句法关系，可以将搭配分为主谓、动宾、定中、动补、介宾、量名等类型。很多研究都在该分类体系下就其中的一类或几类搭配进行研究。

（2）按语义分类

按语义进行的分类常见的有三种，一种是按搭配的整体语义透明度来分，如 Revier（2009）按语义透明度分出了透明搭配（transparent）、半透明搭配（semi-transparent）和不透明搭配（non-transparent）。透明搭配是指两个成分都用了字面义/基本义的搭配，如 make tea；半透明搭配是一个搭配成分用了字面义/基本义，另一个成分用了引申义的搭配，如 make a complaint（make 用了引申义）；不透明搭配是指两个成分都用了非基本义（如 run the show）或无法从搭配成分推知整体义的搭配（如 make the grade）。

第二种基于语义的分类方法是按照某一个搭配成分的语义来划

分，如在动宾搭配的研究中按动词的义项进行划分。Cowie（1991，1992）将动词相关搭配按动词的语义分为"比喻性"（figurative）搭配、"虚义"（delexical）搭配和"专用"（technical）搭配。

还有一种基于语义的搭配是按搭配成分之间的语义关系进行分类，多见于动词的搭配研究中。如按动词及其搭配词之间的语义关系，可分出施动、动受等关系。例如，在句子"阿Q唱了一首歌"中，"阿Q"和"唱"构成了施动搭配，"唱"和"一首歌"构成了动受搭配（李斌，2011a：10）。

（3）按搭配的固定性（搭配对象的可替换性）分类

广义的搭配研究将搭配分为自由、半固定、固定等类（Howarth，1998a，1998b；Nesselhauf，2003），狭义的搭配研究通常根据搭配成分的自由程度分出自由搭配和固定搭配（如 Lyons，1977）。

与国外一些广义搭配研究的分类（如 Howarth，1998a，1998b；Nesselhauf，2003）相似，国内的一些研究者也按照搭配对象的可替换性（即搭配的固定性）将搭配划分为固定程度不同的类别。如李斌（2011a）按照搭配对象的可替换性，划分出固定搭配、半固定搭配和开放搭配三类。其中，固定搭配也称"习惯搭配"，是指意义高度凝固的，内部不可替换的搭配，如"哭鼻子"，这种搭配有离、合两种形式，如"哭一次鼻子"。半固定搭配则是能说出一定道理的，有一定的语义关系，可以但不能任意替换的搭配，如可以说"唱歌""唱曲"，但不能说"唱酒"。开放搭配是指那些有语义联系，但几乎或者完全可以自由替换的搭配，如动词"喜欢""想"的宾语几乎可以是任何词语，后两种搭配也称为"事理性搭配"（李斌，2011a：10）。研究还指出，汉语中的固定搭配大致等价于合成词、成语和习语的集合，虽然有些会出现离散形式，但已经基本被词典收录。因此，需要重点关注的是具有事理性的半固定搭配和开放搭配。

与此类似，周新玲（2007）把汉语离合词也纳入了搭配的考察范围，将汉语搭配分为自由搭配、半固定搭配、固定搭配和离合词（详见"搭配的定义"部分的介绍）。

（4）按典型性或显著性分类

搭配还可以按典型性分为典型搭配（typical collocation）和超常搭配（unusual collocation）（Leśniewska & Witalisz, 2007），或者分为显著搭配（Significant collocation）和偶然搭配（Casual collocation）。显著搭配是指搭配成分共现频率高于各自与其他词语共现频率的搭配，这种搭配的一个成分在一定的结构范围内对另一个成分有预测性（Sinclair, Jones & Daley, 1970; Sinclair, 1991）。偶然搭配是指偶然发生的、成分之间的共现情况不可预测的搭配。

（5）按搭配成分之间的距离分类

李斌（2011a：10）按搭配成分之间的词语距离将搭配分为紧邻搭配和离散搭配，如"阿Q唱了一首歌"中"阿Q"和"唱"是紧邻搭配，"唱"和"歌"是离散搭配。

（6）按动静态分类

李斌（2011a）按动静态区分出搭配的型（type）和例（token）。型，是搭配的词语组合之型，如"唱"和"歌"是一个搭配之型。例，就是实例，一个型可以有多个实例，比如"唱了一首歌""唱这首歌"等。

这与国外一些研究将词位或词元层面的搭配与文本层面的搭配区分开来对待的理念相似（如 Sinclair, 1991; Cowie, 1998; Howarth, 1996; Nesselhauf, 2005; Gyllstad, 2007），不过这里的型（type）属于文本符号层面的概念，不同于词位和词元。在汉语里，一个搭配的型基本对应一个词位搭配，在词元水平上对应一组抽象概念关系。

通过回顾已有研究对搭配进行的界定和分类，发现国内外研究者还存在诸多不同观点，特别是搭配研究初期，由于研究视角比较单一，不同领域的研究者对搭配的界定存在较明显的差异。虽然在搭配界定和分类上的差异导致研究范围也不尽相同，但各种各样的界定和分类方法从不同的视角给我们展示了搭配在各个层面的特点。比如，短语学传统的界定凸显了搭配的句法、语义特征，从内在关系层面确立了搭配应该具备的基本特征，即搭配词之间必须构成某种句法关系，并且在语义上相互限制；基于频率的搭配界定从形式特征层面指出了搭配是两个词的"习惯性"的共现；心理语言学角度的定义则从心理词典层面指出了搭配在加工和储存模式方面的特征。随着研究的深入，越来越多的研究者更倾向于吸收不同视角的观点，对搭配的界定和分类均兼顾其各个层面的特征。

搭配的界定和分类从不同视角提供的这些特征，对搭配习得的研究也很有启发。搭配在不同层面表现出来的这些特征，实际上也是搭配知识的组成部分，是考察搭配习得的影响因素时不可忽视的部分。

2.3 语言本体视角的搭配研究

一般将语言本体领域的搭配研究归纳为词汇学和语义学视角的研究（郝瑜鑫，2017），或语义学、句法学和词汇学视角的研究（辛平，2014）。

词汇学视角研究的主要代表有 Firth、McIntosh、Halliday、Sinclair 等。Firth 主要对搭配进行了界定和分类，将搭配界定为词与词的组合关系，强调搭配属于词层面的联结关系（Firth，1957）。其"部分词义源自搭配"的观点将搭配推到了词义理论的核心，使得搭配研究成为词汇学研究的中心。McIntosh（1961）提出了搭配范围（collocational range）的概念，认为一个词语可以搭配的词是有特定的范围的，并指出一个词的搭配范围主要受制于其搭配能力（collocability）。Sinclair 和 Halliday 认为搭配是词位之间的关联组合（Sinclair, 1966, 1991; Halliday, 1966），并倡导以词项为导向的搭配研究。

语义学角度的搭配研究主要在结构主义语义学和认知语义学的框架下进行（郝瑜鑫，2017）。结构主义语义学框架下的研究主要采用语义特征理论（如 Katz & Forder, 1963; Lehrer, 1974; Cruse, 1986）解释搭配词之间的选择限制，相关研究者认为词语的语义特征决定了其搭配词的范围。还有一些研究尝试从语义场的角度解释搭配限制（如 Lyons, 1966）。认知语义学角度的研究主要采用隐喻理论、原型理论等分析搭配的认知理据，如 Cowie (1998) 根据原型理论将各种组合按语义透明到隐晦的顺序进行排列；Poulsen (2005) 从隐喻理论的角度考察了 break 等词项搭配的认知理据（转引自郝瑜鑫，2017）。

综观国外的研究，虽然不同视角都有典型的倾向性和代表性的研究，都有区别于彼此的一套解释框架，但很多研究其实并不局限于某一单一的视角。比如 Greenbaum、Mitchell、Carter 等人的研究，虽然大体上都在词汇学框架下进行，但也将句法、语义等因素纳入其中，提倡采用综合性的研究方法（Greenbaum, 1970, 1974; Mitchell, 1971; Carter, 1987）。

相比之下，国内对汉语词语搭配的研究比较零散，不同视角的研究没有明确、系统的框架。但在研究视角上也涉及了语法、语义、语用、修辞、韵律、认知等不同的角度。

单从语法角度进行的研究成果不多，主要出现在动宾搭配的研究中（如李临定，1983；魏红，2008 等）。李临定 (1983) 根据宾语前是否有定语、动词后是否带时量补语或"着""了""过"、宾语是否可省略、宾语是否可移动、是否可单独回答问题五个条件区分了受限宾语和自由宾语，并考察了动词带宾语类型和数量的差异。魏红（2008）考察了动词带宾语的类型、宾语的类推性和扩展性等。

语义角度的搭配研究成果比较丰硕，研究论题包括词义的组合能力（如符淮青，1996；王惠，2004；张志毅、张庆云，2001）、词义和搭配的关系（如符淮青，1996，2004；李裕德，1998；苏宝荣，1999，2000；张志毅和张庆云，1994，2001；刘叔新，2005；雷立娜，2008）、搭配的语义选择限制（吴云芳、段慧明、俞士汶，2005；李斌，2011a；李强，2017）。符淮青（1996）和王惠（2004）分别按动词的义项和名词的义位考察了词语不同义项或义位的搭配情况；张志毅和张庆云（1994）考察了语素义或词义在组合中的变异情况。雷立娜（2008）将双音节形容词分为主体类、事体类、物体类、时空类等，从语义搭配的角度分析了四大类十八小类双音节形容词与后置名词的搭配情况。吴云芳等（2005）借助《知网2000》的名词语义分类体系，考察了现代汉语中46个高频的、可以带体词性宾语的动词对宾语的语义选择限制，研究主要根据动词所搭配宾语语义类别的多少，归纳出5种类型，在此基础上讨论了语义选择限制在中文信息处理中的应用和局限，并进一步探讨了上下位语义关系、部分整体语义关系在动词语义选择限制中的作用。李斌（2011a）较系统地分析了动宾搭配的语义选择限制，包括语义类限制、语义特征限制（属性限制）等①。李强

---

① 动宾搭配的语义类限制指"动词对宾语的选择限制是某一个或若干个语义类别，是现有的语义知识库着重描写的限制类型。如《现代汉语义词典》中，'报考'的受事宾语为'职业'、'身份'、'机构'三个语义类"（李斌，2011a：32）。语义特征限制是指动词与宾语构成搭配时一般对静态的语义特征有选择限制，不符合动词所选语义特征的词只有加上修饰语或在特定的语境中获得符合该动词所限定的动态语义特征后才能与之搭配。如"克服"一般与"困难""难题""障碍"等具有"＋不好""＋难"等静态语义特征的词搭配，不能直接搭配"因素"，但加上定语"不利"之后，就被动态地赋予了"＋不好"的语义特征，可以与"克服"构成合法的动宾搭配（参考李斌，2011a：34）。

（2017）利用生成词库论探讨了 V + N 动宾搭配中动词对名词的语义选择限制及名词的语义转喻现象。

目前很多研究在搭配的分析中都会综合考虑句法、语义、语用等层面的制约。如郝瑜鑫（2017）第四章从句法特征、语义、语用三个维度考察了同语义类动词的搭配：句法特征方面具体探讨了搭配框架和句法形式；语义方面主要考察了语义格关系、搭配范围、语义选择趋向；语用方面考察了语体特征、语域特征、语义韵和语用频率。

修辞角度的搭配研究主要考察修辞对词语搭配的限制（如冯奇，2007）、超常搭配与修辞格的关系（如冯广艺，1990）、超常搭配的修辞效果（如张新红，刘锋，2003；戴连云，2005），等等。

韵律角度的搭配研究考察的是搭配中音节组配的协调性，针对定中结构和动宾结构的研究比较多（如吕叔湘，1963；齐沪扬，1989；Lu & Duanmu，1991，2002；冯胜利，1998；端木三，1999）。吕叔湘（1963）考察了三音节的形名定中结构，指出三音节语音段落的韵律模式中，"2 + 1" 和 "1 + 2" 式分别与定中结构和述宾结构有对应关系。冯胜利（1998）、端木三（1999）分别运用韵律词理论和重音理论分析了动宾结构中的音节组配规律，结果分别得到 "1 + 1" 和 "2 + 2" 式的动宾组合符合重音规则，并且都发现三音动宾结构中 "1 + 2" 式比较符合重音规则，好于 "2 + 1" 式。王灿龙（2002）则从认知语言学的角度去解释动宾搭配的音节组配规律，认为在动宾搭配中，"1 + 1" 和 "2 + 2" 式是常规组合，"1 + 2" 和 "2 + 1" 是非常规的、具有标记性的组合。这些研究并不是针对搭配的研究，研究对象既包括词，也包括搭配，但对于搭配组合规律的研究有一定的启发。

还有一些研究从认知语言学角度探讨搭配的相关问题，目前该角度的研究已有一定量的成果（张国宪，1997；王灿龙，2002；齐沪扬等，2004；税莲，2007；张颂，2007；李晋霞，2008 等）。如，张国宪（1997）运用原型理论考察了"V 双 + N 双"短语的理解因素；王灿龙（2002）从认知语义学角度，用"相邻原则"和"相似原则"解释了动宾结构与偏正结构中单双音节词的选择问题。

目前，多数研究倾向于同时从句法、语义、语用等多维角度分析搭配的组合理据和选择限制。

2.4　计算语言学领域的搭配研究

20 世纪 60 年代，随着机读语料库的出现和语料库研究方法的发展，一些研究者开始尝试进行基于语料计算的搭配研究。继 Halliday（1961）提出节点词、搭配词、跨距等概念，在搭配研究中引入了量化指标之后，Sinclair（1996）又增加了偶然搭配、显著搭配等概念。这些概念成了计算语言学视角下搭配研究的基本概念，被广泛应用于基于文本语料的搭配分析，如 Carter（1987）、Kjellmer（1984）等（转引自郝瑜鑫，2017）。Berry-Rogghe、Jones 和 Sinclair 等通过实际操作，计算出了搭配的具体跨距。Berry-Rogghe（1973）认为一般搭配的跨距为 4，节点词为形容词时跨距只需要 2。Jones & Sinclair（1974）的研究结果显示：95% 的搭配在节点词（node）左、右分别 ±4 个词（orthographic words）的范围内。

此后，很多研究者从计算语言学的角度对搭配进行了多方探索，研究成果主要集中在基于语料库的搭配描写和属性计算研究、搭配的自动识别和自动获取、相关软件的开发等方面。

基于语料库的搭配描写和属性计算研究一般面向大规模语料，

采用统计方法和人工抽样观察的方法获取搭配的各种特征（如 Sinclair，1991；孙茂松、黄昌宁、方捷，1997；孙茂松、左正平，1998；孙宏林，1998；Huang & Ahrens，2000；卫乃兴，2002b；邓耀臣，2003；程月，2008；李斌，2011a 等）。孙茂松等（1997）以强度、离散度、尖峰值为统计指标构建了相应的判断算法和评估体系，对搭配进行了较全面的考察。邓耀臣（2003）介绍了包括 MI 值和 T 值在内的词语搭配统计方法的优缺点。卫乃兴（2002b）重点介绍了"基于语料库数据"和"语料库数据驱动"两种词语搭配研究方法。程月（2008）利用"清华书库"统计了动宾搭配的频率、平均距离、方差等。黄居仁等（Huang & Ahrens，2000）则利用新的语言模型和相应的搭配获取技术研究搭配。

搭配的识别主要考察语料中搭配实例（Tokens）的自动识别（李斌，2011a：23），代表性的研究成果有孙宏林（1997）、陈小荷（1999）、詹卫东（1999）、高建忠（2000）、王霞（2005）、王素格等（2006）、程月等（2007）、程月（2008）、程月和陈小荷（2009）、贾晓东（2008）、李斌（2011a）等，其中大部分主要研究了动宾搭配的自动识别。如孙宏林（1997）利用从语料库中归纳出来的 14 条语法规则来识别动宾搭配；程月等（2007）利用 CRF 模型对动宾搭配进行识别；李斌（2011a）则从多种角度探讨了动宾搭配的语义分析和自动识别框架以及相应的计算分析方法。

搭配自动获取的研究主要是针对搭配型（types）的获取，主要服务于词典编纂和搭配知识库的建立（李斌，2011a：21）。国外的研究有 Smadja（1991a），Shimohata、Sugio & Nagata（1997），Kim、Yoon & Song（2001），Pecina & Schlesinger（2006）等。国内代表性的研究有孙茂松等（1997）、曲维光（2005）、杨军玲（2006）等。孙茂松等（1997）利用构造的搭配算法获取、分析了

"能力"一词可能构成的搭配;曲维光(2005)提出了基于框架的词语搭配自动获取方法,构建了多种统计信息量和语言知识相结合的词语搭配抽取模型,并以"能力"一词为例进行了实验。

一些研究者以搭配识别和获取相关研究的成果为基础,开发了相关的应用软件。如 Smadja 等人研发的 Xtrat 检索工具可以从大规模语料中识别提取搭配(Smadja & McKeown,1990;Smadja,1991b,1992);Biber(1993)开发的搭配自动提取工具 Factor Analysis 可以识别目标词的典型搭配、计算搭配出现频率等;Smadja 等(1996)则研发了自动翻译搭配的工具 Champollion,旨在提供高于单词层级的双语词汇翻译信息。这些软件都有助于开展基于语料库的搭配研究和词典编纂工作。

总的来看,目前国内外在搭配的自动识别和获取方面都有比较深入的研究。相比之下,国内汉语搭配的自动识别和获取研究与国外还有一定差距,在相关软件的开发方面尚无突破性的成果。

2.5 心理语言学视角的搭配研究

心理语言学视角的搭配研究大致可以分为两类,一类强调搭配存储和加工的整体性,另一类则强调搭配成分之间的内在联结关系。

第一类研究将搭配作为一个整体进行研究,认为搭配是语言使用者心理词典中"存储的半预置短语,尽管这些半预置短语似乎都还可以分解,但它们构成了一个个的单一选择"(Sinclair,1987:319),因此是整体存储和加工的。有些研究者认为频繁共现的词语在长时记忆中会形成"块"(Ellis,2001),因此,很多研究者将搭配视为一种"语块",将搭配的研究纳入语块的研究中(Henriksen & Stæhr,2009;周健,2007)。成分共现频率比较高的搭配加工速度通常比共现频率低的搭配或随机组合的加工速度要快，因此，与低共现频率的搭配或其他词语组合相比，高共现频率的搭配表现为以"块"的形式整体存取。但深究起来，所谓的"整体存取"似乎只是一种表象，也可以理解为"存取"高频搭配的一种策略，而不是搭配在心理词典中真实的表征和加工机制。表面上以"块"的形式整体存储和加工的搭配，如果在共现频率上存在差异，其加工速度也会不同。另外，两个语言单位加工速度或者外在的提取策略相同并不等于它们内在的心理机制是一样的。

　　第二类研究主要关注搭配成分之间的联结关系。很多研究主要通过观察搭配成分之间的相互激活情况来考察搭配的内在联结关系（如 Hodgson，1991；McKoon & Ratcliff，1992；Williams，1996；Bonk & Healy，2005；Durrant，2008；Ellis, Frey, & Jalkanen，2009；Durrant & Doherty，2010）。这些研究都发现短语/搭配的组成成分之间存在相互启动效应，通常共现频率越高的搭配，其成分之间的启动效应越显著。Hoey（2005）认为说话者以可预测的方式产出搭配是因为构成搭配的词对之间存在相互启动的关系，并指出"语义启动是搭配形成的关键因素"。

　　比较这两类研究，主要的差异在于对高频搭配的内在心理机制理解不一样。前者认为"频繁共现的词语在长时记忆中会形成'块'"（Ellis，2001），以"块"的形式整体存取，因此加工速度比较快。后者认为高频搭配的组成成分之间联结比较强，加工过程中"必然在心理层面互相启动"（Hoey，2005），因此加工速度也比较快，并且这种启动效应受搭配成分共现频率的影响，因此，同样是高频搭配，共现频率不同，启动效应也存在差异，说明其成分之间的联结强度是不一样的。单从这一点来看，后一种视角能解释的东西要比前者稍多。

　　另外，综观已有搭配相关的研究，很多研究界定的搭配（尤其是汉语的搭配研究）已经远远超出"块"的范围。而针对二语习得的搭配研究，若仅以是否获得"块"来评估学习者搭配知识的习得，并不足以准确地了解学习者各个层面搭配知识的掌握情况，更不能很好地解释影响学习者获得各类搭配知识的因素。

因此，在解释搭配的心理机制方面，可能更多的还是需要关注其组成成分之间的内在关系。正如一些研究者所说的"应该将搭配理解为心理词典中词项（items）之间基于词汇和语义特征的联结，而不是整体存储和产出的'块'"（Howarth，1996）。

2.6 第二语言习得领域的搭配研究

2.6.1 二语学习者搭配习得情况研究

2.6.1.1 研究方法

按照不同的研究方法，二语搭配习得研究常见的有基于语料库的研究、"离线"（off-line）的诱导性测试研究和"在线"（online）的实验研究三类[①]。

一、基于语料库的分析

基于语料库的研究主要通过偏误分析、对比分析、统计归纳等方法考察二语学习者的搭配习得情况（如，Granger，1998a；Gitsaki，1999；Howarth，1996，1998b；Nesselhauf，2003，2004，2005；申旼京，2008；辛平、方菊，2012；张悦，2015；李芬芬，2008；刘慧芳，2011；辛平，2014；邢红兵，2016等）。

[①] "在线"的实验方法是指那些严格控制实验时间，并且实时记录被试的反应时，从而可以反映被试的认知加工过程的实验方法。"离线"的实验方法与之相对，没有严格的时间控制和反应时记录，获得的结果不能反映实时的认知加工过程（参考 Siyanova & Schmitt，2008）。

偏误分析的研究成果比较多，且多为分析学习者作文语料中出现的偏误类型以及相关影响因素。如 Nesselhauf（2005）考察了英语学习者作文语料库中的 V + N 搭配，结果发现偏误中动词是主要问题，影响 V + N 搭配习得的主要因素是与 L1 的一致性（congruency）①，其次是搭配的固定性，比较自由的搭配（如 commit + object）偏误高于比较固定的搭配（如 shrug shoulders）。莫慧玲（2015）分析了汉语学习者 V + N 搭配的偏误情况，将 V + N 失误分为语义失误、语法失误、语用失误和自创词汇四类。辛平（2014）将汉语学习者的 V + N 偏误搭配分为在语义或形式上混淆、词语用法错误（不能带宾语而带了宾语、宾语位置错误）、使用了汉语中不存在的词、语义不合/搭配不当五类。芜崧、刘盼（2015）将汉语动宾搭配不当的语病分为名宾动词与宾语搭配不当、动宾动词与宾语搭配不当、不及物动词或形容词带宾语三类。

对比分析研究主要有学习者之间的对比、中介语和母语使用情况的对比等。如 Gitsaki（1999）考察了不同水平英语学习者的搭配使用情况，发现不同年级水平的学生偏好使用不同的搭配类型。Granger（1998b）通过对比学习者作文语料和英语母语作文语料考察了法语背景学习者英语状中结构（- ly intensifier + adjective）搭配的习得情况，发现学习者过度使用法语中有对应组合的搭配，对法语中没有对应项的搭配则明显使用不足。汉语作为第二语言的习得研究领域也有一些研究者进行了一定量的对比研究，如刘慧芳（2011）对比了现代汉语语料库和中介语语料库中所有形容词的搭配，从使用频率、搭配数、偏误率、重复度、匹配度和丰富度等角

---

① 如果一个 L2 搭配可以逐词翻译成学习者 L1 中的搭配（两个搭配的搭配成分、搭配结构和整体语义均一一对应），那么这个搭配就与学习者 L1 的搭配一致（congruent），否则为不一致（incongruent）。

度进行了比较全面的对比分析。其他一些研究也进行了有益的尝试，如李芬芬（2008）对比了现代汉语语料库和中介语语料库中114个甲级形容词的用法，发现形容词的语义搭配关系对形容词句法功能的习得有很重要的影响。辛平（2014）第五章将学习者作文语料库中的V+N搭配输出情况与母语者语料中的使用情况进行对比，发现学习者产出中三分之二的搭配与母语者使用的搭配基本相同，但使用频率有差异，另外三分之一的搭配与母语者的搭配基本不一致。邢红兵（2016）对基于语料库对比的搭配研究进行了比较系统的探讨，通过实例介绍了错误率、丰富度、匹配度、搭配率等指标的界定及其在中介语词语搭配比较研究中的使用。不但拓宽了词语搭配对比研究的视角，而且给我们提供了一个很好的对比分析框架。

少量研究通过对比学习者母语和目的语搭配来预测学习者的习得情况，如王晓辉（2012）从语法上、意义上分析了韩语搭配与汉语搭配的对应情况（转引自金多荣，2014）。

还有一些研究者将偏误分析和对比分析结合起来进行研究。如金贤珠（2012）首先考察了汉语动宾搭配与韩语动宾搭配的对应情况，并对韩国学习者动宾搭配的偏误进行分析。申旼京（2008）通过偏误分析、中介语与母语对比等方法，考察了韩国学习者"做"的搭配使用情况。

国内学者还尝试通过统计归纳的方法考察学习者某类搭配的总体使用情况，如辛平、方菊（2012）在学习者输出的语料中提取了3245个V+N式动宾搭配进行研究，主要考察了学习者V+N式动宾搭配的频率分布和偏误情况，研究发现学习者缺乏词语的搭配意识以及词语搭配的频率意识。张悦（2015）按照赵春利（2012）的分类方法，将双音节性质形容词分为主体、事体、物体、时空、评价、逻辑等类，并考察了HSK动态作文语料库中各类形容词与名词的搭配情况。

二、诱导性的测试方法（elicitation techniques）

诱导性测试方法主要利用问卷调查、访谈、测验等手段考察学习者的搭配习得情况，具体形式大致可以分为两类。

第一类，使用搭配判断任务。

（1）测学习者的接受度（learners' acceptability judgments）。一般将搭配放在句子中并做上标记，要求学习者做出"接受"或者"不能接受"的判断，通过判断结果观察学习者的元语言知识（Le Śniewska & Witalisz, 2007; Gyllstad, 2009）。这种方法操作相对比较容易，可以测到学习者各类搭配的习得情况，包括他们自由产出中没有用到的搭配（研究特定案例或者学习者语料库的方法无法覆盖那些学习者很少用到的搭配），从而可以考察在自由产出结果中观察不到的元语言知识（Le Śniewska & Witalisz, 2007）。Chaudron（2003）和 Gass（1994）对这种方法进行过详细讨论并将其作为一种合理的研究方法，同时也指出该方法测的是学习者的元语言表现（metalinguistic performance），其结果不能被视为语言能力（competence）的直接反映。汉语习得研究领域，肖贤彬和陈梅双（2008）、魏红（2009）等也分别使用了类似的判断/接受性任务考察了汉语动宾搭配的习得情况。

（2）真假搭配识别，将一定量的真搭配（real collocations）和假搭配/错误搭配（pseudo-collocations/mis-collocations）放在一起随机排列，让学习者判断哪些是正确的搭配，哪些不是（如 Barfield, 2003）。或者采用迫选形式（forced-choice format），给每一个正确的搭配匹配一个或多个起干扰作用的假搭配，要求被试者从中选出正确的搭配（如 Gyllstad, 2007, 2009; Eyckmans, 2009）。

第二类，通过常规的语言测试题考察搭配的掌握情况。

很多研究通过课本或练习册中常见的题型来测学习者的搭配习得情况，常用的测试题型如下。

（1）翻译测试。一般通过翻译搭配或者搭配所在的整个句子来考察学习者的搭配习得情况（如 Biskup，1990，1992；Bahns & Eldaw，1993；Farghal & Obiedat，1995；Herbst，1996；Gitsaki，1999；Laufer & Girsai，2008）。Biskup（1992）通过让学习者用目的语（英语）口头翻译母语中的 V + N 和 A + N 搭配，结果显示不同类型的搭配产出难度不同。Bahns & Eldaw（1993）通过让学习者将母语（德语）句子翻译成目的语（英语）的方法测学习者 V + N 搭配的产出性知识，发现学习者的搭配知识没有同一般的词汇知识同步发展起来。Gitsaki（1999）以带提示的翻译任务将不同类型的英语搭配放在句子中进行测试，观察到学习者的搭配知识随着总体语言水平的发展而发展。

（2）完形填空（cloze）。一般将考察的搭配放在句子中，空出一个搭配成分让被试去填（如 Bahns & Eldaw，1993；Farghal & Obiedat，1995；Herbst，1996；Al-Zahrani，1998；Gitsaki，1999；Bonk，2000；金贤珠，2012）。Bahns & Eldaw（1993）将搭配镶嵌在句子中，空出 V + N 搭配中的名词，让学习者填空，并结合翻译测试来考察学习者的 V + N 搭配知识。Farghal & Obiedat（1995）也使用了类似的方法来测阿拉伯语为母语的学习者英语搭配的使用策略。

（3）多项选择。通常为给定某个搭配成分，让学习者从多个选项中选出合适的搭配项，或者给出缺失某个搭配或搭配成分的句子，让学习者从多个选项中选出合适的搭配或成分来完成句子（如 Mochizuki，2002；周新玲，2007；金贤珠，2012等）。Mochizuki（2002）通过多项选择的方法考察了日本学生英语搭配知识的发展情况，考察方式为给定一个词，要求学习者从四个选项中选出可以与之搭配的项,如给出 job 一词,要求从 answer、find、lay、put 中选出可以与 job 搭配的词。周新玲(2007)第四章参考 HSK 模拟习题集,以选择题形式的问卷考察了本科留学生词语搭配的习得情况,调查结果通过正确率和平均分呈现。金贤珠(2012)使用了不同的题型(包括选择、填空等多种题型),考察了韩国留学生汉语动宾搭配的习得情况。

(4)词语组配。给出两组词,要求被试将可以构成搭配的词用直线连起来,或者组配出尽可能多的搭配。如 Granger(1998b)的研究给出了 11 个副词(如 highly、seriously、readily、blissfully 等),在每个副词后面给出 15 个形容词(如 significant、reliable、ill、different、essential、aware 等),要求被试从 15 个形容词中找出可与给定的副词搭配的形容词,并且用星号标出与该副词搭配最强的形容词。结果显示学习者匹配出的搭配明显少于母语者(280 vs. 384)。

以上是诱导性测试研究中常用的几种题型,除此之外,还有分组归类(如按照搭配的褒贬义归类)、匹配搭配和对应的意思、词语排序、用所给搭配造句、改正错误搭配等题型。利用诱导性的测试方式可以有针对性地测试不同层面的搭配知识,可以深入考察学习者某方面搭配知识的具体习得情况,可以弥补基于语料分析的一些局限。但是,测试结果是否准确取决于测试题的信度和效度。已有研究采用了各种各样的测试题,有些是课本或练习册中常见的题型,有些则在常规测试题基础上进行了改进,但是只有少量研究报告了测试的信度和效度(如 Mochizuki, 2002),还有少量测试相关的研究专门考察了几种测试工具或测试方法的信度和效度(如 Barfield, 2003; Gyllstad, 2007, 2009; Eyckmans, 2009; Revier, 2009)。

Barfield（2003）给出 100 个真动名搭配和 20 个假动名搭配，用如图 2－1 所示的四度量表测学习者的掌握情况，信度测试（Cronbach's alpha）结果显示，真搭配和假搭配测试的信度都很高（α 分别为 0.97 和 0.93）。

```
Ⅰ   I don't know this combination at all.
Ⅱ   I think this is not a frequent combination.
Ⅲ   I think this is a frequent combination.
Ⅳ   This is definitely a frequent combination.
```

图 2－1 Barfield（2003）动名搭配测试四度量表

Mochizuki（2002）采用选择题考察了英语为二语的日本学习者的聚合知识（paradigmatic knowledge）和搭配知识，具体形式如下。

聚合知识测试。要求从四个选项中选出给定词语的同类词。

例：job ①date ②sort ③star ④work

搭配知识测试。要求从四个选项中选出可以与给定词搭配的词。

例：job ①answer ②find ③lay ④put

根据 Mochizuki 的研究报告，两种测试都有一定的内部一致性信度，两组聚合知识测试的内部一致性系数（Cronbach's alpha）分别为 0.71 和 0.75，两组搭配知识测试的内部一致性系数分别为 0.54 和 0.70。

Gyllstad（2007，2009）开发了 COLLEX（collocating lexis）和 COLLMATCH（collocate matching）两种测学习者动宾搭配接受性知识的工具，并分别分析了两种测试的信度和构念效度（construct validity）、共时效度（concurrent validity）以及表面效度（face validity）。结果显示两种测试在学习者接受性搭配知识的测试中都有很高的信度和效度。两种测试形式分别如下。

COLLEX：给出一组动宾组合（一个真搭配、两个假搭配）让被试选出真搭配。测试的基本题型如下（来自 Gyllstad，2009：157）：

    a. drive a business   b. run a business

    c. lead a business | a | b | c |

COLLMATCH：给出真搭配和假搭配，让被试判断每个搭配是真搭配还是假搭配。题型如下（来自 Gyllstad，2009：158）：

    catch a cold   draw a limitation

    □ yes   □ yes

    □ no   □ no

Eyckmans（2009）采用与 COLLEX 类似的搭配辨别测试（Discriminating Collocations Test，DISCO）测学习者 V+N 搭配的接受性知识，分析结果显示该测试有较好的信度和效度。

Revier（2009）采用叫 CONTRIX 的测试方法测学习者的产出性搭配知识，因测试题的提示信息是包含目标搭配各个成分的一个成分矩阵（constituent matrix），故被称为 CONTRIX。具体题型如下（来自 Revier，2009：129）：

The quickest way to win a friend's trust is to show that you are able to _____ .	tell	a/an	joke
	take	the	secret
	keep	—	truth

Revier 的研究证实 CONTRIX 有比较高的信度（α=0.89），并且用很好的案例证实 CONTRIX 具有很好的构念效度（construct validity）。

同其他测试研究一样，学习者搭配知识的测试研究最重要的是要证实测试工具的构念效度，同时也要有较高的信度。分析效度的方法有很多，最常见的做法是将研究所用的测试同已有的标准测试（与目标测试相同或相似的测试）进行相关性分析，如果相关系数很高，就说明测试的构念效度很高。信度的高低则通常采用克朗巴哈系数（Cronbach's alpha）分析得到（Shillaw，2009）。

三、"在线"的实验研究

（1）搭配启动实验

已有搭配相关的启动实验研究，最常用的范式是先呈现一个启动词，然后呈现目标项（作为目标项的实验材料一半为真词，与启动词构成搭配关系，另一半为假词），让被试判断目标项是否为所测语言中真实存在的词，或者让被试大声读出目标项。大部分母语短语/搭配的启动实验研究都发现短语/搭配成分之间存在一定的启动效应（如 Hodgson，1991；McKoon & Ratcliff，1992；Williams，1996；Ellis，Frey，& Jalkanen，2009；Durrant & Doherty，2010）。因此，一些二语习得领域的研究者尝试采用搭配启动实验考察二语学习者的搭配习得情况或相关影响因素（如 Frenck-Mestre & Prince，1997；Wolter & Gyllstad，2011）。Wolter & Gyllstad（2011）的实验 1 采用了一个 LDT 启动实验（a primed lexical decision task），考察了二语学习者心理词典中的目的语搭配联结（Collocational links）以及学习者母语词汇知识的迁移影响，结果发现与学习者母语可以对译的搭配启动效应比无法逐词对译的搭配显著。说明二语学习者心理词典中的搭配成分之间确实存在不同程度的联结，这种联结的强度受母语等相关因素的影响。

（2）一般的判断实验

一些研究通过测学习者判断目的语搭配的反应时来考察学习者的搭配习得情况。如 Siyanova & Schmitt（2008，study3）采用一个主观熟悉度评级任务（a subjective familiarity rating task），让高级水平学习者按熟悉度给不同频率的英语形名组合打分,并记录其反应时。结果发现学习者对高频和低频搭配的熟悉度判断与母语者有很大差异,且识别不同频率搭配的速度均比母语者慢。Yamashita & Jiang(2010)采用类似的接受度判断实验考察了日本学习者母语对其英语搭配习得的迁移影响。结果发现学习者判断与日语一致的搭配(日语中有可逐词翻译的对应搭配)的准确率和速度高于判断与日语不一致的搭配。

(3)眼动实验

目前与搭配相关的眼动实验研究主要在语块研究中有所涉及(如 Underwood, Schmitt, & Galpin, 2004)。由于语块研究中界定的语块中包含了比较固定的搭配,往往能在语块的研究中看到一些涉及搭配的内容。因国外传统短语学方法下定义的搭配基本符合"语块"的特点,有些研究者甚至完全将搭配视为一种"语块",将搭配的研究纳入语块的研究中(Henriksen & Stæhr, 2009;周健,2007)。因此,一些研究者认为母语者与没有达到目的语母语水平的二语学习者在目的语搭配的存储和加工上的主要差异是对于母语者来说,搭配是储存在长时记忆中的预置语块(formulaic sequences),是整体存储和加工的,但对于非母语者来讲并非如此,他们长时记忆中预置的语块数量很少,而且很松散,因此无法像母语者那样快速地加工搭配(Wray, 2002)。相关的眼动实验研究也发现二语学习者语块的加工确实不像母语者那么快,即使是高水平的学习者,语块的加工也比母语者慢。这在某种程度上给我们呈现了二语学习者在搭配加工上与母语水平的差距。但如2.5中所述,针对二语学习者搭配的心理表征和加工的分析,还需要深入到搭配成分之间的关系上。

(4)自定速度阅读(self-paced reading)

与眼动实验一样,自定速度阅读相关研究主要考察语块的加工

（如 Conklin & Schmitt，2007；Schmitt & Underwood，2004）。Conklin & Schmitt（2007）考察了母语者和非母语者语块的阅读速度，结果发现无论是母语者还是非母语者，语块的阅读速度都比非语块序列的阅读速度快。

以上是目前搭配或语块加工研究常用的方法，针对搭配的研究目前主要用到了前两种方法。后两种方法主要是针对语块的存储和加工，也包括了比较固定的搭配。在广义的搭配研究中，这些方法还可以用于考察不同类型搭配（如不同频率、不同固定性的搭配）的储存和加工差异。

这一部分介绍了三类主要的搭配研究方法，这些方法的搭配研究各有利弊，通常基于语料库的分析可以考察大量的语料，往往会有新的发现或产生新的假设，但基于语料库的分析只能考察学习者的产出性知识或产出技能，且分析不集中，很难就某一点深入，还有可能遗漏一些现有语料中没有表现出来的特征。另外，基于语料库的分析考察的是学习者实际的表现，而不是他们的语言能力。诱发测试则从某个假设出发进行研究，需要建立在已有理论或假设的基础上，且考察的搭配数量非常有限，但采用诱发性测试的方法既可以考察产出性知识，又可以考察理解性知识，还可以针对某一搭配知识点进行深入考察，测出学习者是不是真的掌握了某个语言特征（Nesselhauf，2005）。但是，在诱发性的测试研究中，测试题的信度和效度很重要，因此测试的题型和材料的选择并不容易。与这两种方法相比，"在线"的实验研究最大的优点是可以考察搭配的认知加工过程，深入了解搭配的储存和加工模式，但是同"离线"的诱发性测试一样，需要建立在一定的理论或假设基础之上，而且与诱发性测试相比，在操作上难度更大，因为需要比较严格的实验设计，需要特定的实验器材，在固定的时间和地点进行。因此，目前使用"在线"实验方法进行的搭配研究成果还比较少。

鉴于三种研究的这些特点，如果要系统而科学地考察一定量的搭配，需要将三种方法结合起来，互相补充，互相印证。Siyanova & Schmitt（2008）的研究是一个很好的尝试，该研究分别采用基于语料库的分析、"离线"的搭配判断任务和"在线"的反应时判断任务考察了英语二语学习者形名搭配的产出和加工，通过三种视角的研究，所得结果相对比较科学。

2.6.1.2 主要研究问题

一、二语学习者搭配知识相关研究

与词汇知识一样，搭配知识也分接受/理解性知识和产出性知识，多数相关研究也将其区分开来考察（如 Bahns & Eldaw, 1993; Gyllstad, 2009; Laufer & Waldman, 2011; Begagić, 2014）。很多研究者在研究中还区分了搭配的隐性知识（implicit knowledge）和显性知识（explicit knowledge），并考察了不同因素或学习情境对习得两种知识的影响。如 Sonbul & Schmitt（2013）考察了三种不同学习情境（enriched, enhanced, and decontextualized）下搭配的隐性知识和显性知识的习得情况，结果显示所有条件都显著地促进了显性搭配知识的长期存储，但都没有促进隐性的搭配启动效应。还有研究者根据搭配的心理现实性，将搭配知识分为透明搭配知识、半透明搭配知识、不透明搭配知识（如 Revier, 2009）。

相关研究主要集中在两方面。

（1）搭配知识的发展和测评

研究通常采用前面介绍的各种诱发性测试方法测学习者搭配知识的发展情况，有的借用已有的测试题型直接测搭配知识（如 Bahns & Eldaw, 1993; Mochizuki, 2002），有的则侧重于搭配知识测评工具的信度和效度研究（如 Gyllstad, 2007, 2009; Revier, 2009）。

（2）搭配知识与其他语言知识的关系。

研究主要集中于探讨搭配知识与词汇知识的关系、搭配知识的发展与其他语言能力的关系两方面。在与词汇知识的关系上，大部分研究者将搭配视为词汇知识的一部分（如 Marton，1977；Channell，1981；Pawley & Syder，1983；Lewis，1997；Bahns and Eldaw，1993；Melka，1997；Gitsaki，1999；Bonk，2000；Schmitt 2000；Nation，2001；Wray，2002 等），也有研究认为搭配知识是一种承载了类似单词的形式、意义和使用特征的独立知识（如 Revier & Henriksen，2006）。关于搭配知识的发展与其他语言能力的关系，研究主要集中在搭配知识是否随着一般词汇知识或总体语言水平的发展而发展起来。多数研究结果显示搭配知识的发展滞后于一般词汇知识的发展（如 Bahns & Eldaw，1993），但是在与总体语言水平的关系上分歧比较大，有些研究指出二者有很高的相关性（Al-Zahrani，1998），也有研究得出二者没有显著的相关性（如 Howarth，1996）。这很大程度上与搭配知识的界定不统一有关系。

综观相关已有研究，是搭配知识与一般词汇知识以及与总体语言能力的关系，目前尚无明确的结论。已有研究结论不仅存在分歧，而且来自不同搭配类型的研究结果，使用的研究方法也不尽相同，因此很难根据目前的研究成果下定论。从大量研究成果和不同学习者的语料来看，搭配知识在一定程度上会随着语言水平的提高而提高，这是肯定的，但搭配知识的发展总体上滞后于一般词汇知识的发展和总体语言水平的发展也是肯定的。目前尚不清楚的是搭配知识的发展滞后于一般词汇知识或总体语言能力多少？搭配知识的发展从一开始就滞后于其他语言能力，还是在特定的阶段才开始滞后？在一般词汇知识和总体语言水平的不同发展阶段，搭配知识的发展是怎样的？不同类型的搭配、不同方面搭配知识的发展与其他语言能力的关系是否存在差异？这些问题尚待研究。

二、影响搭配习得的因素

大部分搭配研究比较关注的一个重要方面是影响二语学习者搭

配习得的因素。宏观上看，影响搭配习得的因素可概括为语际因素（interlingual factors）、语内因素（intralingual factors）①和语外因素（extralingual factors）三类，已有研究涉及的影响因素多为语内因素和语际因素。

（1）语际因素

语际因素主要指来自目的语和母语之间差异的影响因素，通常指母语迁移影响。一些研究通过观察学习者语料中哪些搭配偏误是由母语影响所导致，来推测母语对目的语搭配习得的影响（如Biskup，1992；Ringbom，1998）。

还有大量研究通过观察目的语搭配与母语搭配的一致性对搭配习得和使用的影响来看母语的迁移影响。如果 L2 中的一个搭配能逐词翻译成 L1 中的某个自然贴切的搭配，那么该搭配是与 L1 一致（congruent）的搭配，否则就是与 L1 不一致（incongruent）的搭配。很多研究在基于学习者语料的统计分析中发现与 L1 的一致性明显影响目的语搭配的使用，如 Granger（1998b）对比了英语学习者（母语为法语）和英语母语者的英语语料，发现学习者过度使用与法语一致的搭配，对与法语不一致的搭配则明显使用不足；Nesselhauf（2003，2005）考察了学习者作文语料中 V + N 搭配的使用情况，结果发现与 L1 不一致的搭配偏误远高于与 L1 一致的

---

① 一般分为语言内因素和语言外因素两种，将目的语自身的因素和语际因素归为语言内因素。如 Nesselhauf（2005）归纳的语言内因素（intralinguistic factors）有搭配的限制性（the degree of restriction）、与学习者 L1 的一致性（congruence）等，语言外因素（extralinguistic factors）包括产出环境（时间、是否使用了工具书）、英语（L2）的接触情况（母语环境、非母语环境）等。为了区分目的语自身的因素和两种语言对应关系造成的因素，我们参考习得研究中区分语内（interlingual）和语际（interlingual）的做法（如偏误分析中区分语内错误和语际错误，语言习得影响因素研究中区分语内因素和语际因素），将来自语言本身的影响因素分为语内因素（intralingual factors）、语际因素（interlingual factors）。

搭配，偏误的原因中与 L1 的一致性是主要因素。一些实验研究发现目的语搭配与 L1 搭配的一致性还会影响目的语搭配的加工效率，通常与 L1 一致的搭配加工速度比与 L1 不一致的搭配快（Wolter & Gyllstad，2011，2013；Yamashita & Jiang，2010）。

综观国外已有研究，绝大多数研究证实母语对搭配习得的影响是肯定的（少量研究例外，如 Leśniewska & Witalisz，2007[①]），而且是一个很关键的影响因素。但是，不同语言水平或学习阶段母语的迁移影响是否有变化尚不清楚。

大部分以汉语作为第二语言的搭配习得研究也或多或少论及母语的迁移影响（如李守纪，2016；郝瑜鑫，2017 等），但没有专门的研究。

（2）语内因素

语内因素主要包括频率、句法、语义、语用等目的语搭配本身的属性。已有习得相关研究探讨得比较多的是频率的影响和近义词的干扰。

频率因素是国外搭配习得研究比较关注的一个因素，多数研究支持频率对搭配习得有影响，如 Durrant & Schmitt（2010）的研究显示二语学习者对目的语中重复率越高的组合记忆保持越好；Durrant（2014）基于大量已有实证文献所做的元分析结果也显示二语搭配习得过程中频率因素很重要。还有很多研究证实搭配频率影响成人二语学习者英语搭配的加工速度，通常高频的 L2 搭配加工速度比低频 L2 搭配加工速度快（如 Wolter & Gyllstad，2013；Siyanova-Chanturia，Conklin & van Heuven，2011）。也有少量研究者认为频率与 L2 搭配的习得没有直接的关系，如 Wray（2002）的

[①] Leśniewska & Witalisz（2007）发现高级水平学习者（advanced learners）的搭配不受母语影响。

研究显示成人二语学习者对搭配的频率并不敏感，Wray 认为这是因为成人的 L2 搭配学习是对选定项目的显性记忆，学习者一般不会注意并记住他们随机遇到的搭配。Durrant & Doherty（2010）对成人二语学习者对搭配频率不敏感的解释是基于语料库得到的频率不能代表二语学习者实际输入的频率。

很多汉语中介语的偏误分析结果显示，近义词的干扰也是造成搭配偏误的常见因素（如辛平，2014；李守纪，2016；郝瑜鑫，2017 等）。辛平的研究发现学习者 V + N 的搭配偏误中，存在大量近义动词混淆的情况，如"扩大知识""改正作文""改良口语"等，还有大量近义名词混淆的偏误，如"得到新闻"（得到消息）、"交花销"（交生活费）等（辛平，2014：154）。李守纪（2016）发现美国留学生 HSK 作文语料中 46% 的偏误搭配为误用同义词或近义词所致。郝瑜鑫考察了同语义类动词在搭配中的混用情况，其中大部分也属于近义词的混用，如"帮""帮助""帮忙"等动词的混用（郝瑜鑫，2017：173）。这些研究结果说明近义词也是影响搭配习得的一个重要因素。

（3）语外因素

语外因素是指语言因素以外的因素，包括学习者语言能力、语言水平、学习环境、接触目的语的时间、文化等因素。对语外因素在搭配习得中的影响研究不是很多，已有研究主要涉及语言水平（如 Zhang，1993；Bahns & Eldaw，1993；Howarth，1996；Al-Zahrani 1998）、学习环境（如 Groom，2009）对搭配习得的影响。关于语言水平对搭配习得的影响尚存争议，需要更多的研究证明。学习环境的影响也还不是很清楚，Groom（2009）利用语料库语言学方法考察了在目的语环境中的沉浸时间对搭配习得的影响，结果发现长时间沉浸在目的语环境中并不能提高搭配的使用水平。但 Groom 的研究只考察了搭配的使用数量，无法根据其结果推测目的语环境的学习时间是否影响搭配知识的发展和搭配能力的提高。

另外，从一些搭配教学的研究中可以看出，教学方法对搭配的习得也有影响。如一些研究认为通过隐性教学（implicit teaching）即可有效促进搭配学习（如 Ellis，1997；Nation，2001；Webb，Newton，& Chang，2013），大部分研究者则认为明示教学（explicit teaching）更能有效促进搭配学习（Boers, Demecheleer, & Eyckmans，2004；Chan & Liou，2005；Laufer & Girsai，2008；Lindstromberg & Boers，2008；Webb & Kagimoto，2009，2011）。虽然目前尚无定论，但已有研究的结果至少能说明教学方法也对搭配的习得有一定的影响。

以上这些已有研究比较关注的因素无疑是影响搭配习得的一些重要因素，但仍未涵盖所有可能影响搭配习得的因素。比如，影响搭配习得的语内因素可能还有搭配成分不同义项的搭配能力、搭配成分的近义词数量和相似度、语用限制、韵律制约等，不同结构类型的搭配还受不同语言要素特征的影响。社会、心理、教学材料、学习策略、学习动机等也可能是影响搭配习得的一些重要的语外因素。

三、搭配词典和教学材料研究

1. 学习者搭配词典中搭配的收录和呈现原则

由于二语学习的目的语输入是有限的，词典是除了教材和教师以外学生获取更多搭配信息的主要工具。在词典的使用中，学习者比较倾向于想在同一部通用词典中获取尽可能多的相关信息，因此需要将各种重要的信息融于一部词典之中。但是纸质版的词典容量有限，无法承载所有信息，须遵循最小化和专业化的原则[①]

[①] 印刷词典的这种最小化（minimizing）和专业化（specializing）的原则与电子词典中最大化（maximizing）和泛化（generalizing）原则形成对照。

(Handl, 2009: 71), 这就需要选择性地呈现有代表性的、比较重要的信息, 过滤掉其他不太重要的信息。因此, 哪些搭配进入搭配词典以及按什么标准选择显得尤为重要。相关研究者也在这方面做出了很多努力, 这里介绍其中一个比较有代表性的研究。

Handl (2009) 在对英国国家语料库 (the British National Corpus, BNC; Oxford University, 2005) 大规模分析的基础上, 探讨了一种新的多维分类, 详细列出了高级学习者搭配词典中搭配的选择标准。在此基础上提出了一种显示搭配条目的方法, 并通过一项填空和翻译的测试对该替代方案进行了评估。研究比较了 *Macmillan English Dictionary for Advanced Learners* (MED; 2002)、*Longman Dictionary of Contemporary English*, 4th edn (LDOCE; 2005) 和 *Oxford Advanced Learner's Dictionary*, 7th edn (OALD; 2005) 三部词典在搭配信息处理上的差异, 总结出三部词典搭配信息的选择和安排都非常多样化, 却无法帮助学习者决定哪些搭配值得记住, 哪些不需要。在对几部搭配词典进行比较的基础上, Handl 提出了选择搭配要考虑语义 (semantic dimension)、搭配范围 (collocational range)、统计显著性 (statistical significance) 方面的标准 (Handl, 2009)。语义方面, 搭配成分只用了引申义 (如 kith and kin) 或搭配成分的语义无法单独抽取的 (如 to hang fire), 一般不选。搭配范围方面, 一般选搭配范围广的, 搭配范围小的根据语义和搭配频率决定。统计显著性则看共现频率和搭配成分频率的比值, 通常选比值较高的。

最近十多年, 国内出现了大量面向汉语学习者搭配词典的研究 (如杨同用、司敬新, 2007; 钱旭菁, 2008; 申修瑛, 2008; 付娜, 2010; 蒋本蓉, 2010; 郝瑜鑫, 2013、2016、2017; 郝瑜鑫、徐婷婷, 2017)。大部分研究在分析对比已有汉语搭配词典的基础上探讨词典中搭配信息的收录和呈现原则等 (如付娜, 2010; 申修瑛,

2008；郝瑜鑫，2013；郝瑜鑫、徐婷婷，2017）。付娜（2010）从多个角度分析了四部较有影响的外向型汉语学习词典中的搭配信息，在此基础上提出搭配信息呈现的四个基本原则：①力求显性呈现，②力避同语义类搭配词重复，③频率原则，④简明原则。申修瑛（2008）比较了《现代汉语实词搭配词典》与《汉语动词用法词典》的动词组合信息，并提出针对第二语言学习者的搭配词典应从语义类的层面对搭配进行概括，应该反映句法意义上的组合特性，并标明词语的组合属性（如离合词、惯用语、一般的词语搭配）。郝瑜鑫（2013）提出，此类词典语法信息（包括搭配信息）的呈现应该遵循典型性原则、简明原则和呈现方式多样性原则。郝瑜鑫、徐婷婷（2017）调查了《现代汉语搭配词典》在用户群体、编纂理念和方法、词项实际用法等方面存在的问题，并提出了应对策略：①词典编纂者要不断更新和完善知识结构（语言学和习得相关理论、研究的新动态、语料库和数据库技术）；②广泛调查用户对搭配词典的需求；③积极汲取词汇习得的研究成果（特别是中介语分析的结果）；④语料库和数据库的科学使用。

郝瑜鑫（2017）调查了以下几部目前市面上通行的现代汉语搭配词典：《汉语常用动词搭配词典》（王砚农等编著）、《汉语常用词搭配词典》（杨天戈等编写）、《学生常用词搭配词典》（张寿康和林杏光等编）、《简明汉语搭配词典》（张寿康和林杏光等主编）、《现代汉语实词搭配词典》（张寿康和林杏光等编写）、《现代汉语搭配词典》（梅家驹主编）、《常用词语搭配词典》（赵培痒编著），从总体结构、词条微观结构信息等方面指出了这些词典存在的问题，并提出四点搭配词典编纂需要注意的问题：①充分考虑拥护特点，②及时吸收相关研究的新成果，③充分利用语料库技术和大规模语料库资源，④充分考虑频率等定量指标。

一些研究先将搭配进行分类，然后探讨不同类型搭配的收录原则或设计体例（如杨同用、司敬新，2007；钱旭菁，2008）。杨同用、司敬新（2007）将搭配分为语法搭配、逻辑搭配、习惯搭配、高频搭配、个性搭配、固定搭配、超常搭配等不同类型，探讨了不同搭配类型在对外汉语搭配词典中的收录原则。钱旭菁（2008）将搭配分为自由组合、有限组合和凝固组合，重点分析了有限组合的选择限制和制约因素，在此基础上提出了外向型搭配词典体例设计的建议，在其设计方案中提到了应标明是自由组合、有限组合还是凝固组合，可以组合的语义范畴，组合是否可以类推等信息。

2. 学习者搭配词典的需求和使用情况调查研究

这类研究的主要目的是了解什么样的搭配词典适合学习者，现有搭配词典存在什么问题（如 Komuro，2009）。英语相关研究主要考察学习者对以下几部搭配词典和相关资源的使用情况。

（1）《BBI 英语组合词典》（*The BBI Combinatory Dictionary*，Benson，Benson & Ilson，1986b，1997）：该词典的概念沿袭了短语学传统。

（2）《精选搭配词典》（*The Dictionary of Selected Collocations*，DOSC）（Hill and Lewis，1997）：搭配的界定沿袭频率/共现观。

（3）《牛津英语搭配学习词典》（*The Oxford Collocations Dictionary for Students of English*，OCDSE）（Crowther，2002）：沿袭频率/共现观。

（4）"英国国家语料库"（The British National Corpus，BNC；Oxford University，2005）。

研究者通常通过考察学习者在使用某部搭配词典时采用的策略和遇到的问题，找出存在的问题并提出改进意见。

如 Komuro（2009）通过自己设计的填空和翻译测试考察了

日本学习者使用 OCDSE 的情况，结果发现学生在使用该词典时遇到的主要问题是难以从搭配词典列出的众多近义搭配词中做出恰当的选择。因为该词典将语义相近或相关且属于同一词类的搭配词随意地放在一起，没有提供有助于学生进行区分的定义或语境信息。

关于学习者对汉语搭配词典的需求和使用情况，郝瑜鑫也进行了一些调查研究。如郝瑜鑫（2013）通过使用问卷调查和访谈的方法，考察了中、高级汉语学习者词语搭配的学习与搭配词典的使用和需求情况，并针对调查发现的搭配词典使用不理想、搭配词典提供的信息无法满足学习者需求、词条信息处理不科学等问题，提出搭配词典的研制应该全方位考虑学习者的需求、偏误情况、词典呈现的信息类型以及呈现方式等问题，并且需要加强搭配词典的宣传推介工作。郝瑜鑫（2017）较详细地调查了学习者对搭配和搭配词典的宏观认识和需求，以及对词典中搭配信息的收录和呈现方式的认识。调查结果显示大部分学习者认为需要搭配词典，但是几乎100%的学习者没有使用过汉语搭配词典；对于搭配的收录，大部分学习者认为应该有所取舍（只有约15%的学习者认为需要全部收录）；在搭配信息的呈现方面，大部分学习者认为应该呈现搭配的典型句型、近义词搭配辨析、完整例句、语体特征、频率特征等信息，近一半的学生还认为应该提供易出错搭配的提示和语义韵特征。从这个调查结果也可以间接看出这些信息对学习者的搭配学习有影响。

四、教学材料的相关研究

由于认识到搭配教学在第二语言教学中的重要性，很多研究者和一线教师也致力于研究如何在教材中呈现搭配、设计什么样的练习等问题。有些在研究中探讨教学材料中搭配的选择，如 Hill（2000）认为值得教给学生的搭配应该具备两个条件：①符合学生的水平，②常用。并强调应根据搭配强度（collocational strength）①选择教给学生的搭配，教学中应选择中等强度的搭配（medium-strength collocations）。还有一些研究主要关注教学材料的设计，如 Jiang（2009）。

Jiang（2009）考察了三套在中国常用的英语教材，发现教材中都很少安排搭配练习。因此设计了一系列搭配训练任务和搭配产出练习作为常规综合课的补充练习，进行了为期 12 周的教学实验，并且通过问卷收集了教师和学习者对练习任务的反馈。结果证明，这样的训练有利于搭配的习得，其中，意识的提升是习得的第一步，而产出练习能有效促进习得，因此在教材中增加提升学习者搭配意识的练习具有必要性和重要性。

目前针对汉语搭配教学材料的研究还非常少，只有少数相关研究考察了已有教材中的搭配内容。如魏红（2008）考察了《发展汉语》6 册综合课教材中常用动词带宾的情况；辛平（2014）第七章考察了博雅汉语《起步》、《初级汉语口语》、《新标准汉语》三套教材中甲级动词及 V+N 搭配的数量、重现率等情况。具体内容将在下一节动宾搭配的教材研究中进行详细介绍。

总的来看，无论是词典还是一般的教学材料，在选择和呈现搭配上面临的主要问题首先是搭配的选择，其次是呈现方式和练习的设计。纸质词典因为有容量的限制，需要选择那些比较重要、有代表性的搭配，并且以有利于学习者查询和选择的方式呈现出来。由于课堂教学时间非常有限，教材中要呈现的搭配更需要经过精心挑选。因此，归根结底，在搭配词典和搭配教材的编纂过程中，最重

---

① Hill（2000）所说的搭配强度（collocational strength）大体上指搭配的固定性。比较固定的搭配如 trenchant criticism、rancid butter、ulterior motives、harbour grudges 就属于 Hill 所说的强搭配（strong collocations），因为如果不知道这些搭配，很难真正理解 trenchant、rancid、motive、grudge 的意思。

要的是搭配的选择。那么在搭配的选择中最重要的标准是什么呢？已有研究大多直接或间接提到了搭配的典型性、频率等，但都没有一套比较明确的标准和依据。

我们大致可以参考一些词汇的选择标准，McCarthy（1990）提出了三条选择词汇需要考虑的标准：①频率（frequency）；②学习者的学习能力（learn ability）；③学习者的语言需求（language need）。Nation（1990）的词汇选择标准包括：①频率（frequency）；②范围（range）；③学习者的需求（learner's needs）；④有用程度和熟悉度（availability & familiarity）；⑤覆盖面（coverage）；⑥常规性（regularity）；⑦学习的难易度或学习负担（ease of learning or learning burden）。辛平（2014）认为词语的选择标准应该有三个：①使用频率；②学习者需求；③习得难易度。

总结起来，不同研究者提出的标准中都包含了重要性和难易度两方面的标准。我们认为这是选择语言教学材料最重要、最基本的两条标准。如果这两方面都有具体可靠的参考标准，就能从根本上解决词典和教学材料在搭配选择过程中面临的首要问题。重要性通常由常用度（即频率）、有用度、学习者需求等决定，通常一个词重不重要并不难确定，可以根据查询频率信息、学习者的学习目的等来确定。相比较而言，难易度却很难界定，就搭配来说，搭配的难易度源于很多因素，有语内因素如语法、语义、语用等，还有语际因素和语言外因素如（如社会文化因素）等。而且不同类型搭配的习得难度分别来自不同的因素，不可能简单地根据学习者的一些零碎的表现、学习者语料的分析结果或个别的搭配测试结果来确定。因此，在对不同类型的搭配及相关影响因素进行系统深入研究的基础上，给出可参考的难度标准对于词典和教学材料的编纂也有着非常重要的意义。

2.6.2 搭配的学习策略和教学方法研究

2.6.2.1 搭配学习策略研究

搭配学习策略的专门研究不多,有少量英语习得研究有所涉及,汉语作为第二语言习得的研究中几乎没有这方面的研究。已有研究多集中于考察学习者的学习过程、经常使用的策略以及搭配意识提升方法的使用情况和效果。

Barfield(2006)考察了学习者如何组织、理解和解释自己的词汇和搭配知识的发展。Yang & Hendricks(2004)考察了学习者如何使用搭配意识的提升方法(Collocation Awareness-Raising,CAR)来学习写作任务中所需的搭配。Ying & O'Neill(2009)通过访谈的方式考察了学习者对搭配意识提升方法的看法以及如何在搭配学习过程中使用这种方法,结果显示学习者普遍认为搭配意识提升方法很有用。研究还列举了很多学习者比较喜欢的搭配学习策略:①视觉学习,通过配图或者看相关视频学习;②自测学习,通过自己设计的练习反复练习;③分类学习,把搭配归纳为不同类型进行学习;④记笔记,记下文本中遇到的新搭配,定期练习和自测;⑤使用搭配词典或在线语料库等工具学习搭配;⑥借助工具书,用地道的搭配替换写作中不恰当或不够好的表达;⑦翻译法,通过翻译强化学过的搭配;⑧用学过的搭配编故事;⑨复述练习,用原文中出现过的搭配复述原文内容;⑩定期用学过的搭配进行造句练习;⑪同伴互助学习。已有研究考察了各种各样的搭配学习策略,但遗憾的是这些研究几乎没有考察哪些策略比较有效。大多数搭配学习策略研究都有类似的问题。

2.6.2.2 搭配教学研究

关于搭配教学的研究存在两种不同的倾向,有些研究者认为通过隐性教学（implicit teaching）即可有效推进搭配学习（如 Ellis，1997；Nation，2001），比如通过大量的语言输入（input flood）训练或分级听读练习的附带学习（incidental learning）能有效习得搭配（如 Webb，Newton & Chang，2013）。大多数研究者和教师则强调明示教学（explicit teaching）能有效促进搭配学习（Boers，Demecheleer & Eyckmans，2004；Chan & Liou，2005；Laufer & Girsai，2008；Lindstromberg & Boers，2008；Webb & Kagimoto，2009，2011），尤其提倡使用各种搭配意识提升活动（consciousness-raising activities）进行搭配教学（如 Willis & Willis，1996；Nesselhauf，2003；Yang and Hendricks，2004；Seesink，2007）。还有少量研究比较了隐性教学和显性教学的教学效果（如 Öztina，2009；Zaferanieh & Behrooznia，2011；Mahvelati & Mukundan，2012）。Mahvelati & Mukundan（2012）比较了使用大量文本输入（input flood）的隐性教学法和显性的意识提升方法在搭配知识发展中的作用，结果显示虽然两者都有一定的效果，但是显性的意识提升方法更有效。

虽然没有足够多的研究证明显性教学一定比隐性教学好，但大部分研究者和教师相信显性教学是必要的，因此大量研究集中于考察各种显性教学方法的有效性，包括搭配意识提升、各种练习活动等。

国内对外汉语学界几乎没有专门的搭配教学研究，多数研究都会在研究中提出一些相应的教学建议，但大多不太具体，只有少数几个研究对汉语搭配的教学进行了相对比较详细的探讨（如齐春红，2005；周新玲，2007；辛平，2014；莫慧玲，2015；等等）。齐春红（2005）结合汉语实例介绍了西方词语搭配的一些理论和分类方法，在此基础上较详细地探讨了一般搭配、修辞性搭配和惯例化搭配的教学策略。周新玲（2007）第五章较详尽地探讨了搭配教学的设计宗旨,输入设计①中输入难度、输入标准、输入方式和输入步骤的控制,输出设计②中输出的判断标准、单位、方式和输出步骤,输入与输出的循环,并给出了一个具体的操作示范模式。辛平(2014)第八章主要探讨了关于搭配教学的三方面问题。①提高教师对词语搭配教学的认识。②词语搭配教学内容的选择标准:a. 使用频率;b. 学习者需求;c. 习得难易度。③词语搭配的教学原则:a. 注重系统性(搭配知识的系统性;教学内容安排上的系统性);b. 显性教学和隐性教学相结合;c. 范例教学和规则教学结合。莫慧玲(2015)在研究中探讨了"动+名"的教学,强调在教学中加强词义结构和词义范畴分析,根据"动+名"搭配的选择限制引导学生建立常规词群,结合这两个方面进行循序渐进的教学。

  总的来看,国内外对搭配学习和教学研究成果不是很多。这两方面的研究面临的最大挑战是需要明确研究的理论假设,因为理论假设需建立在搭配知识习得理论的基础上,但二语搭配知识习得的研究一方面还不够全面;另一方面由于研究方法、视角和对象各不相同,很难归纳出具有普适性的结论(Henriksen & Stæhr, 2009)。因此,该领域的研究还缺乏具体的搭配学习模型,缺乏关于单个词项的学习与搭配学习之间关系的假设,也没有关于搭配的储存、习得和使用与其他程式化语言区别的讨论。

2.7 本章小结

  本章主要总结回顾了搭配的研究现状以及语言习得难度的相关研究。关于搭配的研究,主要介绍了国内外搭配研究的大致发展情

---

① 这里的"输入"指的主要是"学习者在课堂上所接触到的第二语言的质与量"(靳洪刚,2004:142)。

② "输出设计",即"促使第二语言学习者输出的设计"(周新玲,2007)。

况、搭配的界定和分类、不同视角的搭配研究。关于语言习得难度，主要总结了几类常见的语言习得难度预测方法。

在搭配的界定和分类方面，国内外学者在相关研究中都有诸多讨论。总体上看，国外相关研究对搭配的界定比较严格，大多将搭配界定在自由组合和习语之间，而国内汉语相关研究对搭配的理解则比较宽泛，包括了各类不同自由程度的词语组合。另外，无论是广义的搭配研究之间，还是狭义的搭配研究之间，各个研究者对搭配的界定也存在不同程度的差异。因此，关于搭配的界定至今没有完全统一的标准，但已有一些基本的共识：搭配是词语之间的组合关系，即搭配的核心成分是词，不是其他层级的语言单位；搭配是符合一定的句法和语义条件的横向序列关系。目前，相关研究对搭配的理解已经深入心理词典层面，对搭配在心理词典中的表征及其在符号层面的文本实例之间的对应关系也有一些具有启发性的探讨（详见2.2.2 "搭配的界定标准"第（1）条关于搭配及搭配成分性质的探讨）。这对我们如何界定搭配、如何理解搭配的"型"（type）和"例"（token）及其背后的心理机制有诸多启发。例如，"看一场表演""看朋友的表演""看沙画表演"是不是同一个搭配——"看+表演"的不同扩展形式？其背后的认知理据是什么？正确地界定和理解搭配的性质及其心理机制，对第二语言搭配习得研究也非常重要，因为二语习得研究的最终目的是描写二语学习者获得隐性语言知识的过程和机制，是要深入心理词典层面的。因此，在界定搭配的过程中需要综合考虑这些因素，而不是方便操作就可以。另外，探讨搭配知识包括哪些、哪些知识习得较难、受哪些因素影响等问题的前提是明确"什么是搭配"。因此，本书也结合已有研究的多种视角给搭配下了一个明确的定义。

从研究视角来看，语言本体领域的搭配研究主要从句法、语义、语用等角度进行分析，还有少量研究涉及修辞、韵律等方面。

计算语言学领域的搭配研究主要有基于语料库的描写和统计研究、搭配的自动识别和自动获取及相关软件的开发等。心理语言学领域的搭配研究成果还比较少，主要在语块加工、语块的习得等相关研究中涉及，还有一些研究通过启动实验考察搭配成分之间的联结关系。第二语言习得领域的相关研究使用基于语料库的分析、诱导性的测试技术、"在线"的实验研究等多种方法，对学习者的搭配知识、影响搭配习得的因素等进行了大量的研究；在搭配词典和教学材料方面也有诸多探讨。还有一些研究者考察了学习者的搭配学习策略和搭配教学方法。

在面向第二语言的搭配习得和教学研究的回顾中，我们归纳了已有研究涉及的三种搭配习得影响因素：语内因素、语际因素和语外因素。已有研究涉及的语内因素包括频率、语义、句法、语用等方面的相关属性，语际因素主要指母语和目的语搭配的一致性对目的语搭配习得的影响，语外因素包括学习者语言水平、学习环境、教学方法等。除了已有研究直接考察的这些因素，从其他搭配相关研究中我们还可以找到很多可能影响搭配习得的因素。例如，本体研究中探讨的语义选择限制（包括语义类限制、语义特征限制等）、构成成分的频率、同语义类词语在构成搭配上的异同等，都有可能影响搭配的习得；计算语言学领域关注的一些搭配属性，如共现频率、关联强度等也有可能影响搭配的习得。这些因素在搭配习得中的作用都尚待考察。

另外，不同视角的搭配研究还为我们考察搭配习得提供了很多启发和依据。例如，搭配自动识别和自动获取的方法及原理对于我们理解二语学习者搭配知识的习得以及存储机制也有诸多启发。心理语言学视角的搭配研究则在心理词典层面提供了一些研究的依据。因为要了解二语学习者习得搭配的心理机制，首先需要清楚在母语者心理词典中的表征和加工机制，采用什么样的实验任务考察学习者搭配知识的习得情况，也需要以母语者心理词典中搭配知识的表征和加工机制为参考。

总的来看，已有搭配相关研究成果在哪些因素可能影响搭配习得，采用什么样的任务去观察，以及如何理解其内在的心理机制等方面，从多种视角给我们提供了相关的依据。在对搭配习得机制的理解方面，我们也从已有研究中得到了很多启发。具体到搭配习得的影响因素方面，已有研究在母语的影响、频率因素的影响等方面进行了较多的研究，提供了大量的证据。但还有很多可能的影响因素，已有研究还未深入考察，比如上面提到的语义选择限制、同语义类词语、搭配成分的共现频率以及关联强度等因素是否影响搭配习得，如何影响等问题尚待考察。另外，影响搭配习得的因素虽然很多，但并非所有因素都起关键作用。找出其中起决定作用的因素，将有助于我们在搭配项目及相关信息的选择上有的放矢，在搭配的教学、教学材料的编排等方面突出重点。了解因素之间的关系及其在搭配知识系统中的动态作用，则是准确预测搭配习得难度的关键。

第三章　搭配知识习得影响因素预测

在"研究现状"中,我们将影响搭配习得的因素分为语际因素、语内因素和语外因素三类,并简单介绍了其中已有研究谈论较多的因素。以下将根据已有习得研究和本体研究的成果,分别梳理三类因素中基本确定的影响因素和潜在的影响因素,着重探讨已有研究证实影响比较大的因素以及可能有重要影响的潜在因素。

3.1　语际因素

不同语言之间有共性,也有差异,存在明显的民族性。作为语言现象之一的词语搭配,也带有明显的民族性特点(李裕德,1998:4)。例如,同样的概念"吃",汉语里可以说"吃食堂",英语里却不能说"eat dinning hall/canteen/cafeteria",英语里可以说"eat soup",汉语里则不能说"吃汤";泰语里可以说"การแข่งขัน สูง"(竞争高)、"ประสบการณ์ สูง"(经验高)(黄贤淑,2016),但汉语中只能说"竞争激烈""经验丰富"等。

对比分析假说认为母语对第二语言习得有极大的影响,当目的语与学习者母语特征相似时,母语对目的语的学习产生正迁移,学起来就比较容易;而当目的语与学习者母语特征存在差异时,母语对目的语的学习产生负迁移，学起来就比较困难。虽然一些研究发现并非所有与学习者母语不同的语言特征都难习得，但大部分情况下，母语的迁移影响是存在的。从已有研究的结果来看，在词语搭配的习得和加工过程中，母语的迁移影响是很显著的（如 Bahns，1993；Bahns & Eldaw，1993；Granger，1998b；Nesselhauf，2003，2005；Yamashita & Jiang，2010；Wolter & Gyllstad，2011，2013；Wolter & Yamashita，2015）。

那么，母语的词语搭配是如何影响目的语词语搭配的习得的呢？已有研究中引用较多的有两种解释。

第一种是从二语词汇习得的过程来解释。

根据 Levelt（1989）和 Jiang（2000）的二语词汇习得过程模型，母语搭配知识的迁移发生在词元（lemma）水平上。该模型假设词汇（lexical items）表征包括两个水平：词元（lemma）和词位（lexeme）。词元水平包含词的语义（semantic）和句法（syntactic）相关信息，词位水平包含词的形态（morphological）以及语音/拼写（phonological/orthographic）等信息。根据 Jiang（2000）的观点，L2 词汇习得包括三个阶段。

第一阶段：创建与 L1 词语对应的 L2 条目（L2 entry），L1 反过来为其提供可通达的基本概念。在这一步，L2 条目中只储存了 L2 语音或拼写知识（phonological and/or orthographic knowledge），L2 词汇与基本概念之间没有直接关联，L2 词汇的使用通过 L1 词汇的中介作用实现。通过 L2 词汇的反复激活，L2 词汇与 L1 词汇的联结不断加强，直到第二个阶段的到来。

第二阶段：合并来自词元层的 L1 信息和词位层的 L2 信息，创建一个形态（morphology）和语音/拼写（phonology/orthography）类似 L2，但语义（semantics）和句法（syntax）仍然类似 L1 的条目（entry）。该条目基本上是由 L1 知识和 L2 知识组成的混合条目。

第三阶段：通过进一步接触 L2，用适当的 L2 知识逐渐取代词元水平上的 L1 知识，从而创建起一个表征和加工均与 L1 非常相似的词汇项目。

根据 Jiang（2000）的模型，到了词汇习得的第二阶段。二语学习者通常会有包含词位水平的 L2 知识和词元水平的 L1 知识的 L2 词目（lexical entries），词语搭配知识自然就会从词元水平的 L1 复制到 L2。那么，与母语一致的目的语搭配就可以直接运用 L1 知识，而与母语不一致的目的语搭配不但不能直接应用现有的搭配知识，还受到了 L1 知识的干扰，因此与母语不一致的搭配就比与母语一致的搭配更难习得，加工更困难。

第二种解释则引用有名的 AoA 和 OoA 效应理论（age of acquisition/order of acquisition effects），从词汇知识网络结构的可塑性角度来解释（Wolter & Gyllstad, 2013）。根据 AoA 和 OoA 效应理论，较早习得的词汇会比较晚习得的词汇习得得好，加工中更容易激活。Izura 等（2011）利用映射假说（the mapping hypothesis）解释 AoA 和 OoA 效应理论（Izura, Pérez, Agallou, Wright, Marín, Stadthagen-Gonzalez & Ellis, 2011）。该假说源于联结主义的学习模型，认为较早习得的项目对最终的网络结构的影响大于较晚习得的项目，尤其是较早习得的项目在输入中继续遇到，而网络开始失去可塑性并达到相对稳定的状态时，这种差异更明显。根据这一理论，与母语一致的搭配比与母语不一致的搭配更容易加工，是因为前者较后者更早习得，较早在词汇知识网络结构中达到稳定的状态。该解释主要基于这样的假设：一致的搭配由于有 L1 的正迁移而较不一致的搭配早习得（Wolter & Yamashita, 2015）。

从第一种解释来看，与母语不一致的搭配表现出比与母语一致的搭配更难习得的现象既来自 L1 的正迁移影响，也来自 L1 的负迁移影响。而第二种解释倾向于认为习得和加工难易度的差异主要源于 L1 的正迁移促使与母语一致的搭配更早习得，在词汇知识网络达到稳定状态之前得到强化的机会更多。如果这种假设成立，那么与母语一致的搭配在词汇知识体系达到稳定状态以后，其加工效率会明显高于与母语不一致的搭配，而这种差异主要是母语迁移和频率共同作用的结果。

目前尚不清楚哪种解释更符合实际情况，但母语对目的语搭配习得难易度有影响是肯定的，与母语一致的搭配通常比与母语不一致的搭配容易习得也是基本肯定的。由于不同语言之间的差异也是不同的，来自不同母语类型的学习者在习得目的语中相同的搭配时，习得难易度也会存在差异。因此，如果知道母语类型对习得汉语搭配的影响有多大以及不同母语类型的影响度排序，那么就可以大致预测不同母语背景学习者习得汉语搭配的难度。

3.2　语内因素

3.2.1　句法属性

3.2.1.1　结构类型

前文对搭配的界定中（见第一章 2.4），我们强调两个词语的组合只有符合一定的句法规则，才能构成搭配。换句话说，就是"任何词语的搭配，都要处在一定的语法框架之中"（李裕德，1998）。根据张寿康和林杏光（1992）、李裕德（1998）的搭配框架，我们分出了主谓、动宾、定中、状中、中补五种结构类型的搭配。每种结构类型内又根据组成成分的词性分出不同结构形式，例如，动宾搭配有 V＋N 式（如安排活动）、V＋V 式（如进行安排）、V＋A 式（如喜欢安静）等（参见 1.4.1.2 表 1-1）。

目前尚无研究系统地比较五种结构类型的搭配在二语习得中是

否存在难度差异,但从一些偏误分析的结果中可以看出不同结构类型的搭配习得难度应该是不一样的。从留学生的偏误情况来看,似乎状中、中补、动宾结构的搭配最难习得,其次是定中结构的搭配,主谓结构的搭配最容易习得。具体是不是这样,下文将通过语料分析、测试等方式进行考察。

实际上,每种结构类型中都有一些比较容易习得的结构形式和一些比较难习得的结构形式。比较典型的搭配形式可能比较容易习得,而不太典型的搭配形式可能会比较难习得。例如,动宾结构中比较难习得的可能是 V + V（如进行学习）和 V + A（如:怕麻烦）式,定中结构中较难习得的是 N + V 式（如:经济的发展）、N + A 式（如社会的稳定）等,状中结构中的 V + V 式（如放心喝）、A + A 式（如:容易紧张）等也可能比较难习得,中补结构中不同结构形式的搭配都有不同的难度。这是从大的结构类型内部看不同形式的难度,如果比较具体的组合形式,那么同样的组合形式,如果句法结构类型不同,难度也不同。例如,同样是 N + V 式,主谓结构的 N + V 式当比定中结构的 N + V 式要容易。每种结构类型典型结构形式之间习得难度也不尽相同,比如,主谓结构的典型形式 N + V 式、动宾结构典型形式 V + N 式、定中结构典型形式 A + N 式、状中结构典型形式 Adv + V、中补结构的典型形式 V + A 式、A + A 式之间,习得的难度也不一样[①]。

李守纪（2016）统计了美国留学生六种结构形式搭配的偏误情况,分别为 V + N、A + N、Num + 量词 + N、N + ND、N + V、DreP + N + ND、A + V,研究中并未指明其统计的这些形式分别属于哪些句法结构类型,但从研究所给的例子中大致可以判

[①] 这里说的典型形式是指某一结构类型中相对来讲比较常见、容易分辨的组合形式。

断,其所统计的是这些形式对应的典型句法结构,如"动词+名词"基本上是动宾结构,A+N统计的基本上是定中结构。该研究的统计结果显示,V+N搭配的偏误率最高(66%),其次是A+N的搭配(10%)。当然,考虑到语料规模、涵盖的结构类型、母语背景等方面的局限,我们不能就此下结论说V+N,就是最难习得的,其他结构形式比较容易。但基本可以肯定的是,不同结构类型的搭配形式习得难易度是有差异的。因此,我们将在研究中深入考察不同结构类型内部不同结构形式的习得情况。

3.2.1.2 成分的句法功能

关于搭配成分的句法功能与搭配的关系以及对搭配习得的影响,已有研究很少论及。从习得的角度来讲,由于搭配本身也有句法结构类型的差异,因此搭配成分在整个搭配中有具体的句法身份。如主谓搭配中,主语位置的成分充当主语,谓语位置的成分则具有谓语功能。由于多数动词的主要句法功能是充当谓语,而多数形容词的主要句法功能是充当定语,因此,从理论上讲,N+V式的主谓搭配很可能较V+V式的主谓搭配容易习得,因为名词作主语更常见。其他结构类型的搭配亦如此。

3.2.2 语义属性

3.2.2.1 义项

构成搭配的词语义项的多少以及在目标搭配中使用的义项,也是影响搭配习得的潜在因素。理论上讲,如果构成搭配的词都只有一个义项,习得过程中的语义编码、理解过程中的语义解码、产出中的语义提取都会比较容易。如果构成搭配的词语有多个义项,那么义项之间可能相互干扰,这些过程都会变得比较复杂。而汉语常用词,特别是动词、形容词和抽象名词,绝大多数都是多义词。

因为多义词不同义项的组合能力不同（符淮青，1996；王惠，2004），使用频率也有差异，所以，同一个词语的不同义项组成的搭配，对于学习者来说难度也可能不一样。

3.2.2.2 语义透明度

搭配的语义透明度也是影响搭配习得难易度的一个重要因素。词语一旦进入搭配，语义就可能发生变化，甚至几乎失去原来的意思。根据搭配词原来的语义与搭配整体语义之间的关系，可以将搭配的语义从不透明到透明分为不同的级别。透明度高的搭配，整体语义可以从组成成分的语义推知，只要掌握了构成成分的语义，整个搭配就不难掌握。语义透明度低的搭配，整体语义与组成成分语义相关性比较低，需要重新编码，同时又受组成成分本身语义的干扰，习得就比较困难。外语搭配相关研究发现，语义完全透明、只有一个成分的语义透明或完全不透明的情况下，二语学习者识别的难度都不一样（如 Barfield，2003）。

3.2.2.3 近义词

很多近义词在语义和基本句法功能上都十分相似，区别往往表现在搭配上。学习者如果没有掌握好近义词之间在搭配上的差异，就会在搭配的使用中出现基本语义正确但不符合母语习惯的搭配。如，过生活、关照身体。搭配习得的相关研究也发现，在学习者的语言使用中，这类偏误占了很大的比例（辛平，2014；李守纪，2016；郝瑜鑫，2017 等），说明近义词对搭配习得确实有很大的影响。

既然近义词会影响搭配的习得，那么，在同等条件下，有近义词的词，其搭配应当比无近义词的词更难习得；与近义词少的词语相比，近义词数量较多的词语受到的干扰更多，习得就会更难。如：心情愉快（近义词数量分别为：2，7）、得到表扬（近义词数量分别为：7，5）都有很多近义词，"心情愉快"中"心情"会受"情绪""心思"等词的干扰，"愉快"会受"高兴""欢乐""开心""快活""快乐"等近义词的干扰，"得到表扬"中"得到"受"得获""获得""获取""取得""收获""赢得"等词语的干扰，"表扬"受"赞扬""赞美""称赞""夸奖""夸"等近义词的干扰。但这两个搭配的组成成分，并不是任意一个近义词可以替代的。学习者没有区分清楚，就容易产出"心情高兴""情绪快乐""取得表扬""得到夸"等错误的搭配。但是，像"吃西餐""复习课文"等，两个词都没有近义词或者近义词都很少的搭配，就少了近义词的干扰，习得相对较容易，使用中也不容易出错。

除了数量上的差异，近义词之间还存在语义相似度上的差异。近义词数量相同的两个词中，与近义词的相似度较高的那个词，其搭配应该更难习得。比如，"练习游泳"（近义词数量：6，1）和"保持安静"（近义词数量：1，7）近义词数量相当，但后者构成成分与其近义词的平均语义相似度（0.920370367）高于前者（0.6711628），受到更大的语义干扰，因此后者可能更难习得。这些都是根据近义词的关系推测而来的，尚无研究证明其对搭配习得的具体影响。但近义词既然对搭配习得有影响，那么确定近义词之间的这些关系则十分重要。因此，在考察近义词这个因素时，将着重考察近义词的数量和语义相似度问题。

3.2.2.4 语义选择限制

语义选择限制是指构成搭配的两个成分之间互相选择所受的语义限制，该概念源自乔姆斯基的选择限制理论。Chomsky（1965）举例式地给出了个别动词对宾语的语义选择限制，后来的很多搭配研究，尤其是动宾搭配研究，都沿用了这个概念，如 Resnik

(1993)、Mason（2002）分别借助 WordNet① 的名词语义分类体系来研究动词对论元的语义选择限制。国内的研究如张志毅等（2001）、吴云芳等（2005）、李斌（2011a）都对汉语动宾搭配的语义选择限制进行了详细探讨。

张志毅等（2001）认为在义位组合与现实组合同构时，搭配需要满足的语义组合规则主要有同素、施事、受事、同系、形容、同向、同层、同类、分布、语体同一、态度同一、倾向同一、修辞、传统、习惯、音节协调共 16 条规则。其中，同素是一个基本原则，如"晒太阳"中，"晒"和"太阳"都含有"太阳"义素，该原则被称为"语义和谐"。施事、受事规则是论元与动词之间的语义和谐，形容规则是定语和状语成分与中心词之间的语义和谐，同向、同层、同类规则也如此。这实际上就是语义选择限制问题。

李斌（2011a）将语义选择限制分为语义类限制和语义特征限制两类。语义类限制是指一个词在与其他词构成搭配时，对搭配词的语义类别的选择限制。如，《现代汉语语义词典》中，"报考"的受事宾语为"职业""身份""机构"三个语义类（例子来自李斌，2011a：32）。李斌还指出，语义类限制有两方面要求：一是对类内成员具有普遍实用性，如"绑架"的对象可以是各种人；二是对他类成员具有排斥性，如"绑架"的宾语不能是"金钱""命令"等，因此语义类选择限制的分析需要一个比较好的语义分类体系作为支撑。

语义特征限制是指一个词在与其他词构成搭配时，对搭配词的

---

① WordNet 是普林斯顿大学的心理学家、语言学家和计算机工程师联合创建的一个基于语言认知的大型英语词汇数据库。将名词、动词、形容词和副词按照语义分别组织成认知同义词（cognitive synonyms）集合，每个同义词集合表达一个相对独立的概念。同义词集合之间按照概念-词汇和词汇关系相互关联，形成一个覆盖范围广泛的英语词汇语义网络。在线的 WordNet Search-3.1 查询网址为 http：//wordnetweb.princeton.edu/perl/webwn。

语义特征的选择限制。由于语义类别的分析无法涵盖所有的语义选择限制，李斌（2011a）的研究深入动宾搭配在语义特征层面的选择限制。从动宾搭配的心理现实性层面来讲，也有必要将动宾搭配的语义选择限制扩展到语义特征层面。李雪松、舒华（2004）利用行为反应时的方法，操作汉语及物动词与宾语之间的搭配关系，对汉语及物动词词典中宾语信息的表征情况进行了考察。结果发现，随着动词与宾语搭配的语义违反程度的增大，反应时增加。这表明，汉语及物动词心理词典中存在比较精确的宾语信息，其宾语信息是以语义特征来表征的。一些词典如《现代汉语述语动词机器词典》也标注了动词宾语的语义特征。冯志伟（1990）、李斌（2011a）等还将语义特征分为静态特征和动态特征，静态特征是词语本身具备（独立于语境）的语义特征，动态特征是篇章、语境、主观性因素等赋予词语的动态属性。动词与宾语构成搭配时一般对静态的语义特征有选择限制，不符合动词所选语义特征的词只有加上修饰语或在特定的语境中获得符合该动词所限定的动态语义特征后才能与之搭配。如"克服"一般与"困难""难题""障碍"等具有"＋不好""＋难"等静态语义特征的词搭配，不能直接搭配"因素"，但加上定语"不利"之后，就被动态地赋予了"＋不好"的语义特征，可以与"克服"构成合法的动宾搭配（参考李斌，2011a：34）。

由于汉语基本没有形态范畴，很多学者把语义看作搭配的根本限制条件（冯奇，2007；李斌，2011a）。因此，有关搭配选择限制的研究大多围绕语义选择限制进行探讨。汉语作为第二语言的学习者在语言产出中最常见的搭配偏误也是违反语义选择限制。李梅秀（2017，2018）考察了韩国学习者口语产出中动宾搭配和定中搭配的偏误情况，发现违反语义选择限制的比例非常高。说明掌握词语搭配的语义选择限制是搭配习得的一个难点。然而，搭配习得研究中却很少涉及语义选择限制的问题。

考察学习者搭配是否违反语义选择限制，首先要看其搭配是否符合基本的语义表达，其次看语义类和语义特征上是否相容。因此在考察学习者搭配语义选择限制的习得情况时，我们将搭配的语义选择限制分为三个层面：基本语义层面、语义类层面和语义特征层面。

在看语义选择限制对搭配习得难易度的影响时，可以通过看一个搭配词是否在另一个搭配词常搭配的语义类范围内，如果不在，可以看语义特征是否相符。我们假设，在其他条件相当的情况下，如果搭配成分都在彼此可搭配的语义类范围内，那么该搭配就相对比较容易习得。如，"看电影"中"看"和"电影"都在彼此可搭配的语义类范围内。如果搭配成分不在彼此常搭配的语义类范围内，但静态语义特征协调，那么该搭配相对较难习得。如果搭配成分既不属于彼此常搭配的语义类，表面上也不具备彼此可以搭配的语义特征，该搭配就很难习得。如"吃食堂"中"吃"不能同"场所"类的词搭配，"食堂"也不具备"＋可食"的语义特征，这里的"食堂"是"食堂的饭菜/食品"的转喻①。也有人认为"吃食堂"就是"在食堂吃饭"，强调吃饭的场所。无论接受哪种解释，"吃"和"食堂"从静态语义选择限制角度来讲都是不能直接搭配的。

实际上，学习者在理解或产出搭配时受到近义词的干扰，很大程度上也是因为没有掌握好词语搭配所受的语义选择限制。例如，

---

① 通常转喻的本体和喻体在一个篇章中会经常同现，因此，李斌（2011a）通过计算喻体词与其聚类词（在篇章中经常与喻体词共现的词）的相似度，来确定转喻的本体。通过计算"吃食堂"这类搭配中喻体"食堂"与其聚类词之间的相似度来确定其本体，结果得到"食堂"的聚类词中，与"食堂"相似度最高的是"饭菜"、"食品"和"小吃"。因此，认为"食堂"的转喻本体是"饭菜"、"食品"或"小吃"（李斌，2011a：110）。

学习者如果知道"高兴"和"愉快"在与名词构成主谓搭配时各自所受的语义选择限制，就不会产出"心情高兴"这样的搭配（混淆了"高兴"和"愉快"的搭配范畴）。

3.2.3 语用特征

3.2.3.1 语体特征

由于很多词语本身是带有语体倾向的，词语与词语构成搭配以后也会带有语体特征。通常，词语在构成搭配时，语义的组合大致遵循语体同一原则（张志毅，2001），因此，口语词倾向于和口语词搭配，书面语词倾向于和书面语词搭配（郝瑜鑫，2017）。如此一来，搭配自然也就带有了语体倾向。

语体的分类有很多种，按照语言使用的媒介可以分为口语和书面语，按场合或适用领域又可分出谈话语体、演说语体、公文语体、科技语体、政论语体、文艺语体等（也有研究将后者归为"语域"问题）。其中，"口语和书面语的区分是最基本的"（郝瑜鑫，2017）。在考察常用词汇的语体时，大致将词汇分为口语词汇（如：娘/妈咪）、通用词汇①（妈妈）和书面词汇（家母）三类即可（分类参考李文丹，2010）。对应的，我们在接下来的研究中将搭配的语体倾向也分为口语、通用语和书面语三类。

3.2.3.2 语域特征

语域是指因语言使用的领域、场合不同而引起的变体（张德禄，1987）。语言使用者根据说话者、受话者、话题和交际方式等方面的变化选择不同的表达形式，使得语言具有了不同的语域特征，包括普通语域、政治语域、科学语域、文艺语域、公文语域等

---

① 这里的"通用词汇"是就语体而言的，指既可用于口语，又用可于书面的词汇。区别于从整体常用度区分的"通用词汇"。

（转引自郝瑜鑫，2017）。郝瑜鑫（2017）的研究发现某个词在与其他词构成搭配时，会倾向于与有类似语域特征的词共现。李梅秀（2017）认为学习者在动宾搭配的产出中，存在一定量因违反动词的社会空间位移方向规则造成的偏误，如"培养妻子"（"培养"的社会空间位移方向是"高权势→低权势/上→下"，而夫妻之间是平等关系，故该搭配不恰当）。这实际上也属于违反了语域特征限制，"培养"不适用于话题角色间地位、权势或学识等相当的场合，而"妻子"作为受事宾语，暗含话题中的实施主语是与其社会地位对等的"丈夫"，因此"妻子"不适合做"培养"的受事宾语。

虽然语域也是一个重要的搭配选择限制因素，但是，由于很多词并没有明确的语域特征，因此，要标出每一个搭配的这种选择限制特征并不那么容易。研究中将只分无明显语域限制和有明显语域限制两种情况进行考察。

实际上，语体和语域存在一定的交叉。通常，正式与非正式（书面语与口语）是构成语体的基本范畴（冯胜利，2010）。我们的研究只关注基本范畴，根据搭配在口语和书面语中的频率分布情况，将语体分为口语、书面语和通用语三类。这里的语体主要指随正式程度而变化的表达方式，语域则强调语言使用的场景，包括语言使用的时空、对象等。这是本研究中所讲的语体和语域的主要区别。

3.2.3.3 语义韵特征

语义韵（semantic prosody）是指"词语由其搭配词激发出的相匹配的语义氛围"（Louw，1993）。语义韵有积极的（positive）、消极的（negative）和中性的（mixed）三种（Stubbs，1996）[①]。例

[①] 也有研究者将语义韵分为良好的（favorable）、不良的（unfavorable）、中性的（neutral）三种（如 Partington，2004）。基本上是一样的意思，只是用了不同的叫法。

如,"获得"就染有很强的"褒韵",充当其宾语的通常是奖品类(如金牌、银牌、铜牌、奖学金等)、荣誉类(如冠军、一等奖、第一名、学位、好评)、财富类(如报酬、利润、资金)等带有"积极"意义的词,一般不搭配带有"消极"意义的词。而"导致"则染有很强的"贬韵",充当其宾语的一般是损失、事故、污染、伤亡、火灾、压力、误解、浪费等带有"消极"意义的词。需要指出的是,语义韵里的积极、消极,与传统词汇学中的褒义、贬义无关。传统词汇学中的褒、贬色彩是指词语本身的语义特点,褒义词和贬义词指词语本身具有褒义、贬义。但语义韵是就词语选择搭配词时的倾向来讲的,节点词本身单独使用时没有积极、消极之分,但它所搭配的词在语义上呈现出积极或消极的语义倾向。

语义韵中的"韵律"(prosody)这个概念源于伦敦学派的Firth,他在用音位分析构词的过程中发现同一音位会因语音环境不同而产生变体(如音韵学中的同化、异化、连读等现象)(Firth,1948),有些音位会常常出现在一定的语境中,如"sl-"常常出现在贬义的上下文语境中(Firth,1951)。之后,Sinclair注意到词汇中也存在这种现象(Sinclair,1987a,1991),Sinclair(1996)将语义韵定义为"一种联接意义和目的的功能性选择,选择的所有词项都构成某种韵律"。后来的学者在分析搭配的语义倾向时基本都沿用了这个概念。

3.2.4 其他

3.2.4.1 频率

根据基于使用的语言习得模型(usage-based models),语言学习是一个以归纳和经验驱动为主的过程,各种语言结构的使用频率在语言系统的构建过程中起着关键作用(如 Bybee,2007;Bybee & Hopper,2001;Goldberg,2006;Langacker,1987,1988,2000;

MacWhinney，2000；Tomasello，2000，2003）。大量研究结果也证明"语言使用者对语言连续统中各个语言单位的频率都很敏感"（Ellis，2002）。Ellis（2001）、Hoey（2005）等研究证明 L1 的搭配习得也是频率驱动的。

由于基于使用的习得模型主要是针对 L1 习得的，不能直接用来解释 L2 习得。但很多研究也发现频率因素对 L2 习得有影响，尤其是高级水平学习者，对目的语的频率很敏感（如 Durrant & Schmitt，2010；Durrant & Doherty，2010），只不过 L2 习得中频率的影响程度和模式同 L1 习得不太一样。

在搭配的习得研究中，也有很多研究证实频率对搭配的习得有影响（Durrant & Schmitt，2010；Siyanova-Chanturia，Conklin & van Heuven，2011；Durrant，2014；Wolter & Gyllstad，2013；Sonbul，2015），只有少数研究结果显示二语者对频率因素不敏感（Wray，2002；Durrant & Doherty，2010），但这不证明频率对搭配习得没有影响，只是二语者对来自母语者语料库的频率不敏感。正如 Durrant 和 Doherty（2010）所说，二语者对频率不敏感的主要原因是"基于母语者语料库得到的频率不能代表二语学习者实际输入的频率"。这在一定程度上与语料库有关系，不同的语料库规模和涵盖的语料范围不同，得到的频率自然也有差异，这就是为什么有些研究发现学习者对来自目的语语料库的频率敏感，而有些研究得到相反的结果。

综上讨论，基本可以肯定频率对 L2 搭配习得是有影响的，但只有比较接近学习者实际输入的频率，才会对学习者的习得情况有预测作用。而学习者实际输入的频率我们是无法准确获得的，只能选择尽可能接近学习者输入的频率数据，比如，教材中的分布频率，或者来自规模足够大、覆盖的语体和题材较全的语料库。由于教材种类较多，而教材编写过程中没有可参考的搭配词表，各类教材中的搭配分布也存在很大差异，加上不同学校采用的教材也不同，要获得较准确的搭配分布频率几乎不可能。所以我们的研究将从规模较大的语料库获取搭配频率和相关数据。

另外，搭配成分的频率也是我们要考察的一个因素，因为构成搭配的两个词是否常用，也有可能影响搭配的习得，但已有研究鲜有涉及。

3.2.4.2 成分关联强度

搭配成分的关联强度与共现频率以及搭配成分的离合性有关。通常，两个词在使用中常常结伴出现，具有较高的共现率，构成搭配时二者的关联强度也相应比较高。在实际的语言使用中，有些搭配一般以整体形式出现，即搭配成分相邻，如天气晴朗、发展水平、轮流发言、美丽极了；有些搭配成分既可以相邻，也可以相离（中间有其他实词成分），如情况复杂（情况非常复杂）、安排活动（安排班级活动）、经济的发展（经济的快速发展）、打得好（打得特别好）；还有一些搭配其成分只能相离出现，如做一个这样的计划（做……计划）、过着独居的生活（过……生活）、穿民族服装（穿……服装）。根据搭配的这种离合性，我们将第一种搭配称为紧邻搭配，第二种称为离合搭配，第三种称为离散搭配（紧邻搭配和离散搭配的概念参考李斌（2011a：10））。紧邻搭配成分关联强度最高，离合搭配次之，离散搭配的关联强度最低。

逻辑上讲，在二语者学习过程中，紧邻搭配一般以整体形式输入并在语言的接触过程中不断以整体形式得到强化，因此习得难度较小。而离合搭配的使用比较灵活，可以单独使用，也可以插入其他成分，只有掌握什么情况下怎样用比较合适，才能正确使用，比紧邻搭配难掌握。离散搭配需有其他成分的参与才能成立，只有掌握成分间构成搭配的条件才能准确使用，也比紧邻搭配难掌握。

3.2.4.3 音/形近词干扰

由于学习者常常会混淆语音或词形相近的词,如果构成搭配的词语有很多语音或词形非常相似的词,这些词就会干扰学习者对目标词的理解或产出,从而影响对目标词搭配的理解和产出。如学习者产出"规则的生活",主要就是混淆了形近词"规则"和"规律"。

3.2.4.4 修辞

在实际的语言使用中,两个词能否构成搭配并不是绝对的。除了符合静态搭配规则的常规搭配,还有一类修辞性搭配①(或超常搭配)。构成修辞性搭配的两个词一般情况下不能搭配使用,但在特定的语境下可以构成搭配,以满足特定的表达需要。超常搭配中运用了大量的修辞格,包括夸张、拟人、拈连、移就、移觉(通感)、易色等(冯广艺,1990)。在文学作品中,作者为了达到特殊的表达效果,常常会运用各种修辞性搭配。学习者只有了解这一点,才能区分常规搭配和超常搭配,才能正确理解修辞性搭配表达的语义,知道在什么情况只能用习惯性搭配,什么情况下可以把两个看似不能搭配的词语组合起来使用。

3.2.4.5 音节组配规则

有些搭配除了受语义、语用方面的限制,还受音节组配规则(韵律)的制约。如动宾搭配中"1+1"和"2+2"式是常规组合,"1+2"和"2+1"式是非常规组合(王灿龙,2002)。定中结构形名搭配中,"的"字的隐现、单音节形容词修饰名词时是否带标记(如很、非常)等,都受音节组配规则的制约。音节组配规则对搭配的这些制约,也增加了学习者搭配产出的难度。因此,

---

① 习惯性搭配和修辞性搭配的叫法参考张志毅(2001),很多研究中将其称为超常搭配,如冯广艺(1990)、张新红等(2003)、戴连云(2005)、冯奇(2007)。

学习者在口语中常常出现"预防癌""加压力""高的目标""大的压力"等偏误搭配。

3.3 语外因素

学生的语言能力、已有语言水平、学习环境、教学材料、教学方法、文化差异等，也会影响词语搭配的习得。

同一个搭配，语言能力不同的学习者习得的难度有差异。语言水平不同的学生，由于掌握的词汇量以及词汇知识水平不一样，习得相同搭配的难度也不一样。已有研究也发现学习者的搭配知识与词汇量、整体语言水平紧密相关（Gyllstad，2007）。

从学习环境上讲，学习环境是否为目的语环境也对学习者的搭配习得有一定的影响。相关研究发现，目的语母语环境下的二语学习者搭配的产出好于非目的语环境下的二语学习者（如 Nesselhauf，2005）。不过也有研究者通过比较语料库中搭配的产出数量来推测学习环境对搭配习得的影响，发现沉浸在目的语环境中并不能提高搭配的使用水平（Groom，2009）。从这些结果来看，学习环境似乎影响不大。但这两个研究分析的范围都比较有限，考察的指标也不能等同于搭配习得难度。所以学习环境对搭配习得难度的影响目前暂无定论。

已有大量研究证实不同渠道的接触频率对搭配习得有影响（Durrant & Schmitt，2010；Siyanova-Chanturia，Conklin & van Heuven，2011；Durrant，2014；Wolter & Gyllstad，2013；Sonbul，2015）。对于二语学习者来说，搭配在教材中的出现频率是一个很重要的影响因素。除此之外，教师在教学中强调的频率，以及教学方法（隐性或显性教学）也会影响到搭配的习得。

文化的差异也是造成两种语言搭配差异的一个重要因素。由于文化的差异，某两个概念在学习者母语中可以整合，但在目的语中却不可以。这种情况下，二语学习者受到母语文化的影响，会误解目的语搭配的意思，或者产出不符合目的语习惯的搭配。

3.4 本章小结

本章在已有研究基础上，对影响搭配习得的已知因素和潜在因素进行了归纳总结，并对各因素在习得中的作用进行了理论上的预测。归纳起来，影响汉语搭配习得的因素体系大致如图3-1所示。

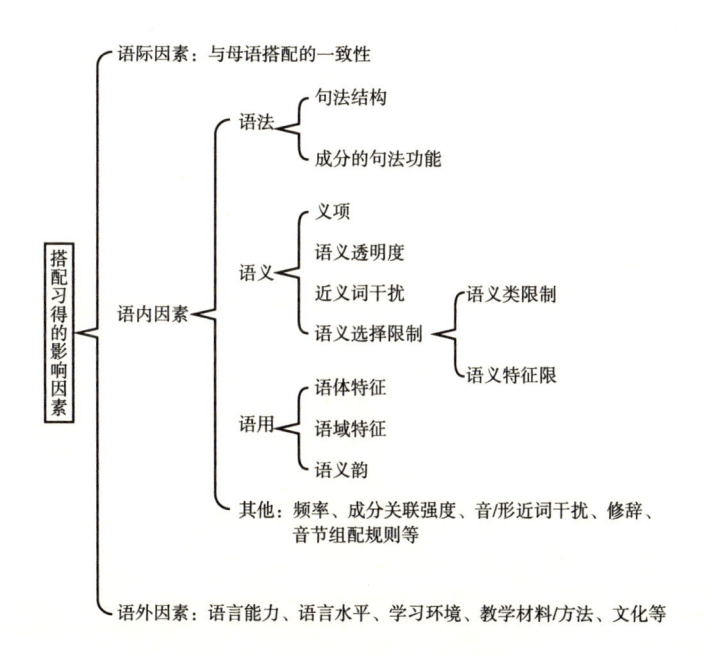

```
                    ┌ 语际因素：与母语搭配的一致性
                    │
                    │         ┌ 句法结构
                    │    语法 ┤
                    │         └ 成分的句法功能
                    │
                    │         ┌ 义项
搭配                │         │ 语义透明度              ┌ 语义类限制
习得的──┤ 语内因素 ┤    语义 ┤ 近义词干扰    ────────┤
影响                │         │ 语义选择限制            └ 语义特征限
因素                │
                    │         ┌ 语体特征
                    │    语用 ┤ 语域特征
                    │         └ 语义韵
                    │
                    │    其他：频率、成分关联强度、音/形近词干扰、修辞、
                    │          音节组配规则等
                    │
                    └ 语外因素：语言能力、语言水平、学习环境、教学材料/方法、文化等
```

图3-1　影响汉语搭配习得的因素

在这些因素中，搭配成分的句法功能问题与结构类型相关，可以在结构类型中进行探讨。要从整体上观察词语在搭配中的语义选择限制、语用特征等对搭配习得的影响，则很难具体到不同的义项，因此，本研究中暂时不对义项因素进行具体考察。从已有研究

来看，音近词和形近词不是直接影响搭配习得的关键因素，并且这两个因素本身主要与一般词汇知识的习得有关，与搭配没有直接关系。因此，对这两个因素也不单独深入考察，将在近义词因素的考察中兼论词形相似性的影响。修辞问题主要是针对超常搭配和一些特殊的搭配来讲，我们要考察的是学习者一般搭配的习得情况，所以修辞因素也暂时不予考虑。音节组配规律实际上只是体现出某些组配上的倾向，并没有具体的规律可言。很多时候所谓的音节组配规律的问题，本质上主要是近义词的问题。比如可以说"互相帮助"，而不能说"互相帮"，实际上是近义词"帮助"和"帮"的功能差异问题，而不是说状中结构搭配不能用"2+1"式的组合。学习环境、教学材料/方法、文化等因素比较复杂，很难在较短时间内考察清楚，因此也暂时不做深入考察。研究将重点考察剩下的因素。

第四章 基于产出的搭配知识习得影响因素研究

4.1 语料资源及研究方法

4.1.1 语料及相关资源

（1）中介语语料：语料为 178 篇中、高级学习者的作文语料，平均每篇 295 个词，合计 52648 词次。母语背景包括英语、日语、韩语、泰语、蒙古语。语料分布如表 4-1 所示。

表 4-1 中介语语料水平和母语背景分布

单位：篇

母语	中级	高级	合计
英语	18	12	30
日语	32	24	56
韩语	13	17	30
泰语	23	18	41
蒙古语	14	7	21
合计	100	78	178

选择这五种母语背景的中介语语料进行分析，有两方面原因：一是中介语语料库中这五种母语背景的语料最多，能抽取到足量的

语料进行分析，且便于进行不同母语背景之间的对比；二是这五种语言代表了三种不同的语系，且各有各的特点，日语、韩语、蒙古语虽然被很多学者一同归入阿尔泰语系，但也各有特点，对汉语搭配的习得想必也有不同的影响。

（2）口语词频表：来自 100 多万字的"北京口语语料库"。

（3）书面语词频表：来自 100 多万字的《人民日报》语料，利用频率统计工具①获得。

（4）同义词词林：同义词和同义词家族数从梅家驹主编的《同义词词林》（梅家驹，1983）中获得。首先将"同义词词林"和"HSK 等级词汇大纲"进行匹配，删除超出等级大纲的词，再进行同义词家族数统计。

（5）参考的搭配词典：张寿康和林杏光主编的《现代汉语实词搭配词典》（张寿康、林杏光，1992）。

（6）北京语言大学 BCC 语料库和北京大学 CCL 语料库（网络版），作为考察常用搭配词的参考。

4.1.2 研究方法

搭配语料的提取采用人工逐个提取的方法，从每篇作文中穷尽地提取主谓、动宾、定中、状中和中补结构的搭配，包括所有正确的搭配和偏误搭配。具体的提取范围和相关问题的处理如下。

（1）提取的搭配包括紧邻搭配（如"天气晴朗"），以及离合搭配的所有形式（如"看电影""看爱情电影"），不考虑插入一定成分才成立的离散搭配。在最后的分析中忽略离合搭配中插入的成分，如在动宾搭配中，将"看爱情电影"作为"看电影"的一

---

① 肖航（教育部语言文字应用研究所）研发的字词频率统计工具（Corpus Word Frequency App），下载网址：http://corpus.zhonghuayuwen.org/resources.aspx。

个 token 来分析。离合搭配的分离形式只在单句范围内抽取,搭配词跨句的搭配不计入考察范围。

(2)排除比较特殊的搭配:定中结构中"数量短语+名词"的搭配(如"一群学生"),状中结构中"方位短语+V"的搭配(如"往南走"),中补结构中"V+动量短语"的搭配(如"看一遍")。

(3)并列成分的处理:主语成分有多个并列词语的,拆分为多个搭配。如"爸爸和妈妈同意"拆分为"爸爸同意""妈妈同意"两个搭配,"家长、老师、同学都参加"拆分为"家长参加""老师参加""同学参加"三个搭配。谓语结构的谓语有多个并列的动词,也拆分为多个搭配,如"我们一边跳舞一边喝酒"拆分出"我们跳舞""我们喝"两个搭配,"我们有的天在宿舍复习或者看电视……"中有"我们复习""我们看(电视)"两个主谓搭配。宾语成分有多个并列词语时,以同样的方法拆分为多个搭配。

(4)连动结构中的主谓搭配拆分出主语相同的两个搭配,如"我们去中国旅游"拆分为"我们去"和"我们旅游"两个搭配。

(5)兼语句拆分出主语不同的两个主谓搭配,如"老师建议我考北京的大学"拆分出"老师建议""我考"两个主语搭配。

(6)双宾结构抽取动词及其直接宾语的搭配,如"送她礼物"中抽取的动宾搭配为"送礼物"。

最终一共提取到 10171 个搭配(包括所有正确的和偏误的搭配),数量和频率分布如表 4-2 所示。

表 4-2 中介语搭配数量和频率分布

单位:个,个/百词

母语	主谓		动宾		定中		状中		中补	
	数量	频率	数量	频率	数量	频率	数量	频率	数量	频率
英语	527	5.50	463	4.83	494	5.15	323	3.37	71	0.74
日语	817	5.38	574	3.78	673	4.43	556	3.66	128	0.84

续表

母语	主谓		动宾		定中		状中		中补	
	数量	频率	数量	频率	数量	频率	数量	频率	数量	频率
韩语	383	5.00	352	4.60	354	4.62	324	4.23	70	0.91
泰语	955	6.66	775	5.40	606	4.22	483	3.37	113	0.79
蒙古语	362	6.18	261	4.46	258	4.41	212	3.62	37	0.63
合计|平均	3044	5.74	2425	4.61	2385	4.57	1898	3.65	419	0.78

4.2 结构因素

4.2.1 基本结构类型的习得情况

中、高级学习者产出中的搭配基本上涵盖了主谓、动宾、定中、状中、中补五种结构类型，以及常见的下位结构形式。首先看五种结构类型的产出情况，不同母语背景学习者各类结构的偏误情况如表4-3所示。

表4-3 五种结构类型的偏误率分布情况

单位：%

母语	主谓	动宾	定中	状中	中补
英语	12.29	15.38	21.21	14.81	14.93
日语	12.70	18.31	17.14	20.25	28.57
韩语	9.11	16.71	23.10	20.31	29.51
泰语	6.60	11.86	15.04	7.66	19.42
蒙古语	8.61	9.09	20.46	13.81	21.43
平均	9.86	14.27	19.39	15.37	22.77

总体上看，中补结构和定中结构搭配的偏误率较高，动宾结构和状中结构搭配的偏误率居中，主谓结构搭配的偏误率最低。比较不同母语背景的分布情况，五种母语背景学习者均为主谓结

构搭配偏误率最低,除英语背景学习者以外,均为中补结构搭配偏误率最高,其他几类结构的偏误率分布存在较大的母语背景差异:英语母语者定中结构搭配的偏误率最高,动宾、状中和中补结构搭配的偏误率相当;日语母语者中补结构搭配偏误率明显高于其他结构,状中结构偏误率次之,动宾和定中结构搭配偏误率相当;韩语母语者中补结构搭配偏误率最高,定中和状中结构搭配的偏误率也比较高,动宾结构搭配偏误率稍低;泰语母语者除中补结构搭配和动宾结构搭配外,其各类搭配的偏误率都明显低于其他母语背景学习者,其中,中补结构搭配偏误率明显高于其他结构类型,定中结构偏误率次之,状中结构偏误率较低,主语结构偏误率最低;蒙古语母语者中补结构和定中结构搭配偏误率较高,状中结构居中,动宾结构偏误率较低。

4.2.2 次级结构形式的习得情况

4.2.2.1 主谓结构

学习者产出的主谓结构搭配主要有 N + V、N + A、Pron + V 和 Pron + A 式,还有极少数 V + V 和 V + A 式的搭配,分别如例(1)~例(6)所示。

N + V 式:

(1) a. 这时候树绿了,<u>花儿开</u>了,公园里人也多了。

b. 虽然我的汉语<u>水平提高</u>得很慢,但如果没有他们的话更厉害。

c. 本来我想带朋友去观赏熊猫,可是<u>老师告诉</u>我那边人太挤,观赏的时候就不太方便了。

d. 冬天天气常常低25°度(-25°-30°C)。可是<u>蒙古人都喜欢</u>我们的冬天。

e. 后来**芳华**<u>发现</u>，小姑子心情不好主要是因为她原来的男朋友变了心。

N + A 式：

(2) a. 本人**身体**<u>健康</u>，**生性**<u>活泼</u>，自信能成为工作人。

b. 我**母亲**非常<u>辛苦</u>，因为爷爷和奶奶都是中风以后，瘫床不起八年之后才去世的。

Pron + V 式：

(3) a. 当时，**她们**<u>喝</u>得很多，我们心里有点担心。

b. 因为他们为了子女不给添麻烦，不拖累子女。**我**<u>觉得</u>这样的态度对互相好。

Pron + A 式：

(4) a. 他学习医学，他不是很努力的学生，可是**他**很<u>聪明</u>。

b. 看起来，**他们**都<u>开心</u>得不得了。

V + V 式：

(5) 今天我想说的是我自己的家庭观念特别是在分家问题上，说说分家的意义以及**分家**<u>带来</u>的问题和解决方法。

V + A 式：

(6) 我们一年只学完了一本课本，所以我们的**进步**非常<u>慢</u>。

从偏误率上看，各个结构形式主谓搭配的难度也不一样，偏误率的具体分布情况如表 4 – 4 所示（学习者产出中 V + V 式和 V + A 式搭配的数量极少，因此不计入统计；表格中"—"表示语料中没有对应的搭配）。

总体上看，N + A 式和 Pron + A 式主谓搭配的偏误率比较高，N + V 和 Pron + V 式主谓搭配的偏误率相对比较低。基本上所有母语背景学习者的偏误率分布都呈现出这样的规律，只是在具体的偏误率上存在一些差异。

表4-4 主谓搭配次级结构的偏误率分布情况

单位：%

母语	N + V	N + A	Pron + V	Pron + A
英语	12.03	44.23	7.16	20.00
日语	10.47	29.87	11.35	12.50
韩语	13.58	24.49	4.82	—
泰语	8.33	12.82	4.65	23.08
蒙古语	4.41	16.67	8.30	—
平均	9.76	25.62	7.26	18.53

除了这个特点，从搭配成分上看，学习者产出的主谓结构搭配还呈现出类型单一的特点，即绝大部分主谓结构搭配的主语成分为表人名词［例（1）c、d、e］或人称代词［例（3）和例（4）］。将主语成分大致分为"人物"和"一般事物"两大类，前者包括人称代词和表人名词，后者分为具体和抽象两类进行统计。

　　人称代词：你、我、她/他、你们、我们、她/他们、自己、大家、人家。

　　表人名词：a. 爱人、爸爸、妈妈、父母、奶奶、姥姥、宝宝、大姐、姐姐、妹妹、哥哥、弟弟、儿子、儿女、孩子、大夫、医生、坏人、女孩、姑娘、朋友、中国人、韩国人等；b. 人名：宝玉、黛玉、芳华、陆羽、采臣、赵沂等。

　　具体名词：被子、鼻梁、身体、腿、胃、标语、菜、餐厅、茶馆、房间、鲜花、飞机、狗、公司、故宫、画、学校、风、雪、阳光、自行车、春天、夏天、秋天、冬天等。

　　抽象名词：爱情、感情、脾气、心情、负担、关系、观念、经验、竞争、地位、情况、愿望、运气、影响等。

按照以上分类进行统计,得到学习者产出的主谓搭配中主语成分的分布情况,如表 4-5 所示。

表 4-5 主谓搭配中主语成分的分布

单位:%

母语	人物		一般事物	
	人称代词	表人名词	具体名词	抽象名词
英语	65.15	19.32	8.52	6.63
日语	69.77	15.67	8.20	6.36
韩语	66.32	16.71	6.53	10.70
泰语	64.26	21.49	8.60	5.66
蒙古语	67.97	17.27	9.47	5.57
平均	66.69	18.09	8.26	6.98

五种母语背景学习者产出的主谓搭配中,80%以上的主语成分为人物类代词或名词,其中人称代词约占 67%,表人名词约占 18%;一般事物类名词只占约 15%,且具体名词比抽象名词多。

中介语主谓搭配的主语成分除了数量上呈现出这样"一边倒"的状况,错误率上也呈现出类似的规律。

表 4-6 主谓搭配的主语成分偏误率分布

单位:%

母语	人物		一般事物	
	人称代词	表人名词	具体名词	抽象名词
英语	7.56	6.86	37.78	42.86
日语	11.40	5.47	22.39	36.54
韩语	4.47	7.81	36.00	21.95
泰语	5.06	4.88	13.41	20.37
蒙古语	8.20	6.45	8.82	21.05
平均	7.34	6.29	23.68	28.55

从表 4-6 统计结果来看，主语成分为一般事物的主谓搭配偏误率明显高于主语成分为人物的主谓搭配。

4.2.2.2 动宾结构

学习者产出的动宾搭配包括 V+N、V+Pron、V+V、V+A 四种结构形式，如例（7）～例（10）所示。

V+N 式：

（7）a. 但我妹妹说如果那位能在她的面前抱歉的话她可以考虑考虑，要不然的话就<u>投诉</u>那位<u>老师</u>。

b. 在北京<u>吃烤鸭</u>的话，应该一定去全聚德，以在前门的店铺为总店，到处有分店。

c. 如果我能够在贵校中文系学完本科的话，不但<u>提高</u>我的汉语<u>水平</u>而且学好中国文学。

V+Pron 式：

（8）a. 他有小儿麻痹的短处，别人可以<u>帮助他</u>。

b. 我母亲为了我们做的事情太多。她经常<u>担心我们</u>。

V+V 式：

（9）a. 我很<u>喜欢旅游</u>，在中国大陆去过很多地方因为我去的旅游点，不是全部容易去的地方，坐两三天的火车、去没有柏油路的山路、坐夜车等等。

b. 他本来想<u>继续研究</u>，将来取得博士学位。可是他改变原来的计划，决定找工作。

V+A 式：

（10）a. 他很<u>重视健康</u>，所以为了维持他的身体每天早上锻炼身体。

b. 太阳晒得很严重，可是躲在树下喝葡萄酒，我<u>觉得</u>很<u>舒服</u>，<u>感到</u>很<u>幸福</u>。

学习者动宾搭配次级结构形式的偏误率分布如表 4-7 所示。

表 4-7 动宾搭配次级结构的偏误率分布

单位：%

母语	V + N	V + Pron	V + V	V + A
英语	15.40	10.00	14.81	25.00
日语	17.67	10.34	17.65	37.04
韩语	14.93	0.00	13.64	12.50
泰语	12.57	3.95	16.28	6.25
蒙古语	8.72	6.67	16.00	12.50
平均	13.86	6.19	15.68	18.66

总体上看，大部分学习者 V + A 式动宾搭配的偏误率最高，其次是 V + V 式和 V + N 式的动宾搭配，V + Pron 式的偏误率均比较低。不同母语背景学习者的偏误率分布差异也比较大。

4.2.2.3 定中结构

学习者产出的定中结构搭配有 A + N、N + N、Pron + N、V + N 四种结构形式，以及少量的 N + V、N + A、A + Pron、N + Pron、Pron + V 式的，分别如例（11）~例（19）所示。

A + N 式：

（11）a. 为了避免感冒，我出去的时候，穿很**多衣服**。

b. 作父母的也应该在教育子女时，注意采用**适当的方法**和自己本身的影响。

c. 还有社会上都有**传统观念**，就是考上一流学校的人是胜利者，考不上的人是败者。

N + N 式：

（12）a. 如果我能够在贵校中文系学完本科的话，不但提高我的<u>汉语水平</u>而 且学好<u>中国文学</u>。

b. <u>北京的春天</u>和我理想中的春天并不一样。

c. 我们应该打开<u>心灵的窗户</u>，然后我觉得能了解中国和中国人。

Pron + N 式：

(13) a. <u>她们的性格</u>很活泼，酒量很大。所以跟我们很合得来。

b. 通过记者和部长的帮助，逼姚敏生跟她结婚。<u>这样的婚姻</u>有什么意义？

V + N 式：

(14) a. 我想从他们的经济状态来说不算便宜，相反地辛辛苦苦<u>赚的钱</u>用买的，而且他们用的对我来说也很好的。

b. 我母亲就是自己想做什么就的更用什么手段，所以我开始偷偷地准备去中国的时候<u>需要的东西</u>。

N + V 式：

(15) 坟修得很大，很漂亮而且为自己死后的生活也做了很<u>周到的安排</u>……

N + A 式：

(16) 我们离开家所以我母亲<u>内心的痛苦</u>多。

A + Pron

(17) 我多么希望他能永远是现在的他。<u>可爱的他</u>呀！

N + Pron

(18) 以前在母亲的思想里有人应该是这样儿的偏见。但是<u>现在的她</u>完全变了。

Pron + V

(19) 人们都说谁的水灯漂得远那么<u>他的祷告</u>就是真的。

学习者产出中 A + N、N + N、Pron + N、V + N 式定中搭配的偏误率分布如表 4 - 8 所示。N + V、N + A、A + Pron、N + Pron、Pron + V 式的搭配极少,不计入统计。

表 4 - 8 定中搭配次级结构的偏误率分布

单位:%

母语	A + N	N + N	Pron + N	V + N
英语	29.17	13.77	21.05	19.61
日语	22.94	11.66	17.74	16.87
韩语	31.78	19.05	15.38	14.29
泰语	17.53	12.50	18.00	12.12
蒙古语	23.33	18.48	18.46	21.95
平均	24.95	15.09	18.13	16.97

总体上,五种母语背景学习者的 A + N 式定中搭配偏误率明显高于其他三类结构形式的搭配。N + N、Pron + N 和 V + N 式的偏误率分布则存在较大的母语差异。英语、日语、泰语学习者 Pron + N 式的偏误率高于 N + N 式和 V + N 式,而韩语学习者 N + N 式的偏误率高于 Pron + N 和 V + N 式,蒙古语学习者 V + N 式的偏误率高于 N + N 式和 Pron + N 式。

4.2.2.4 状中结构

学习者产出的状中搭配主要包括 Adv + V、Adv + A、A + V、V + V 四种结构形式,还有少量的 Pron + V、Pron + A、N + V 式搭配。如例(20)~例(26)所示。

Adv + V 式:

(20) a. 有一位老妪我**常常想念**,那就是我姥姥。
b. 我告诉她我想跟她练习说汉语因为我**很喜欢**听她说话。

c. 一追到厨房时的桌子旁边就很难办，两个就围绕着桌子<u>拼命地跑</u>。

Adv + A 式：

（21） a. 他对我<u>很温柔</u>，但我小的时候儿情况不是这样。

b. 但是<u>更重要</u>的是完成任务后，要尽力跑掉。

A + V 式：

（22） a. 对国家来说不能<u>充分利用</u>让她们发挥能力结果女性人力浪费了。

b. 首先我<u>认真地回答</u>了。但是最后有一点儿累了。

V + V 式：

（23） 您给我提供能<u>放心地休息</u>的地方。

Pron + V 式：

（24） 尽管他不善于与他人相处，也没问题。技术者都<u>这样做</u>。

Pron + A 式：

（25） 不要想<u>那么多</u>，好好学习，快毕业。

N + V 式：

（26） 回家以后，宝宝发起烧来。芳华<u>日夜守护</u>着他。

状中搭配搭配不同结构形式的偏误率分布情况如表 4-9 所示。其中，Pron + V、Pron + A、N + V 式的状中搭配数量极少，故不计入统计。

表 4-9 状中搭配次级结构的偏误率分布

单位：%

母语	Adv + V	Adv + A	A + V	V + V
英语	14.81	12.79	40.91	10.00
日语	22.36	13.97	47.22	24.24

续表

母语	Adv + V	Adv + A	A + V	V + V
韩语	17.27	16.28	50.00	22.73
泰语	9.02	4.62	26.09	6.90
蒙古语	20.55	8.20	57.14	—
平均	16.80	11.17	44.27	15.97

A + V 式的状中搭配偏误率远高于其他三种结构形式的状中搭配。与定中结构的情况相似，不同母语背景学习者其他三种结构形式状中搭配的偏误率分布不尽相同。日语、韩语和泰语母语背景学习者的分布相似，都是 Adv + V 式和 V + V 式的偏误率高于 Adv + A 式，从具体偏误率上看泰语学习者这三类结构形式的偏误率都低于韩语和日语学习者。英语母语者 Adv + V 式偏误率高于 Adv + A 式和 V + V 式。蒙古语学习者 Adv + V 式的偏误率比较高（V + V 式的搭配只有 5 个，均正确，由于数量太少，不计偏误率）。

4.2.2.5 中补结构

学习者作文中产出的中补结构搭配主要有 V + A 式和 V + V 式，还有少量的 V + Adv 式和 A + A 式。如例（27）~例（30）所示。

V + A 式：

(27) a. 晚上她们来到我们的房间。我们也已经**准备好**了。
    b. 要是我吃饭**吃得太饱**了，什么汤我也不能喝。

V + V 式：

(28) a. 终于我又怕又吃惊得**哭起来**了。
    b. 我妹妹上的那座高中学习是非常严格的女生学校，看外貌连陌生人也能**猜出来**大概的情况。

V + Adv 式:

（29）母亲做的松糕是我最喜欢的。我又**高兴**极了。

A + A 式:

（30）a. 我觉得中国人说话说得非常快，但是听说日语的速度比汉语**快得多**。

b. 我们从昆明到大理坐汽车十四个小时左右，我**累死**了。

V + Adv 式和 A + A 式的数量都很少，不计入统计。V + A 式和 V + V 式偏误率分布如表 4 - 10 所示。

表 4 - 10 中补搭配次级结构的偏误率分布

单位：%

母语	V + A	V + V
英语	24.32	0.00
日语	38.89	24.44
韩语	40.74	16.13
泰语	25.58	12.77
蒙古语	23.81	12.50
平均	30.67	13.17

不同母语背景学习者中补搭配的偏误率分布比较一致，均为 V + A 式的偏误率明显高于 V + V 式。从母语背景的差异上看，日语和韩语学习者 V + A 式和 V + V 式的偏误率都比其他三个母语背景的高，尤其是 V + A 式的偏误率明显高于其他三种母语背景的偏误率。

4.2.3 基于偏误率的结构类型习得难度预测

4.2.3.1 基本结构类型的难度分布及其原因

从偏误率的分布情况来推测搭配的习得难度，不同母语背景学习者主谓、动宾、定中、状中和中补结构搭配的习得难度大致如图4-1所示。

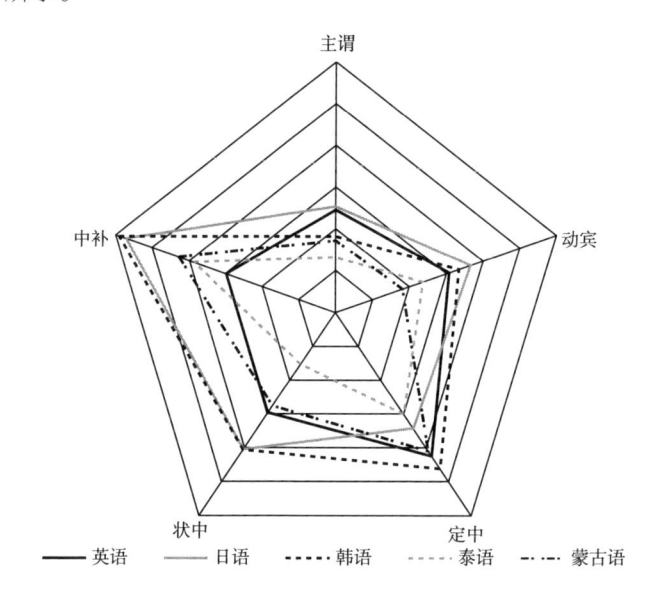

图4-1 各母语背景学习者搭配结构难点

图4-1中五边形从中间到五个角难度依次递增，代表某一母语背景的线条越接近某个结构类型的外角，说明对于该母语背景学习者来说，该结构类型的习得越难。

从图中的分布来看，对于大部分母语背景学习者来讲，中补结构搭配最难，定中结构搭配次之，动宾和状中结构搭配难度居中，主谓结构搭配最容易。

呈现出这种难度分布规律的原因主要有以下几点。

（1）语言结构的共性和差异。根据对比分析假说，目的语中与学习者母语相同的语言项比不同的语言项容易习得。虽然实际研究中发现存在例外，但大部分情况下第二语言习得确实存在这样的规律。我们考察的五种语言主谓结构相同，都是主语在前，谓语在后，且主语和谓语的语义关系相似。而动宾、定中、状中都存在一定的差异。

英语和泰语与汉语的动宾结构基本一样,但日语、韩语和蒙古语的动宾顺序都与汉语不同,均为宾语在谓语动词之前。因此英语和泰语背景学习者习得动宾结构搭配要比日语、韩语和蒙古语背景学习者容易一些。图 4-1 的动宾搭配难度分布也体现出了这一特点。

定中结构也存在很大的母语差异。比如,汉语领属结构"N +（标记）+ N"中的标记"的"有时可对应英语中的"'s"或者"of",但像"人称代词 + 的 + N"这类结构中的标记"的"在英语中就没有对应的显性标记（英语中以代词的曲折变化来代替）；汉语中只有定语在、前中心语在后一种情况,而英语中还有大量定语后置的情况。汉语的结构助词"的"大致与韩语的"의""것"相似,但"的"和"의""것"的句法规则并不完全对等,因此韩国学习者很容易受母语的迁移影响（李梅秀,2018）。汉语定中结构和泰语定中结构语序不同,汉语为定语在前、中心语在后,而泰语定中结构主要由"中心语 +（关系词）+ 定语"构成,中心语在前,定语在后,关系词有时可以省略。

汉语状中结构在形式上也相对比较复杂。通常为状语在前、中心语在后,但有些状中结构状语和中心语之间必须加"地",如"开心地笑"；有些不能加"地",如"刚回来""轮流发言"等；有些可加"地",也可以不加,如"认真（地）思考"。少量还可以加"的",如"非常的好"。这种形式上的多样变化对于学习者来说很难把握。母语与汉语的差异也带来很多困难,例如,英语状中结构中状语可以放在中心语之后,如"agree joyfully",而汉语不可以。

中补结构是汉语的一种特殊结构。汉语中补结构不但语义构造比较复杂,表层的结构形式也比较多样,与其他语言也存在诸多差异。其他语言大多没有对应结构。例如,汉语中带结果补语的述补结构,在蒙古语中对应状述结构、动词谓语、分析形式或并列谓语等多种表达形式。汉语的补语在韩语等其他语言中也没有对应形式,因此,汉语中补结构对于学习者来说是一大难点。

(2) 句子成分关系的影响。学习者作文中产出的搭配多为构成句子必需的成分之间的自由搭配,而二语学习者在写作中产出最多的是 SVO 式简单句或包含 SOV 结构的句子。一方面,这类结构不太容易犯错,因此产出的多数主谓搭配都是符合汉语习惯的。另一方面,在 SVO 结构中,主语成分的备选词远少于宾语成分的备选词。因为主语是句子的动作或行为的主体,具备该属性的名词占少数,而且可支配的动词比较多,特别是主语为人称代词或表人名词时。从搭配的角度上讲,总体上可作主语的名词可搭配的动词范围非常广。宾语是动作或行为的接受者,可以充当宾语的词语范围也相对较广,但每个动词可支配的宾语词语范围是受限制的。超出动词可支配的范围,就会出现偏误搭配。因此,在 SVO 结构中分离出来的主谓搭配单从词语搭配层面来讲多数是正确的,而动宾搭配的偏误就比较多。

例:

(31) 另一件事就是去年**我取到奖学金**来中国进修一年。
(32) 这次**我们参观了体育课**,跟学生们在一起打了篮球,看了看教室和学生们住的房子。

例(31)和例(32)中,从词语搭配的角度讲"我+取得"和"我们+参观"都没问题,但是"取到+奖学金"和"参观+体育课"这样的动宾搭配是不符合汉语习惯的。因此,在作文语料中提取的主谓搭配偏误率就比动宾搭配低。

(3) 主谓搭配的结构及内部语义关系较其他四类搭配简单。从表层结构上讲,主谓搭配没有特殊的标记,而定中、状中、中补结构都有"的""地""得"等结构助词的隐现问题。从内部语义关系上讲,主谓结构语义关系相对比较简单,主语一般包括施事、受事、与事、工具、时间、处所等(朱德熙,1981)。而动宾搭配的语义关系相对较复杂,宾语成分除了典型的受事、结果、工具、对象、目的、处所、施事等,还有类别、原因、角色、依靠、方面等(李临定,1983)。还有更详细的分类甚至将名词宾语分为受事、结果、对象等十四类(孟琮、郑怀德、孟庆海、蔡文兰,1987)。从语言习得的角度讲,结构、语义等越简单的语言项越容易习得,主谓搭配总体上自然比其他结构要容易一些。

(4) 学习者表达习惯和表达策略的影响。学习者在一般的写作中通常习惯用以人称代词为主语的主谓(宾)结构句式(特别是水平相对较低的学习者),很少使用独立于主谓宾结构且意义相对抽象的主谓搭配(如情况复杂、阳光灿烂、感情丰富等),而人称代词可以"驾驭"的谓词范围比较广,在主谓搭配中不易出错。学习者自然选择了比较习惯且比较容易的搭配,避过复杂易错的搭配。

4.2.3.2 次级结构类型的难度分布及其原因

次级结构形式的习得难度分布如图4-2所示。

主谓结构搭配中,形容词作谓语的主谓搭配普遍难于动词作谓语的主谓搭配。动宾结构搭配中,日语和英语背景的学习者相似,都是 V+A 式动宾搭配的问题比较多,V+V 和 V+N 式的难度差不多,不过在 V+A 式上,日语背景学习者更差一些。韩语和泰语背景的学习者比较相似,都是 V+N 和 V+V 式的习得比较难。蒙古语背景学习者同其他母语背景学习者的分布都不太一样。定中结构中 A+N 式最难,其他三种结构式相当,但不同

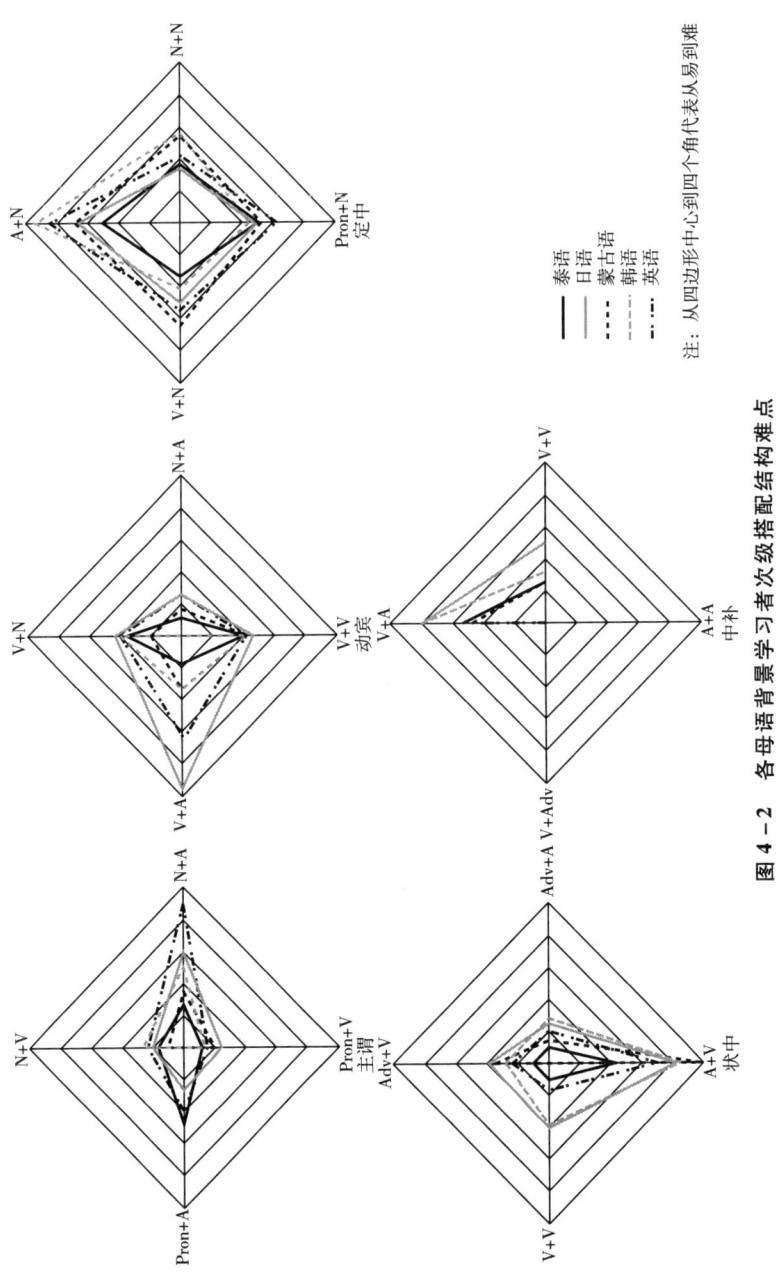

116 汉语作为第二语言搭配知识习得机制研究

图 4-2 各母语背景学习者次级搭配结构构难点

母语背景之间存在一定差异。状中结构搭配中 A + V 式最难，其他三种结构的难度分布也存在一定的母语背景差异。中补结构为 V + A 式较难。

比较五种搭配次级结构的分布，动宾搭配的母语背景差异较大，主谓、定中、状中和中补结构的分布都有一个共同特点，即难点都明显集中于其中一种结构形式，其他结构形式的差异不是太大。

从典型性上看，除了定中和中补搭配，其他三种搭配的典型形式偏误率都比较低，难点都集中于相对不太典型的组合形式。比如 N/Pron + V、V + N/Pron、Adv + V/A 分别为主谓、动宾、状中搭配中最典型的组合形式，它们的偏误率也是对应基本结构中最低的。而 N + A、V + A/V、A + V 分别为主谓、动宾、状中搭配中相对不太典型的组合形式，偏误率也相对较高。根据基于范例的学习（exemplar-based learning）理论，这是因为在某一类型中最典型的成员，具有最多该类型的特征，且明显区别于其他类型的成员，而人们归纳识别这种典型成员的速度要快于归纳识别其他非典型的成员。因此在语言习得中，典型的语言项的习得较其他非典型的语言项容易（Ellis & Wulff, 2014）。

出现这种结果的另一个重要原因是，语言学研究中归纳的语法结构是很抽象的符号组合关系的概括，是一种形式结构。实际的语言使用和语言习得不可能仅仅依靠这种高度概括、高度抽象的符号组合规则来实现，而要深入语义关系层面。传统归纳的语法结构与实际语义关系之间的对应关系是错综复杂的。同一种语法结构可能包含多种语义关系，多种语法结构又可以表达同一个语义关系。虽然句法结构和语义关系本质上是完全不同的两个东西，但二者又存在很多联系，尤其是在二语教学和习得中，通常需要借助语法结构很快掌握目的语的符号组合规则，而习得过程中又必须去整合各种语义关系。所以二者之间的对应关系在二语习得中至关重要。

在汉语中，施事与主语、动作与谓语、受事与宾语是强势匹配的关系。因此，当掌握了汉语的基本语法之后，就很容易掌握主谓结构中的"实施+动作"结构、动宾结构中的"动作+受事"结构，而施事和受事通常为名词或代词，动作通常用动词表示，谓语动词通常受副词修饰。因此，N/Pron + V 的主谓搭配、V + N/Pron 的动宾搭配、Adv + V 的状中结构就比较容易习得，其他结构相对较难。

除了这种共同的难度分布倾向，母语背景差异也比较明显，说明学习者在习得各类结构的搭配时，受母语的影响也比较大。

4.2.4 小结

本节通过考察学习者主谓、动宾、定中、状中和中补五种基本结构的搭配及其次类结构形式的产出情况，预测学习者不同结构类型搭配的习得难点。根据偏误的分布情况，初步推测得出三点结论。

（1）在五种基本结构类型中，中补结构搭配最难，定中结构搭配次之，动宾和状中结构搭配难度居中，主谓结构搭配最容易。

（2）次级结构类型的难度分布如下：主谓结构搭配中，形容词作谓语的主谓搭配最难；动宾搭配中 V + A 式的搭配比较难，其次是 V + V 和 V + N 式；定中搭配中 A + N 式比较难，其他结构形式难度相当；状中结构中 A + V 式最难，Adv + V 式和 Adv + A 式相对比较容易；中补结构中 V + A 式较难。

（3）由于受母语搭配结构的影响，不同母语背景学习者在习得各类结构形式的搭配时，存在不同的难点。

4.3 语义透明度因素

4.3.1 中介语搭配的透明度分布

就搭配的语义透明度来讲,有些搭配的整体义大致由两个组成词的基本义构成,有些只有一个搭配词保留了基本义,有些则两个搭配词都使用了引申义或比喻义。根据不同情况,大致可以把搭配的语义透明度分为4级,具体如下。

(1) 不透明:搭配的整体义无法从两个搭配词的语义推知。如"阅读星辰""打擦边球""打酱油""(偷)吃禁果"等。

(2) 较透明:构成搭配的两个词都使用了引申义,如"水平低"。

(3) 半透明:构成搭配的两个词,一个词保留了基本义,另一个词使用引申义或比喻义。如"智商低""打广告""(很)大的变化""广告的泛滥""笑起来"中"智商""广告""变化""笑"都保留基本义,"低""打""大""起来"均用了引申义,"泛滥"用了比喻义。

(4) 透明:两个词的基本义加和构成搭配的整体语义。如"教学楼(很)高""吃苹果""漂亮的姑娘"等。

学习者产出的搭配绝大多数为透明搭配,还有一部分半透明和比较透明的搭配,几乎没有不透明的搭配。不同母语背景学习者五种结构类型搭配的平均透明度如表4-11所示。

学习者产出的所有搭配平均透明度都接近4,中补结构搭配的透明度较其他四种结构略低。这是因为很多常用的中补结构搭配,其补语都使用了引申义,如"哭起来""差得远""累死(了)"等,其中"起来""远""死"都使用了引申义。

表 4-11　学习者语料中各类搭配的平均透明度

母语	主谓	动宾	定中	状中	中补
英语	3.97	3.97	3.96	3.94	3.86
日语	3.96	3.98	3.95	3.95	3.71
韩语	3.95	3.96	3.90	3.93	3.65
泰语	3.98	3.99	3.95	3.96	3.81
蒙古语	3.99	3.99	3.97	3.96	3.89
平均	3.97	3.98	3.95	3.95	3.78

4.3.2　语义透明度和偏误的关系

从英语的研究成果来看,同等条件下透明度越低的搭配通常越难习得。我们分析了各类结构搭配的透明度与偏误的相关性,发现汉语中介语搭配的透明度与偏误率也有一定的相关,表 4-12 是各类搭配的透明度与偏误情况的斯皮尔曼(Spearman)相关系数。

表 4-12　学习者语料中各类搭配的透明度与偏误情况的相关系数

母语	主谓	动宾	定中	状中	中补
英语	-0.239**	-0.048	-0.013	-0.137*	0.045
日语	-0.171**	-0.074	-0.018	-0.017	-0.110
韩语	-0.159**	-0.139**	-0.138**	0.015	0.008
泰语	-0.084**	-0.085*	-0.123**	-0.022	-0.335**
蒙古语	-0.302**	-0.090	-0.268**	-0.136*	-0.094

注:** 表示在置信度(双测)为 0.01(即 $p<0.01$)时,相关性是显著的;* 表示置信度为 0.05 时显著。

所有母语背景学习者主谓结构搭配的透明度与偏误之间都有显著的负相关。定中结构搭配中,除了英语和日语背景学习者,其他三个母语背景学习者的透明度与偏误情况之间也有显著的相关性。动宾、状中和中补结构搭配的透明度和偏误情况之间,只有少数母语背景的语料体现出了一定的相关性。

从这个结果来看,学习者在习得不同结构类型的搭配时,受语义透明度的影响程度是不同的。主谓搭配的习得受语义透明度的影响比较大。这是因为主谓搭配的外层结构和语义关系相对简单,难度主要体现在语义的曲折性上。而动宾、定中、状中和中补搭配在表层结构或内部语义关系上都有一定的复杂性,很多搭配即使搭配词保留基本义或常用义,也会因结构或语义关系的影响而难以准确掌握。

另外,中介语语料中语义透明度和偏误情况相关性普遍较低的另一个原因是学习者的产出策略。一方面,学习者倾向于产出比较容易、语义比较透明的搭配,偏误也很少。因此很难从语义透明度分布有限、偏误率也很少的语料中,观察到二者真实的关系。但是,从学习者很少产出透明度较低的搭配来看,透明度低的搭配确实比较难。另一方面,学习者过度使用部分高频词或高频组合。比如,在使用 Adv + A 式状中搭配时,学习者过度使用"很""比较""非常""特别""最""太"等程度副词,这些副词本身可搭配的形容词范围很广,即使所搭配的词在语境中的语义比较曲折,在 Adv + A 式的搭配上仍然不容易出错。偏误通常出现在形容词成分与句子中其他词语的搭配上。

例:

(33) 因为**河水很深**,他下去捞也没有它斧头是他唯一的工具,现在在没有了它,今后的生活就没有着落了。
(34) 就在这时代发生了美国华尔街的失败,使我国的经济猛然陷入一个**很深的萧条**。

从相关搭配词判断,例(33)和例(34)的"深"分别使用了"深"的基本义和引申义,所以从搭配的语义透明度上讲,例

(33)中的"很深"透明度高于例(34)的"很深",从"很"和"深"的搭配上讲,两个都是正确的,在任何情况下都不太容易出错。偏误只会出在"深"和其他词的搭配上,如例(34)中与"萧条"的错误搭配。在学生作文语料中,由于这类状中搭配的大量产出,导致搭配的语义透明度与偏误的相关性不明显。从产出中不同透明度状中搭配的分布上也很难判断其对习得的影响,因为像例(34)这类不完全透明但也不容易出错的搭配有很多。

这样的搭配在作文语料的状中搭配中占绝大多数,去掉这类高频程度副词和形容词构成的搭配以后,各个母语背景剩下的状中搭配中,透明度小于4的搭配数量都非常少,没办法再做相关分析。因此,在后面的搭配测试中减少了这类高频搭配的材料。

4.3.3 小结

本节考察了中介语搭配的总体语义透明度分布以及语义透明度和偏误率的相关性。结果显示,学习者使用的绝大部分为语义透明度很高的搭配,主谓结构搭配的语义透明度与偏误率之间有显著的负相关,动宾、定中、状中和中补结构搭配中,部分母语背景的搭配语义透明度和偏误率之间存在显著的负相关。

从这个结果来看,语义透明度越高的搭配习得越容易,在使用中偏误率也越低。由于学习者产出的绝大多数为透明度比较高的搭配,从产出语料中很难准确地观察到语义透明度对搭配习得的影响有多大。在后面的章节中将采用测试的方法进一步考察。

4.4 近义词因素

4.4.1 近义词对搭配产出的干扰

在中介语语料中,同义词或近义词对目标搭配的干扰主要体现在搭配使用的准确性上。学习者产出的偏误搭配中,大多数为近义词使用错误,即目标搭配中一个构成词被语义相同或相近的词语替代,或者两个词都用了语义相同或相近的词。其他偏误,如语法偏误、词语偏误(构成搭配的词语本身为错词)、违反韵律(违反音节组配规则)、纯粹的形近词替换等在所有偏误中所占比例都相对比较小。表4–13展示了不同母语背景各类结构偏误搭配中近义词偏误的分布情况。

表4–13 近义词偏误在错误搭配中所占比例

单位:%

母语	主谓	动宾	定中	状中	中补
英语	37.70	37.14	25.70	33.33	0
日语	58.49	48.08	41.23	36.36	20.00
韩语	54.29	28.81	43.75	68.75	16.67
泰语	72.09	42.86	30.00	26.32	20.00
蒙古语	46.67	32.00	9.26	41.38	0
平均	53.85	37.78	29.99	41.23	11.33

总体上看,日语、韩语、泰语母语者近义词偏误率普遍较高。这主要有两方面原因。第一,日、韩、泰母语者基本的语法偏误、词语偏误、形近词替换等近义词以外的偏误率都比较低,因此近义词偏误比率相对较高。第二,日、汉、泰等"汉字文化圈"的学习者在掌握基本的汉语词汇知识方面较非"汉字文化圈"的学习者略有优势,在书面产出中能产性也相对较高,能够表达较多的语义内容。但他们在快速掌握大量词汇的同时,对细微的语义差异区分得并不清楚。因此,在写作中,他们有大量表达某项基本语义内容可选的词汇,很容易产出基本语义的表达和组配都没有问题的搭配,但在选词过程中,常常在近义词群中选择了承载部分目标语义,但不能进入目标搭配的词。与此相对,英语等非"汉字文化

圈"的学习者该类偏误率相对较低,其原因有二:一方面其他类型的偏误相对较多;另一方面他们在基本的汉语词汇知识掌握上略弱于"汉字文化圈"的学习者,写作中常常使用相对比较简单、常用、不容易出错的表达,避免了更多的错误。

从表 4-13 中还可以看出另一个特点,中补结构搭配的近义词偏误普遍低于其他四类搭配。这是因为构成中补搭配的词语在类型上相对封闭,数量比较少。涉及的近义词相对较少,且中补搭配在句法结构上的偏误较多。

另外,多数母语背景的学习者定中、状中结构搭配的偏误率都低于主谓和动宾搭配。因为定中、状中结构搭配中还有大量与结构助词"的""地"相关的偏误以及音节组配规则方面的偏误。

从以上结果来看,近义词对搭配习得的影响在不同母语背景学习者之间、不同结构类型搭配之间有不同的表现,很可能与母语和结构类型有不同程度的交互作用。后面的章节中将进一步考察三者之间的关系。

4.4.2 词形在近义词选择中的作用

中介语搭配中近义词替换造成的偏误按偏误词和目标词词形的关系可分为两类:①有相同语素的近义词替换;②无相同语素的近义词替换。分别见例(35)~例(37)和例(38)、例(39)。

例:

(35) 她的脾气很执拗,**爱哭泣**,容易赌气。(恰当的搭配:爱哭)

(36) 从苦楚的境阶脱生出来,敢于追求理想,终于**实现**了**希望**。(恰当的搭配:实现愿望)

(37) 我应该**珍重**我的**选择**因为在世界上人不一定有这样的自

由。(恰当的搭配:珍惜……选择)
(38) 我就准备做饺子给朋友吃,不是我一个人作呢,还有**另外的朋友**一起帮助做饺子,没想到做饺子用了很多时间。(恰当的搭配:其他朋友/别的朋友)
(39) 我在上海呆了三天,然后坐船去大连了。船里我跟中国人写字<u>谈</u>了很多<u>事</u>。(恰当的搭配:聊了很多事)
(40) 在复述她养孩子的过程时,她会脸含着微笑地向我们讲她教训我妈的一些<u>幽默的事情</u>。(恰当的搭配:有趣的事情)

例(35)是单音节词"哭"及其同义词"哭泣"在搭配中使用错误,例(36)为近义词"希望"和"愿望"的混淆,这两个词的第二个语素一样,两个词的语义也比较接近,《现代汉语词典》(第6版)(下文简称"《现汉》")甚至在解释"希望"作为名词的语义时用了"愿望",学习者也常常将二者混淆。例(37)"珍惜"和"珍重"第一个语素相同,也是一对近义词,《现汉》在解释"珍惜"时也用了"珍重"。对于以上这样的近义词,在产出搭配时,学习者常常不知道选择哪个词更恰当,因此常常产出错误或者不太符合汉语习惯的搭配。

例(39)"谈"和"聊"、例(40)"幽默"和"有趣"也是近义词,"聊"也是"谈",但是是"闲谈",虽然撇开语境来看,"谈+事"的搭配也成立,但用于例(39)则不符合语境。该例的语境是作者(一个日本学生)坐船去旅游的路上,跟船上的中国人闲聊,因此用"谈+事"的组合不准确。"幽默"是指"有趣或可笑而意味深长"(参考《现汉》),也可以说"幽默的事情",但是例(40)中"奶奶"讲述的事情是"有趣"的,不是"幽默"的,因此在这个语境中应选"有趣"比较恰当。

在近义词搭配偏误中,第一类偏误最多,占近义词偏误的比例如表4-14所示。

由此可见,在搭配的产出过程中,词形和语义都比较接近的词语在构成搭配的过程中互相产生很大的竞争。在搭配习得过程中,区分这类近义词是一大难点。

表4-14 有相同语素的近义词偏误占近义词偏误的比例

单位:%

母语	主谓	动宾	定中	状中	中补
英语	60.87	92.31	44.44	50.00	—
日语	45.16	60.00	65.96	48.78	33.33
韩语	73.68	58.82	71.43	62.50	33.33
泰语	66.67	43.59	82.48	60.00	50.00
蒙古语	45.16	62.50	66.66	83.33	—
平均	58.31	63.44	66.19	60.92	38.89

4.4.3 语义相似度在近义词选择中的作用

近义词之间还有语义相似度①的问题。虽然大部分情况下,相对于没有相同语素的近义词,有相同语素的近义词之间更容易产生混淆,但也不尽然。有些近义词可能没有相同的语素,但是语义很相似,那么它们在组成搭配时也会互相产生很强的竞争,如"看法"和"观点"(语义相似度:1)、"立刻"和"马上"(语义相似度:1)、"干净"和"清洁"(语义相似度:1)、"到底"和"最终"(语义相似度:0.861111)。有些近义词虽然有相同的语素,但语义相似度比较低,在构成搭配的过程中彼此的干扰就比较小,如"成长"和"成熟"(语义相似度:0.044444)、"补偿"

---

① 这里所讲的语义相似度是指基于词典语义的静态语义相似度,不考虑语境。

和"补充"(语义相似度：0.126984)。因此，为了解近义词语义相似度对搭配习得的影响及其与词形相似性（是否有相同语素）的关系，我们用知网的语义相似度计算工具"WordSimilarity"计算出了偏误搭配和目标搭配近义词的语义相似度。该计算工具计算出的语义相似度范围为 0~1。近义词搭配偏误中偏误词及其对应的近义词相似度分布如表 4-15 所示。

表 4-15 目标搭配和偏误搭配中近义词的语义相似度分布

母语	主谓	动宾	定中	状中	中补
英语	0.785222	0.703351	0.864928	0.780367	—
日语	0.728041	0.792504	0.775593	0.815946	0.803379
韩语	0.721558	0.741168	0.843208	0.925091	0.814815
泰语	0.721931	0.783155	0.813047	0.881788	0.934765
蒙古语	0.884699	0.953483	0.861111	0.961539	—
平均	0.768290	0.794732	0.831577	0.872946	0.850986

近义词替换造成的偏误搭配，偏误词和被替换目标词的平均相似度都在 0.7 以上，说明在搭配习得过程中相似度越高的近义词越容易相互干扰。但是，前面也谈到，词形关系也对近义词搭配的区分有很大的影响，而且词形关系与语义相似度之间并没有必然的联系（即有相同语素的语义相似度不一定很高，无相同语素不代表语义相似度也很低），我们分析了学习者近义词偏误搭配中近义词的词形关系和语义相似度之间的相关性，二者在统计上并没有显著相关。那么，在对搭配习得的影响上，二者是怎样的关系呢？

通过统计不同词形关系和语义相似度的偏误率分布情况，发现二者之间表现出了一定的交互作用（不同情况的偏误率所占比例见表 4-16）。

表 4-16　不同词形关系和语义相似度的混淆偏误分布

单位：%

结构形式	有相同语素，语义相似度高	有相同语素，语义相似度低	无相同语素，语义相似度高	无相同语素，语义相似度低
主谓	51.38	6.02	22.30	20.30
动宾	43.52	12.60	33.86	10.01
定中	61.65	5.26	24.81	8.28
状中	50.51	7.07	36.36	6.06
中补	30.77	7.69	53.83	7.71
平均	47.57	7.73	34.23	10.47

从表 4-16 的分布来看，有相同语素且语义相似度高的近义词偏误最多，其次是无相同语素但语义相似度高的偏误也比较多。有相同语素但相似度很低，以及既无相同语素语义相似度也较低的近义词造成的搭配偏误相对较少。

在有相同语素的情况下，不同语义相似度的近义词造成的搭配偏误相差比较大，而在没有相同语素的情况下，语义相似度高或语义相似度低造成的偏误率差异相对要小一些。

由此可见，词形关系和语义相似度都会影响近义词的搭配习得，并且二者之间相互制约。当近义词的词形和语义都很相似时，它们在搭配上的差异是最难区分的。语义相似度在不同词形关系条件下对近义词搭配习得有不同的影响。

当然，基于中介语语料的分析，我们只能通过偏误率的分布观察到这两个因素的大致关系。二者对搭配习得的影响及其交互作用还须进一步通过实证研究的方法，以具体的统计显著性为准。后面的章节将通过实证研究进一步考察这个问题。

4.4.4　小结

本节考察了近义词对搭配产出的影响以及词形和语义相似度在

近义词搭配中的作用。结果显示，学习者在搭配的使用中，受近义词的干扰非常大，近义词搭配的偏误率普遍较高。其中，词形相近（有相同语素）的近义词在搭配中的竞争最强，语义相似度较高的近义词之间的竞争最强。词形和语义相似度之间还存在一定的交互作用：语义相似度较高的近义词中，有相同语素的在搭配使用中更容易互相干扰，而语义相似度较低的近义词，有无相同语素，差异并不明显。

4.5 语义选择限制因素

4.5.1 中介语搭配语义选择违反情况

学习者产出的搭配，绝大多数在基本语义层面是可理解的，但往往在具体的语义类/语义范畴或语义特征上违反了词语搭配所受的限制，因而不能较精确地表达所要表达的意思，语言上也感觉不地道。尤其是近义词之间在搭配词的语义选择限制上的差异，对于学习者来说是一个难点。学习者在写作中，违反搭配语义选择限制的情况也非常多。

例：

(41) a. 那个饭馆的服务员同样对我感兴趣。又开始了笔谈。"你是什么人?""日本人。""在这里工作还是旅游?""旅游，"等等。<u>气氛</u>很<u>开心</u>。我很高兴。

b. 而且中国的生活<u>节奏</u><u>单调</u>，有时把我急死，我恨不得马上回国。

(42) a. 我还不什么现在还没决定以后我想<u>当</u>什么<u>职业</u>。我想<u>当</u>好多方面的<u>工作</u>。

b. 下一辈子可<u>当蝴蝶</u>，或<u>当癞蛤蟆</u>，关系就不大。

c. 早就学会这个概念也知道很多同学在公寓楼和住都是有同屋的，她们本人也<u>当</u>别人的<u>同屋</u>，但我自己从小到大一直跟父母住在一起，我有一个小屋，那是我睡觉和乱放东西的地方。

(43) a. 自从那个时候对我们来说，新年当成了一个<u>精美的节日</u>。

b. 人有很多的选择，<u>很多的人生</u>，每天每天高高兴兴得生活，这是最好的。

(44) a. 第二天早上，她进去四个姐妹睡觉着的房间，<u>大声开</u>了衣柜间。

b. 后来我们每天早上六点半去体育场打太极拳。她<u>亲切地照顾</u>我。

(45) a. 北京的气候跟我们国家的气候不一样，比我们国家<u>干得满</u>。

b. 太阳<u>晒得很严重</u>，可是躲在树下喝葡萄酒，我觉得很舒服，感到很幸福。

例(41)～例(45)分别为主谓、动宾、定中、状中和中补结构搭配中违反语义选择限制的例子。例(41)a、例(42)a和b、例(43)a、例(44)a、例(45)a均违反了搭配的语义类限制。例(41)a中，"开心"的主位搭配名词一般为"人"类，还有极少量的"表情"类名词如"表情""神情""神色""神态"等（一般与"开心"构成定中搭配比较多）。"气氛"完全超出了"开心"的主谓搭配范围。例(42)a和b中"当"表"担任、充当"义时，一般搭配的宾语名词为带有特定身份的"人"类名词，如"医生""老师""干部""英雄""妈妈""叛徒""走狗"等，

"职业""工作""蝴蝶""癞蛤蟆"等不属于该类范畴,因此不能与之搭配。例(43)a中"精美"作定语时,搭配的名词仅限于"物品"类,而且多为"人工物","节日"不属于该语义类。例(44)a中"大声"作状语时,修饰的动作一般为口、鼻发出的动作,如"说""叫""喊""笑""哭""宣布""训斥""喘气"等,"开"或"打开"一般为手部动作,不属于"大声"可以搭配的范畴。例(45)a中"干"的补语成分为表"相对量"的程度副词如"多""很""快""慢"等,并且在这里只能搭配"多","满"是表"绝对量"的词,不能作"干"的补语。

例(41)b、例(42)c、例(43)b、例(44)b、例(45)b均为违反了搭配的语义特征限制。例(41)b中"(生活)节奏"指的是"进程",可搭配的形容词性谓语词有表"速度"的词,如"快""慢"等,以及表"紧密度"的词,如"紧张""紧凑"等体现"时间进程状态"的词,"单调"勉强可以归入后一类,但其没有"+时间"特征。例(42)c中"同屋"也属于"人"类名词,且作为某人的"同屋"也可以算一种特定的身份。但"当"表"担任、充当"义时,表示身份在较大的社会关系网中有较"根本"性的变化,搭配的"人"的身份在社会群体范围内具有一定的"+广泛性",或在时间上具有"+长时性"(除非放在动态的语境中,加了其他修饰限定成分,如"当初都说了只是暂时当你的未婚妻"),而"同屋"的身份只针对另一个"同屋"来讲,在没有另一个"同屋"在的情况下,没有区别身份的社会意义(类似的词,如"妻子"虽然也只针对"丈夫"来讲,但丈夫不在场的情况下,该身份还是有其特定的社会意义,因此也具有社会意义上的"+广泛性",故可以作"当"的宾语),而且是"+暂时性"的,所以不能作"当"的宾语。例(43)b中"人生"可以被"量级"形容词修饰,"多"属于该范畴,但"人生"本身有"+时间"义,其"量级"修饰语须有"+时长"特征,如"漫长","多"一般不表"时长",所以不能说"很多人生"。例(44)b"照顾"的状位搭配有"态度"类词,如"尽心""耐心"等,"亲切"也可以归入这一类,但用作状语修饰谓语动词时主要体现了"+慈善"义,适用于修饰"问候""招呼""称呼"等,而"照顾"是很实在的行动,不仅需要"+善",更需要"+诚","尽心""耐心"一类才能修饰。例(45)b中,"晒"的补语一般为阳光照射导致的"结果"类词语,而且所表达的结果应该是具体的,如"伤""(很)舒服""(很)黑"等,"严重"也是一种结果,但不具体,没有指明是什么"严重"。该例中其实是要表达"太阳比较毒辣"之意,一般汉语里不用"晒得……"来表达。

4.5.2 中介语搭配语义违反的特点

学习者产出的搭配,虽然表达上不地道,但是大部分情况下并不影响我们对其所表达语义的理解。主要是因为学习者选择的搭配词虽然并不恰当,但是很多仍然属于目标搭配词所属语义类,或者很接近目标搭配词的语义类。图4-3和图4-4分别为"参观"和表"担任、充当"义的"当"在汉语中的搭配范畴和典型搭配词与学习者偏误搭配的对比。

如图4-3所示,学习者不恰当的搭配中,"情况""按摩法"超出了"当"搭配的范畴,但是其他的都在"当"能搭配的语义范围内。如"市场",表示地理上的某个市场时,也属于"商业场地"类,"英语课""语法课""语文课"属于"展示活动"类,家庭属于"一般场所",学生搭配的"它"在原文中也指某个特定的可以与"参观"搭配的观光场所,但这些词语在语义特征上不太符合"当"的语义选择限制。

从图4-4来看,学习者的偏误中只有"自治区"和"装饰"

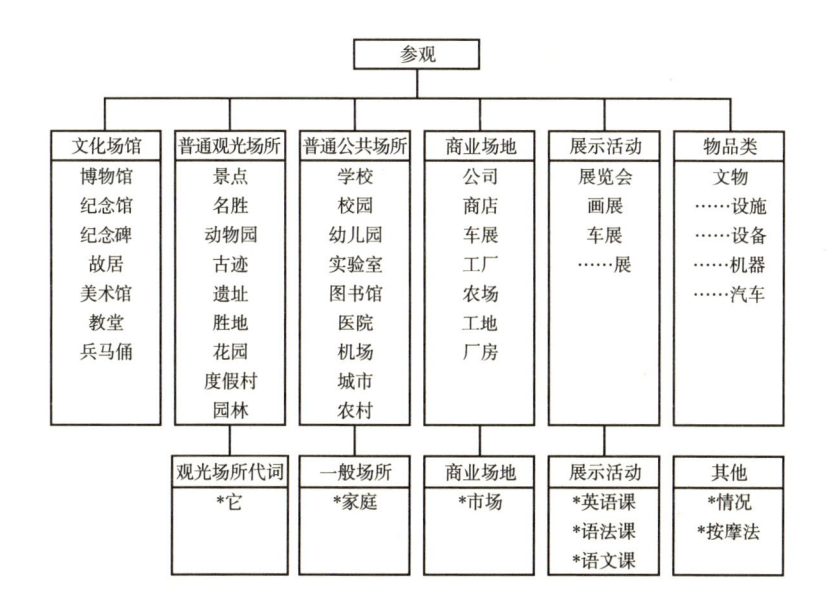

```
                          ┌──────┐
                          │ 参观 │
                          └──┬───┘
  ┌─────────┬─────────┬─────┼──────┬─────────┬─────────┐
┌─────┐ ┌─────────┐ ┌─────────┐ ┌──────┐ ┌──────┐ ┌──────┐
│文化 │ │普通观光 │ │普通公共 │ │商业  │ │展示  │ │物品类│
│场馆 │ │场所     │ │场所     │ │场地  │ │活动  │ │      │
│博物馆│ │景点     │ │学校     │ │公司  │ │展览会│ │文物  │
│纪念馆│ │名胜     │ │校园     │ │商店  │ │画展  │ │……设施│
│纪念碑│ │动物园   │ │幼儿园   │ │车展  │ │车展  │ │……设备│
│故居 │ │古迹     │ │实验室   │ │工厂  │ │……展  │ │……机器│
│美术馆│ │遗址     │ │图书馆   │ │农场  │ │      │ │……汽车│
│教堂 │ │胜地     │ │医院     │ │工地  │ │      │ │      │
│兵马俑│ │花园     │ │机场     │ │厂房  │ │      │ │      │
│     │ │度假村   │ │城市     │ │      │ │      │ │      │
│     │ │园林     │ │农村     │ │      │ │      │ │      │
└─────┘ └─────────┘ └─────────┘ └──────┘ └──────┘ └──────┘
         ┌─────────┐ ┌─────────┐ ┌──────┐ ┌──────┐ ┌──────┐
         │观光场所 │ │一般场所 │ │商业  │ │展示  │ │其他  │
         │代词     │ │         │ │场地  │ │活动  │ │      │
         │*它      │ │*家庭    │ │*市场 │ │*英语课│ │*情况 │
         │         │ │         │ │      │ │*语法课│ │*按摩法│
         │         │ │         │ │      │ │*语文课│ │      │
         └─────────┘ └─────────┘ └──────┘ └──────┘ └──────┘
```

图 4-3　"参观 + N"的中介语偏误搭配与汉语搭配范畴对比

说明：＊代表学习者产出的这些搭配是错误的。

超出了"当"搭配的语义类范畴，并且与"当"搭配的语义类范畴没有直接的语义关系。"工作""职业""雇工"由于不属于"人"类，也超出了"当"搭配的语义类范畴，但其语义与"一般职业身份"类直接相关。"个体户"属于"一般职业身份"范畴，但语义特征上与"当"不搭。"留学生""胖子""妇女""……人"也有"特定"的身份，与"一般职业身份"和"关系身份"范畴相似，只是不具备"当"的搭配词语具有的"＋广泛性"或"＋长时性"特征。"朋友"、"同学"和"同屋"则属于"关系身份"范畴，但同样不具备"当"的搭配词语具有的"＋广泛性"或"＋长时性"特征。"蝴蝶"和"癞蛤蟆"类似"比喻性身份"类，但是当用"蝴蝶"和"癞蛤蟆"比喻人时，其本体并不具备"当"的宾语应具备的语义特征，如"癞蛤蟆"一般比喻"自己比较差,却想得到、想玷污好的东西的人",不是具有广泛意义的"社会身份",所以一般不与"当"搭配。

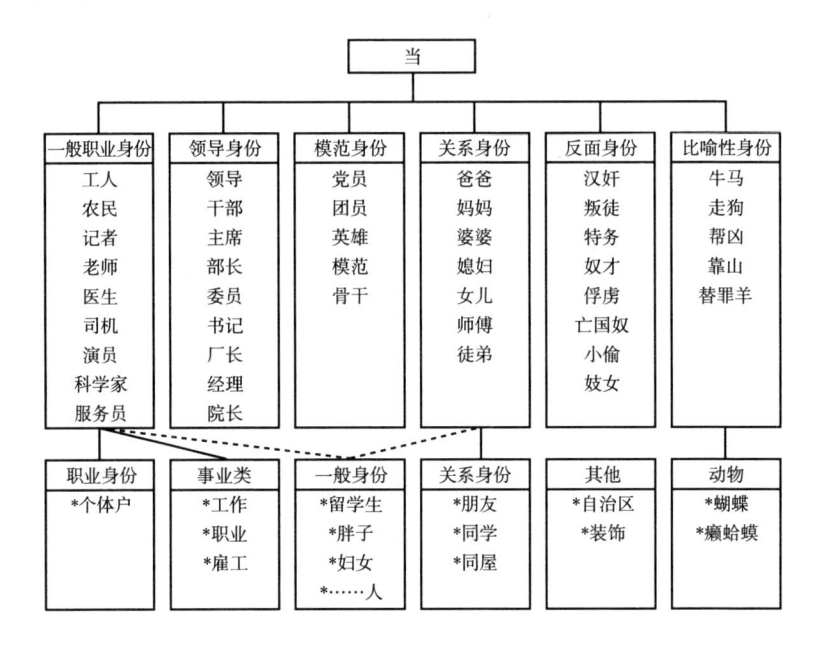

```
                                    当
        ┌──────┬──────┬──────┬──────┬──────┬──────┐
     一般职业身份  领导身份  模范身份  关系身份  反面身份  比喻性身份
       工人     领导     党员     爸爸     汉奸     牛马
       农民     干部     团员     妈妈     叛徒     走狗
       记者     主席     英雄     婆婆     特务     帮凶
       老师     部长     模范     媳妇     奴才     靠山
       医生     委员     骨干     女儿     俘虏     替罪羊
       司机     书记           师傅     亡国奴
       演员     厂长           徒弟     小偷
       科学家    经理                  妓女
       服务员    院长

      职业身份   事业类    一般身份   关系身份   其他     动物
      *个体户   *工作    *留学生   *朋友    *自治区   *蝴蝶
              *职业    *胖子    *同学    *装饰    *癞蛤蟆
              *雇工    *妇女    *同屋
                     *……人
```

图 4-4 "当+N"的中介语偏误搭配与汉语搭配范畴对比

说明:*代表学习者产出的这些搭配是错误的。

4.5.3 小结

本小节考察了学习者搭配产出中违反语义选择限制的情况。中高级学习者产出的搭配绝大多数基本上能表达对应的大意,但是有很大一部分在语义类或语义特征上超出了汉语中的搭配限制。将学习者偏误搭配的语义范畴与汉语中的搭配范畴进行对比,发现学习者大部分违反语义选择限制的搭配与母语搭配范畴都有一定关系,有的仍然属于汉语搭配的语义类范畴,只是在语义特征上违反了汉语的限制;有的虽然超出了汉语中的搭配范畴,但与这些范畴在语义上有明显的相关性;有的则与汉语搭配中某个语义类的搭配词相似。以上说明虽然学习者习得了搭配的大致语义范畴,但是搭配的具体范畴和语义特征界限不清晰,因此,在搭配使用中仍然出现了很多超出语义选择限制的"不地道"搭配。

4.6 语体因素

4.6.1 搭配的语体区分

根据前面的论述(见3.2.3.1),我们将搭配的语体特征大致分为口语、书面语、通用三类,以口语和书面语频率为依据判定搭配的语体倾向,对学习者产出的搭配进行语体特征的分析。

我们考察的搭配包括离散搭配,如"发生很大的变化"、"促进两国的文化交流"中"发生"和"变化"的搭配、"促进"和"交流"的搭配,其中间插入的成分是相对开放的,插入成分的长度也不固定。比如,"发生+变化"的搭配可以出现在"发生了质的变化"、"发生(了)巨大/惊人/明显/奇妙的变化"、"发生了戏剧性/历史性/根本性的变化"、"发生了出乎意料/意想不到/天翻地覆的变化"等表达中。这样的搭配很难直接从大规模语料库中准确地获取其出现频率。因此,我们根据搭配构成成分的语体倾向来判定整个搭配的语体倾向。

如前所述,搭配的构成词一般遵循语体同一的原则(张志毅,2001),通常口语词与口语词搭配、书面语词与书面语词搭配(郝瑜鑫,2017)。而通用词并没有明显的口语或书面语倾向,因此,当通用词和口语词或书面语词搭配时,整个搭配的语体倾向由其搭配的口语词或书面语词决定。当两个通用词组合使用时,构成的搭配也是通用的,没有明显的口语或书面语倾向。根据这些规律,只要搭配中有一个词是倾向于口语语体,就可将其判定为语体倾向于口语的搭配；只要有一个词倾向于书面语体，就可将其判定为语体倾向于书面语的搭配；两个组成词都是通用词，就可将其判定为通用搭配。但是，在统计过程中发现，口语高频词（相对于其在书面语中的频率）与书面语高频词（相对于其在口语中的频率）搭配的情况也不少。如"吃早餐""不错的选手""我的阅读"等，其中"吃""不错""我"都是口语高频词（口语频率分别是书面语频率的 6.9 倍、11.6 倍、10.8 倍），而"早餐""选手""阅读"都是书面语频率远高于口语频率的词（其书面语频率分别是口语频率的 6 倍、199.3 倍、35 倍）。这样的搭配无法根据一个搭配词的语体倾向进行归类，并且在两种语体中都可用，因此在统计中暂时将其归为通用一类。

4.6.1.1　词频

以"北京口语语料库"（100 多万字）为口语语料，利用词频统计工具制成口语词频表。从 1996 年的《人民日报》中抽取了与"北京口语语料库"字数相当的文本，使用同样的词频统计工具，制成书面语词频表。分别从这两个词频表中提取中介语搭配构成词的口语词频和书面语词频，作为判定语体倾向的参照。

4.6.1.2　中介语搭配语体倾向的界定

以词的口语频率和书面语频率的比值为参照来判定词语的语体倾向，再根据构成搭配的两个词语的语体倾向来判定整个搭配的语体倾向，具体分为两种。

（1）词语的语体倾向：如果一个词的口语频率是书面语频率的 2 倍或 2 倍以上，则判定该词的语体倾向为口语；反之，则判定其语体倾向为书面语。如果其口语频率和书面语频率之比大于 0.5 小于 2，则判定其语体倾向为通用。

（2）搭配的语体倾向：如果搭配中两个词的语体均倾向于口语语体，或者一个词为通用语体，一个词倾向于口语语体，那么判定该搭配为倾向于口语语体的搭配;反之,则判定为倾向于书面语语体的搭配。如果构成搭配的两个词均为通用词,或者一个词为口语高频词,另一个词为书面语高频词,则判定其为通用搭配。

4.6.2 中介语搭配的语体特征

4.6.2.1 语体分布

通过以上方法将学习者产出的所有正确搭配按语体倾向进行分类,得到学习者搭配产出中语体的分布如图4-5所示。

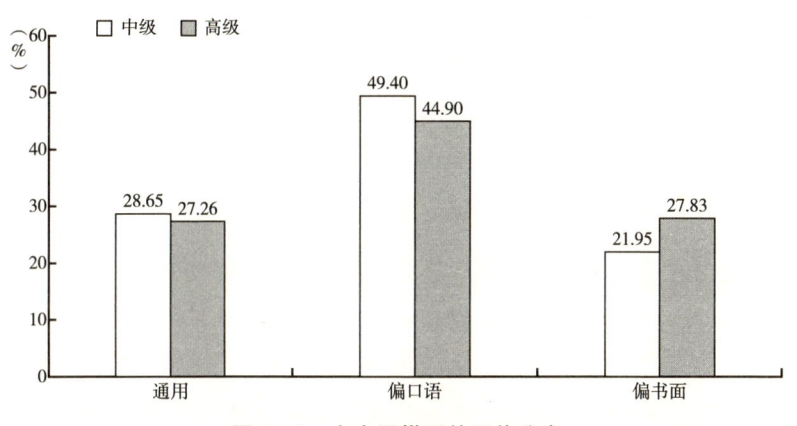

图4-5 中介语搭配的语体分布

总体上看,学习者产出的搭配有很明显的口语化倾向,偏口语的搭配接近45%甚至更高。偏书面的搭配比较少,不到30%。与中级水平学习者相比,高级水平学习者偏口语的搭配略少,偏书面的搭配有所增加,但相差不太大。从搭配的这种语体分布特点来看,学习者写的作文口语化倾向非常强,水平较高的学习者口语化倾向仍然比较明显。

4.6.2.2 高口语化的中介语搭配

在倾向于口语语体的中介语搭配中,两个构成词均倾向于口语的搭配有47.08%,一个词为通用词,另一个词倾向于口语语体的搭配占 52.92%，基本各占一半。具体如例（46）~例（50）所示。
例：

(46) 回来朋友想吃烤鸭，带她去五道口一个饭店吃，没想到这次吃烤鸭**真 好吃**！（口语频率：书面频率：真 4.37，好吃 19.87）

(47) 虽湿漉漉的土地让人**觉得烦**，但轻轻地下掉的雨声给人安稳的感觉。（口语频率：书面频率：觉得 32.49，烦 11.60）

(48) 天气近来**比较舒服**所以一般的人比以前高兴。他们都开始到外边去玩儿。（口语频率：书面频率：比较 17.82，舒服 12.42）

(49) 我觉得中国人说话说得非常快，（但是听说日语的速度比汉语快得多）。所以听不懂的地方很多。还有国外的问题是跟中国人**说话的机会**太少的。（口语频率：书面频率：说话 7.45，机会 0.83）

(50) 我母亲就是自己想做什么就的更用什么手段。所以我开始偷偷地**准备**去中国的时候需要的**东西**。（口语频率：书面频率：准备 1.02，东西 11.07）

例（46）~例（48）为两个构成词都明显倾向于口语的搭配，其中，例（46）和例（47）为根据母语者语感来判断，很明显倾向于口语的搭配。事实上，这三个搭配的构成词在口语中的频率也远高于在书面语中的频率（均为口语频率是书面语频率的 4 倍以上）。例（48）从语感上看似乎没有特别明显的语体倾向，但从频率上看，"比较"和"舒服"也是口语倾向比较明显的词语，口语频率均为书面语频率的 10 多倍。例（49）和例（50）均为由一个口语倾向特别明显的词和一个比较通用的词组成。"机会"和"准备"为两种语体通用的词,"说话"和"东西"则有明显的口语倾向。

各类结构中有明显口语倾向的搭配(括号中为口语频率与书面语频率的比值)如表 4-17 所示,表中高频搭配为频率在对应结构类型中排前 20 的搭配,高口语化倾向的搭配为口语倾向度最高的 20 个搭配(口语倾向度的高低由两个搭配词的口语和书面语频率比值之和决定,频率比值之和越高,口语倾向度越高)。中间有"+"的是必须插入其他成分才能组合使用的搭配。

表 4-17 高口语化的搭配

结构类型	频率/语体倾向	搭配(词1"口/书"频率比;词2"口/书"频率比)
主谓搭配	频次≥2的搭配	我觉得(10.75;32.49),我想(10.75;3.85),我去(10.75;6.85),我来(10.75;2.30),我知道(10.75;17.23),我喜欢(10.75;20.74),我学习(10.75;2.43),我们去(6.85;10.22),我说(10.75;3.68),我吃(10.75;6.95),我看(10.75;6.29),我到(10.75;3.02),我记得(10.75;5.66),我问(10.75;2.21),我写(10.75;2.12),我学(10.75;5.04),我做(10.75;3.45),我骑(10.75;7.45),妈妈说(3.63;3.68),天气冷(2.94;3.38)
	高口语倾向	咱们去(91.45;6.85),咱们坐(91.45;6.06),咱们到(91.45;3.02),咱们吃饭(91.45;3.60),弟弟滑冰(60.30;2.76),弟弟来(60.30;2.30),你觉得(15.87;32.49),我觉得(10.75;32.49),姥姥追(38.08;2.18),父亲觉得(3.94;32.49),我考(10.75;25.46),我们觉得(3.37;32.49),她觉得(3.36;32.49),我复习(10.75;24.84),儿子觉得(2.19;32.49),人家喜欢(24.65;9.99),你爬(15.87;13.66),我着急(10.75;18.21),人家说(24.65;3.68),我们复习(3.37;24.84)

续表

结构类型	频率/语体倾向	搭配(词1"口/书"频率比;词2"口/书"频率比)
动宾搭配	频次≥2的搭配	买东西(8.35;11.07),喝酒(3.91;3.68),锻炼身体(3.86;6.98),做菜(3.45;5.60),问我(2.21;10.75),穿衣服(5.39;3.29),觉得累(32.49;4.38),喜欢喝(9.99;3.91),做饭(3.45;8.16),吃东西(6.95;11.07),带她(3.77;3.36),带我(3.77;10.75),喝茶(3.91;7.31),觉得有意思(32.49;5.56),看妈妈(6.29;3.63),买衣服(8.35;3.29),去操场(6.85;3.81),去天坛(6.85;7.86),学习中医(2.43;4.72),坐公共汽车(6.06;9.24)
	高口语倾向	去那儿(6.85;270.54),到那儿(3.02;270.54),买点心(8.35;37.25),觉得舒服(32.49;12.42),觉得烦(32.49;11.59),觉得有意思(32.49;5.56),觉得累(32.49;4.38),觉得冷(32.49;3.38),觉得麻烦(32.49;3.35),觉得辛苦(32.49;2.90),去香山(6.85;28.15),碰见同学(25.66;8.42),考+学校(25.46;2.12),养活孩子(24.84;5.23),害怕父母(11.59;3.46),拿酒(10.15;3.68),拿衣服(10.15;3.29),喜欢茶(9.99;7.31),喜欢吃(9.99;6.95),喜欢打(9.99;2.93)
定中搭配	频次≥2的搭配	我母亲(10.75;3.63),我的老师(10.75;10.10),我父亲(10.75;3.94),我的身体(10.75;6.98),我的家(10.75;2.98),我妈妈(10.75;3.63),我爸爸(10.75;4.85),我们学校(3.37;2.12),我同学(10.75;8.42),吃的东西(19.87;11.07),她妈妈(3.36;3.63),别的车(7.43;5.48),别的事情(7.43;2.33),辅导老师(3.93;10.10),父母家(3.46;2.89),来的同学(2.30;8.42),老同学(5.46;8.42),冷茶(3.83;7.31),妈妈的病(3.63;3.20),你的身体(15.87;6.98)
	高口语倾向	这儿的菜(79.06;5.60),我弟弟(10.75;68.30),我姥姥(10.75;38.08),喜欢的点心(9.99;37.25),好多的好处(43.40;2.71),我爱人(10.75;30.55),好吃的东西(19.87;11.07),我的哥哥(10.75;18.07),我的奶奶(10.75;15.73),好吃的菜(19.87;5.60),冬天的颐和园(4.54;20.70),大夫的脸(21.69;2.58),我的脑子(10.75;12.25),你的身体(15.87;6.98),便宜的价钱(3.48;19.04),好吃的面包(19.87;2.07),你的孩子(15.87;5.23)),喜欢的东西(9.99;11.07),哥哥家(18.07;2.89),我的老师(10.75;10.10)

续表

结构类型	频率/语体倾向	搭配(词1"口/书"频率比;词2"口/书"频率比)
状中搭配	频次≥2的搭配	不太好(24.34;3.34),比较好(17.82;3.34),不容易(4.06;2.47),不太冷(24.34;3.38),都喜欢(4.14;9.99),刚来(4.16;2.30),比较容易(17.82;2.47),刚才摸(44.70;2.54),那么好(9.19;3.34),特别好(4.03;3.34),应该做(3.24;3.45),真有意思(4.37;5.56),比较干燥(17.82;3.73),比较贵(17.82;9.99),比较累(17.82;4.38),比较忙(17.82;2.62),太累(6.50;4.38),太差(6.50;2.39),愿意听(5.32;4.08),真好吃(4.37;19.87)
状中搭配	高口语倾向	挺有意思(129.69;5.56),挺便宜(129.69;3.48),一块儿吃(125.83;6.95),一块儿去(125.83;6.85),一块儿逛(125.83;4.02),一块儿喝(125.83;3.91),刚才摸(44.70;2.54),刚才来(44.70;2.30),不太舒服(24.34;12.42),比较舒服(17.82;12.42),不太愿意(24.34;5.32),不太累(24.34;4.38),不太懂(24.34;4.38),比较暖和(17.82;10.35),比较贵(17.82;9.99),不太冷(24.34;3.38),不太好(24.34;3.34),不太清楚(24.34;2.88),不太爱(24.34;2.80),真好吃(4.37;19.87)
中补搭配	频次≥2的搭配	听不懂(4.08;4.38),吃完(6.95;4.03),累死(4.38;5.53),找到(4.72;3.02),带来(3.77;17.06),回到(7.68;64.25),看完(6.29;24.65),听到(4.08;3.02),好多了(3.34;3.38),看清楚(6.29;2.88),买到(8.35;3.02),跑到(3.88;3.02),说好(3.68;3.34),想到(3.85;3.02),走到(3.56;3.02),做出来(3.45;3.56),摆满(2.25;2.72),猜出来(7.04;261.60),猜到(7.04;2409.41),吃不完(6.95;4.03)
中补搭配	高口语倾向	猜到(7.04;2409.41),猜出来(7.04;261.60),喝多了(3.91;81.57),回到(7.68;64.25),卖完(6.81;24.65),看完(6.29;24.65),学完了(5.04;24.65),走完(3.56;24.65),做完(3.46;24.65),干得多(5.44;21.21),吃得多(6.95;19.28),吃得好(6.95;19.01),发烧很严重(2.90;21.52),刮得厉害(8.14;15.18),带来(3.77;17.06),打得好(2.93;16.51),穿得少(5.39;11.67),打来(2.93;13.82),买回去(8.35;6.97),说得很不错(3.68;11.59)

从表 4-17 来看，倾向于口语语体的搭配中，频率排在前 20 且口语倾向度也排在前 20 的搭配不多，但前 20 个高频搭配的构成词和 20 个高口语倾向搭配的构成词多有重合。如，主谓搭配中的"我""觉得""来""去""喜欢""说"，动宾搭配中的"买""觉得""喜欢""去"，定中搭配中的"我""你""老师""身体""家"，状中搭配中的"（不）太""比较""好""真""贵""累""好吃"，中补搭配中的"吃""完""到""来""多""买""好""出来"，这些都是学习者产出的频率较高且主要出现在高口语化搭配中的词。

4.6.2.3 高书面化的中介语搭配

在中介语搭配中，两个词都倾向于书面语语体的搭配占 36.72%；一个词倾向于书面语语体，另一个词为通用词的搭配占 63.28%，后者居多。可见，学习者在写作中，偏书面的搭配使用得比较少。中介语书面搭配如例（51）～例（55）所示。

例：

(51) 所以现在中国**女性**正在**参与**着各种社会活动，家务也是男女一起做 的。（书面频率：口语频率：女性25.37，参与39.86）

(52) 他常说自己要**开拓**自己的**人生**，遇到困难自己尽量解决。（书面频率：口语频率：开拓111.13，人生41.47）

(53) 那天是春节、春节是中国的**传统节日**。（书面频率：口语频率：传统11.11，节日3.44）

(54) 每个家庭都希望孩子有**良好的教育**，小时他们最接近是母亲，所以他们最容易从母亲学到了东西。（书面频率：口语频率：良好54.36，教育1.24）

(55) 这故事意思是勤劳与诚实就是<u>最</u>**宝贵**的财富。（书面频率比口语频率：最 1.15，宝贵 62.81）

例（51）~例（53）为两个词都倾向于书面语体，例（51）和例（52）两个构成词在书面语中的频率均远高于在口语中的频率，例（53）的两个构成词在书面语中的频率也比在口语中的频率高很多。例（54）和例（55）的搭配为通用词和偏书面的词语构成的搭配，其中"良好"和"宝贵"偏书面语语体，"教育"和"最"是两种语体使用率比较均衡的词。

学习者产出的偏书面搭配如表 4-18 所示。表中高频搭配为出现两次或两次以上的搭配（中介语书面搭配中重复出现的搭配很少，只有少量出现两次或两次以上），高书面语倾向的搭配给出书面倾向度最高的 20 个搭配（书面倾向的高低由两个词书面语与口语的频率比之和决定，频率比之和越高，书面倾向度越高）。同样，中间有"+"的为必须插入其他成分才能组合使用的搭配。

表 4-18 高书面化的搭配

结构类型	频率/语体倾向	搭配（词1"书/口"频率比；词2"书/口"频率比）
主谓搭配	频次≥2 的搭配	人们相信(6.75;4.34)，人们感到(6.75;2.43)，水平提高(2.81;4.45)，新年快乐(46.51;6.44)，愿望实现(5.13;35.58)
	高书面倾向	发展很快(14.15;109.93)，国家和平(2.71;68.45)，女性参与(25.37;39.86)，战争结束(27.78;36.99)，女性成为(25.37;31.21)，人们忘记(6.75;47.11)，新年快乐(46.51;6.44)，日本人购买(2.82;48.92)，游行结束(7.25;36.99)，愿望实现(5.13;35.58)，丈夫逝世(22.35;17.64)，人口增长(2.50;36.35)，长城成为(7.25;31.21)，双方发表(12.72;25.11)，世界美好(21.58;15.40)，人类出现(30.50;4.66)，家人团聚(30.20;4.23)，女性受到(25.37;7.57)，人们迎接(6.75;19.03)，中国更繁荣(17.29;6.67)

续表

结构类型	频率/语体倾向	搭配(词1"书/口"频率比;词2"书/口"频率比)
动宾搭配	频次≥2的搭配	举行晚会(43.42;8.86),提高水平(4.45;2.81),表达爱情(12.48;3.02),参观长城(5.53;7.25),促进交流(34.73;9.51),感到寂寞(2.43;12.08),继续研究(13.72;10.02),介绍节目(3.23;3.44),决定命运(12.00;3.46),离开中国(3.27;17.29),相信广告(4.34;83.35),摆脱贫困(2.77;225.89),保持健康(15.91;3.38),表示感谢(28.94;4.91),采用+表情(126.84;5.44),采用+方法(126.84;4.31),采用+方式(126.84;22.17),参观公园(5.53;2.58),参观+馆(5.53;4.43),参观农村(5.53;2.99)
动宾搭配	高书面倾向	摆脱贫困(2.77;225.89),受到关注(7.57;148.58),开拓人生(111.13;41.47),采用+方式(126.84;22.17),采用表情(126.84;5.44),采用+方法(126.84;4.31),面对世界(70.06;21.58),相信广告(4.34;83.35),购买产品(48.92;27.43),称赞中国(43.49;17.29),庆祝新年(9.66;46.51),运用汉语(45.90;7.55),举行晚会(43.42;8.86),忘记+关心(47.11;2.42),举行展览(43.42;5.74),举行比赛(43.42;4.38),举行宴会(43.42;3.02),满足需求(2.10;43.89),促进交流(34.73;9.51),取得成绩(40.98;2.69)
定中搭配	频次≥2的搭配	汉语水平(7.55;2.81),传统节日(11.11;3.44),中国文化(17.29;2.75),日本留学生(2.62;2.11),社会活动(2.07;2.71),文化交流(2.75;9.51),中国大使馆(17.29;3.93),中国历史(17.29;7.97),传统文化(11.11;2.75),社会环境(2.07;3.95),自由市场(3.31;8.04),广场的中间(8.66;2.68),美丽的国家(12.08;2.71),未来的希望(43.18;4.43),许多国家(38.40;2.71),游行队伍(7.25;10.41),中国的国庆节(17.29;2.42),中国社会(17.29;2.07),中国文学(17.29;4.23),重要的节日(11.39;3.44)
定中搭配	高书面倾向	著名作家(204.15;31.00),贫困地区(225.89;7.61),足球选手(2.05;199.32),总理的邀请(88.01;29.29),产品广告(27.43;83.35),人生的成功(41.47;64.02),取得的成功(40.98;64.02),韩国的历史(88.18;7.97),广告技术(83.35;9.95),韩国的节目(88.18;4.42),广告的历史(83.35;7.97),合资企业(59.19;32.01),公司的广告(7.59;83.35),广告公司(83.35;7.59),活动的舞台(2.71;86.97),香港的节目(71.18;4.42),和平的基础(68.45;3.83),独特的见解(65.23;6.04),友好访问(23.64;40.77)

续表

结构类型	频率/语体倾向	搭配（词1"书/口"频率比；词2"书/口"频率比）
状中搭配	频次≥2的搭配	多么美丽(5.23;12.08)
	高书面倾向	更贫困(2.44;225.89)，终于实现(161.87;35.58)，快速发展(109.93;14.15)，难以忘记(63.22;47.11)，难以表达(63.22;12.48)，才能和平(4.27;68.45)，难以相信(63.22;4.34)，无法拒绝(27.78;38.66)，迅速发展(43.18;14.15)，正在参与(6.23;39.86)，渐渐改变(32.62;5.10)，充分利用(24.35;11.48)，认真地回答(5.32;19.81)，大胆地发挥(12.99;10.62)，多么美丽(5.23;12.08)，忽然感到(13.29;2.43)，更大胆(2.44;12.99)，认真研究(5.32;10.02)，更科学(2.44;12.45)，更重要(2.44;11.39)
中补搭配	频次≥2的搭配	提高得很慢(4.45;0.74)，提高了很多(4.45;1.13)，忘记了很多(47.11;1.13)
	高书面倾向	忘记了很多(47.11;1.13)，进步多了(5.85;0.60)，提高了很多(4.45;1.13)，感动极了(4.71;0.80)，提高得很慢(4.45;0.74)

与偏口语化的搭配相反，偏书面化的搭配及其构成词，在学习者产出中出现的频率都比较低。书面倾向程度最高的前20个搭配中，只有少量的构成词出现在使用频次大于或等于2的搭配中，而且在偏书面搭配中使用次数也不超过15次。可见，学习者在写作中不仅偏书面的搭配产出少，书面词汇使用的频率也比较低，且随机性比较大。

4.6.2.4 两种语体通用的中介语搭配

学习者产出的搭配中，两种语体通用的搭配也分两类，一类是两个构成词都为通用词汇，另一类则由一个偏口语的词与一个偏书面的词构成。前一类占42.05%，后一类占57.95%。如例(56)～例(59)所示。

例:

(56) 我每次看完这样的电影很同情这些年轻人因为他们的爱情很不美满，婚后的<u>生活</u>很不<u>幸福</u>，但是这样的问题在古代，我想是很难解决的……（口语频率：书面频率：生活1.16，幸福0.96）

(57) 在日本住的人生活还过得了．但在北方四岛住的人生活<u>非常困难</u>。（口语频率：书面频率：非常1.10，困难0.93）

(58) 我记得给我最大的印象是她的声音。她<u>说话的声音</u>是非常文雅的，减轻的。（口语频率：书面频率：说话7.45，声音0.12）

(59) "他"在下班的路上<u>偶然碰见</u>了以前的同学，看得出这个还没结婚的同学对自己的工作和生活十分热情，跟自己相比之下，突然涌起一阵不快来。（口语频率：书面频率：偶然0.08，碰见25.66）

例（56）和例（57）中的两个搭配，其构成词的口语和书面语频率相当。例（58）和例（59）均由一个口语频率高的词和一个书面语频率高的词构成，其中，"说话"和"碰见"均为口语频率明显比书面频率高的词，分别与之搭配的"声音"和"偶然"均为书面频率明显高于口语频率的词。

在学习者产出的通用搭配中，有一半以上的搭配由一个偏口语的词和一个偏书面的词构成，说明学习者在使用搭配时要么没有掌握搭配词的语体偏向，要么缺乏搭配使用中的语体协调意识。另外，也说明学习者产出的语言偏口语化。虽然我们暂时把由一个偏书面的词和一个偏口语的词构成的搭配归入通用搭配，但如果这类搭配中偏口语的词口语化倾向比较强,那么整个搭配应该适用于比较随意的口语表达中,不适用于比较正式的书面语体。因此,这类搭配的大量使用也是学习者书面表达偏口语化的一个表现。

两种语体通用的搭配中,出现两次以上且排在前20的搭配如表4-19所示。

表4-19 两种语体通用的搭配

结构类型		搭配(词1"口/书"频率比;词2"口/书"频率比)
主谓搭配	通用+通用	他有(1.74;1.75),他们有(1.33;1.75),他们告诉(1.33;1.42),他们需要(1.33;0.55),人多(1.89;1.65),他工作(1.74;1.15),他画(1.74;0.56),个子高(1.24;0.89),朋友满意(1.58;0.83),生活变化(1.16;0.58),生活幸福(1.16;0.96),他了解(1.74;1.06),他们高兴(1.33;1.06),他送(1.74;1.59),他要(1.74;1.13),自己解决(1.88;0.56)
	口语+书面	我认为(10.75;0.40),我希望(10.75;0.23),我决定(10.75;0.08),我们参观(3.37;0.18),我忘记(10.75;0.02),我等(10.75;0.09),我发现(10.75;0.28),我感到(10.75;0.41),我们等(3.37;0.09),我感动(10.75;0.21),我感谢(10.75;0.20),我回答(10.75;0.05),我回国(10.75;0.02),我介绍(10.75;0.31),我离开(10.75;0.31),我参观(10.75;0.18),我鼓励(10.75;0.24),我赞同(10.75;0.00),我珍惜(10.75;0.09),爸爸控制(4.85;0.23)
	书面+口语	日本人喜欢(0.35;9.99),中国人喜欢(0.00;9.99),有的人学(0.00;5.04),中国人吃(0.00;6.95),斧头掉(0.00;2.56),关系很好(0.28;3.34),留学生学习(0.47;2.43),名字叫(0.49;6.57),人们来(0.15;2.30),人们喜欢(0.15;9.99),日本人吃(0.35;6.95),中国人说(0.00;3.68)

续表

结构类型		搭配（词1"口/书"频率比;词2"口/书"频率比）
动宾搭配	通用+通用	有机会(1.75;0.83),上大学(1.71;1.39),了解情况(0.68;1.14),有问题(1.75;0.61),登泰山(1.51;0.83),有办法(1.75;0.85),交朋友(1.73;1.58),有朋友(1.73;1.58),帮助别人(0.54;1.27),有时间(1.73;1.59),告诉他(1.42;1.74),花时间(1.28;1.59),用筷子(0.53;0.83),帮助他(0.54;1.74),订房间(0.83;0.64),建饭店(0.61;1.13),开始登(1.19;1.51),开始想念(1.19;0.83),了解生活(0.68;1.16),认识朋友(0.59;1.58)
	口语+书面	来中国(2.30;0.06),学汉语(5.04;0.13),学习汉语(2.43;0.13),说汉语(3.68;0.13),到中国(3.02;0.06),看电影(6.29;0.11),打电话(2.93;0.25),过新年(2.90;0.02),去中国(6.85;0.06),说普通话(3.68;0.49),写汉字(2.12;0.00),爱对方(2.80;0.22),戴眼镜(2.60;0.17),到飞机场(3.02;0.00),到富士山(3.02;0.00),到长城(3.02;0.14),买礼物(8.35;0.21),去名胜古迹(6.85;0.00),听音乐(4.08;0.46),学过汉语(5.04;0.13)
	书面+口语	离开家(0.31;2.89),放水灯(0.00;2.58),购买东西(0.02;11.07),鼓励我(0.24;10.75),关心妹妹(0.41;6.18),回到宿舍(0.00;3.63),回到学校(0.00;2.12),继续学习(0.07;2.43),看到年轻人(0.00;4.14),留下印象(0.16;2.38),忘记母亲(0.02;3.63),依靠父母(0.08;3.46),迎接我(0.05;10.75)
定中搭配	通用+通用	北京的春天(0.86;1.71),很多朋友(0.89;1.58),很长时间(1.81;1.59),北京的情况(0.86;1.14),很多人(0.86;1.89),很多知识(0.86;1.22),认识的人(0.59;1.89),养鸟的人(1.17;1.89),参加的人(0.93;1.89),很大的变化(1.05;0.58),很多的人(0.89;1.89),很多困难(0.89;0.93),很多时间(0.89;1.59),很多油(0.89;0.76),交通事故(1.38;0.93),开始的时候(1.19;1.01),朋友的情况(1.58;1.14),朋友的生活(1.58;1.16),他的工作(1.74;1.15),他的画(1.74;0.56)

续表

结构类型		搭配(词1"口/书"频率比;词2"口/书"频率比)
定中搭配	口语+书面	我们国家(3.37;0.37),我的国家(10.75;0.37),别的地方(7.43;0.34),我的水平((10.75;0.36),她丈夫(3.36;0.04),我的意见(10.75;0.47),别的外国人(7.43;0.00),家庭地位(2.31;0.18),家庭观念(2.31;0.06),家庭模式(2.31;0.02),来的目的(2.30;0.00),她的介绍(3.36;0.31),她的要求(3.36;0.36),她的丈夫(3.36;0.04),我的汉语(10.75;0.13),我们的关系(3.37;0.28),我们的生命(3.37;0.06),原来的计划(5.95;0.09),住的地方(7.48;0.34)
	书面+口语	中国人的习惯(0.00;3.02),中国菜(0.06;5.60),中国的习惯(0.06;3.02),重要的事情(0.09;2.33),办公室的老师(0.37;10.10),汉语老师(0.13;10.10),南京的小吃(0.37;2.07),日本菜(0.38;5.60),象的样子(0.28;5.09),新衣服(0.11;3.29),中国的夏天(0.06;8.34),中国老师(0.06;10.10)
状中搭配	通用+通用	很多(1.72;1.65),很高兴(1.72;1.16),很大(1.72;1.05),很难(1.72;0.54),很长(1.72;1.81),最大(0.87;1.05),很快(1.72;1.66),很漂亮(1.72;1.10),很高(1.72;0.89),很满意(1.72;0.83),非常高兴(1.10;1.16),非常多(1.10;1.65),非常快(1.10;1.66),很慢(1.72;1.35),很新鲜(1.72;1.85),很有名(1.72;0.54),很长(时间)(1.72;1.81),已经有(1.02;1.75),最高(0.87;0.89),很安静(1.72;1.38)
	口语+书面	不太多(4.06;0.00),太相信(6.50;0.23),都希望(4.14;0.23),没去过(14.19;0.00),能看到(2.29;0.00),太短(6.50;0.38),想离开(3.85;0.31),真危险(4.37;0.37)
	书面+口语	不会说(0.00;3.68),努力学习(0.16;2.43),不能说话(0.00;7.45),更好(0.41;3.34),常常刮(大风)(0.25;8.14),常常说(0.25;3.68),该说(0.32;3.68)
中补搭配	通用+通用	多得多(1.65;1.65)
	口语+书面	吃得香(6.95;0.07),合得来(4.97;0.00)
	书面+口语	兴奋起来(0.16;2.19)

从表4-19来看,学习者作文中出现大量偏口语的词和偏书面的词搭配的现象,一个重要的原因是大量使用了比较偏口语,但不

限于口语语体,且搭配范围很广的词。例如主谓搭配中的"我""我们"可以与各种不同语体偏向的动词搭配,"喜欢""吃"等可以搭配的名词范围也非常广;动宾搭配中的"学""学习""看""到"等,也可以与常用于书面语体的名词搭配;定中搭配中的"我""我们""她""家庭"也可以与常出现在书面语中的名词搭配,构成表所属关系的定中搭配;状中结构中的"(不)太"可以修饰的形容词范围也很广。

4.6.3 小结

本节以"北京口语语料库"的词频和同等规模的《人民日报》语料词频作为判断词语语体倾向的参照,将学习者作文语料中的搭配分为倾向口语、倾向书面语和两种语体通用三类。发现学习者写作中使用的搭配在语体上具有以下特点。

(1)学习者写作中搭配的使用明显偏口语,偏书面语的搭配不到1/3。高级水平学习者偏口语的搭配比例略少于中级水平学习者,但仍然占很大的比例(45%)。

(2)学习者在写作中过度使用一些偏口语的词语,比较书面的词语使用率很低,口语词和书面语词"混搭"的情况偏多。

可见,学习者在使用搭配的过程中比较缺乏语体意识,一方面不知道如何在不同的语体中选择恰当的搭配;另一方面,在选择搭配词的时候没有语体协调的意识。从习得难易度的角度讲,与一般通用的搭配和偏口语的搭配相比,很多偏书面的搭配相对比较难习得,例如"十分迫切""环境优美"之类,就比"很着急/紧急""环境很好/美"之类要难一些。当然,这与语言输入频率和学生的语言经验也有关系,但总的来讲,很多偏书面的搭配要么在语义上更抽象,要么讲究语义表达的准确性,比相对口语化的搭配要难习得。

另外,需要强调的是,本节对语体的判定,只是就使用频率的倾向性而言。大部分词语在书面语和口语之间并不是非此即彼,只是在使用频率上有所偏向而已。但从不同语体偏向的词语及其搭配的分布上,基本可以看出学习者产出的整体语体特征。书面表达中过多使用口语化的搭配,表达就显得不得体,反之亦然。

4.7 语域因素

语域特征主要与说话者、受话者、话题和交际方式等有关(见 3.2.3.2 的介绍)。在搭配的使用中,需要根据这些因素选择合适的搭配词。首先,选用的搭配要符合对应的场合、话题等。例如,要表达"某人失去生命"这个意思,有"某人+死/去世/逝世/过世/离开/走/牺牲"等多种搭配,每个搭配适合不同的语域(郝瑜鑫,2017)。其次,要看说话者和受话者的身份地位,以及二者之间的关系、事物之间的社会空间关系等。例如,"通知""吩咐""培养""宠爱"等词隐含了"高权势→低权势"的关系图式,构成搭配时须符合这种位移方向,因此,没有"通知(你的)上司""吩咐领导""培养父母"这样的搭配。与之相反,"孝敬""拜见""尊敬"等则用于"低权势→高权势"的关系图式,因此一般语境下不会出现"孝敬孩子""拜见晚辈""尊敬学生"这样的搭配。

二语学习者在使用这类词构成搭配时,却常常违反这类词语的语域限制,请看下面的例子。

(60) a. *第三天晚上,我**访问**了**爷爷**。
　　 b. *那么这次暑假期间一定要去看朋友们,**访问亲戚**。
(61) *无论如何我很**尊敬**我的**朋友**。

(62) *在北京遇到的男人好象不太<u>敬重女人</u>。

(63) *按照中国传统的习惯，<u>抚养</u>自己的老<u>父母</u>是男女儿的义务。

例（60）"访问"适用于比较正式的场合，访问对象一般不是普通的人物，"爷爷""亲戚"都是"普通人"，在该语境中不适合作为"访问"的宾语。例（61）和例（62）中的"尊敬""敬重"都隐含了"低权势→高权势"的关系图式，朋友之间、一般男人女人之间都是平等的关系，没有权势地位上的差别，因此，"尊敬朋友""（男人）敬重女人"的搭配都不恰当。例（63）中"抚养"一般是父母、祖父母、外祖父母等长辈对子女、孙子女、外孙子女等晚辈的抚育、教养，反过来则只能用"赡养"，不能用"抚养"。

通常，这类具有明显语域特征的都是偏书面的词语，学习者作文中使用得不多，使用时也很容易出错。

4.8 语义韵因素

汉语中有些词语有明显的褒韵或贬韵（语义韵的介绍见3.2.3.3），学习者在使用这些词语构成搭配时，常常出现不符合其语义韵的搭配。以"得到"和"发生"为例，"得到"是一个带有很强褒韵的词，"发生"是一个带有很强贬韵的词，其在汉语中常搭配的词语如下。

得到：

好处，机会，利益，教益，工作，保险，市场，对方，资金，钱，贷款，报酬，礼物，选票，消息，通知，情报，信息，回音，知识，命令，和平，好评，乐趣，灵感，教训，爱情，力量，权利，机会，头衔，答案，结果，结论，支持，拥护，启发，新人，赞扬，解决，改善，控制，加强，提高，满足，证实，保证，落实，缓解，恢复，遏制，巩固，尊重，体现，纠正，实现，重视，推广，贯彻，锻炼，发挥，肯定，增强，提升，优化，确认，帮助，证明，改变，批准，安慰，承认，强化，完善，解脱，支持，验证，解放，回答，爱，发展，实施，治疗，印证，普及，维护，抑制，释放，处理，净化，解释，休息，治理，改进，提拔，解答，根治，鼓励，允许，利用，回报，修复，遵守，培养，补充，客服，安置，资助，缓和，救助，保护，扭转，制止，规范，回复，放松，更新，确立，照顾，化解，理解，矫正。

发生：

火灾，事故，故障，关系，情况，纠纷，作用，机制，问题，车祸，地震，障碍，口角，变异，并发症，战争，大火，疫情，癌变，危机，疾病，炎症，危险，错误，情况，联系，案件，事件，效力，爱情，友情，变化，改变，反应，影响，矛盾，争吵，争议，争执，争论，争斗，分歧，摩擦，冲突，侵略，政变，镇压，破坏，意外，动乱，混乱，不幸。

这两个词的语义韵偏向都非常明显，在常用的搭配中前者几乎毫无例外地只与含积极义的词搭配，后者基本只与含消极语义的词语搭配。学习者忽略了这类词语在搭配上的这种语义偏向，就会出现如下不恰当的搭配。

(64) *可是现在太冷了不能踢足球我怕**得到感冒**。

(65) *而护士必需相信医生说的话，并且必需知道如果不跟有爱滋病的人换血或者做爱，她们不可能**得到爱滋病（艾滋病）**。

(66) *如果**发生感情**和互相了解，他们可以走到婚姻。

(67) *为了了解中国的文化、社会、能力，一个不常**发生的机会**。

例（64）和例（65）中，动词"得到"搭配了带有消极义的"感冒"和"艾滋病"，违反了"得到"在与其他词构成搭配时所受的语义韵限制。例（66）和例（67）中，"感情"和"机会"都带有积极义，与"发生"构成搭配不太恰当。

在常用词中，类似这样的词语还有很多，有很强褒韵倾向的有获得、取得、提供、积累、创造、丰富、多么、坚持、努力、实现、需要、保持、懂得、发挥等。有较强贬韵的有引起、遇到、解决、缓解、分担等。这些词在搭配中虽然有超出其语义韵偏向的特例，但总体上语义韵倾向还是比较明显的。学习者在使用这些词语构成搭配时，如果没有这种语义韵偏向的意识，就很容易产出不恰当的搭配。

然而，在提取到的语料中，违反语义韵的搭配并不多，主要原因有二。一是学习者在写作中使用这些词的频率比较低。这些词更多偏向书面语体，而学习者偏书面的词语产出偏少，于是很少涉及这些词。一旦使用这些词，就容易出现错误。二是有褒韵倾向的词语偏多，而学生写作过程中更多使用含积极义的词，因而不太容易违反这些词的语义韵。因此，从学习者的少量产出中，很难看出其是否真正习得了这些词语的语义韵特征。后面的章节中将通过理解测试进一步考察学习者对语义韵的掌握情况。

4.9 本章小结

本章通过分析学习者作文语料中的搭配，考察了结构类型、语义透明度、近义词、语义选择限制、语体、语域、语义韵等对搭配习得的影响。初步得出如下结论。

（1）不同结构搭配的习得难度不同。从偏误率来看，基本结构类型中，中补结构最难，定中结构次之，动宾和状中结构难度居中，主谓结构最容易。次级结构的难度为：主谓结构中 N/Pron + V 式最容易，N + A 式较难；动宾结构搭配中 V + A 式最难；定中结构中各次级结构形式搭配难度相当，部分母语背景学习者 A + N 式习得较差；状中结构中，Adv + V 式和 Adv + A 式相对比较容易，A + V 式最难；中补结构中 V + A 式较难。总体上表现为，难度差异比较大的次级结构形式中，典型形式比较容易，非典型形式比较难。在结构类型的难易度上，母语背景差异也比较明显。

（2）学习者产出的搭配均为透明度很高的搭配，相应的正确率也很高，但学习者主谓结构搭配的语义透明度和偏误率之间仍然表现出显著的负相关，即语义透明度越低的主谓搭配，偏误率越高。说明语义透明度对搭配习得确实有影响。

（3）近义词的区分是搭配习得的一个难点。其中，词形的相似性（是否有相同语素）也起到了重要的作用，语义相似度都比较高的近义词中，有相同语素的近义词在构成搭配时更容易混淆。但是在语义相似度比较低的条件下，与相同语素和无相同语素的近义词对目标搭配的干扰没有明显差异。

（4）在搭配的语义范畴上，学习者基本能掌握大致的语义类范畴，但范畴边界不清晰，表现为在选择 A 词的搭配词的过程中，选用的搭配词常常在 A 词搭配的语义范围内，或在与之有相关语义的范畴之内，但语义特征上不符合 A 对搭配词的选择限制。

（5）从学习者产出搭配的语体偏向上看，偏书面的搭配习得较难。在学习者的作文中，有一半的搭配偏口语语体，较书面的搭配不到 1/3。随着学习者语言水平的提高，比较书面的搭配有所增加，但仍然偏少。另外，学习者作文中，偏书面的词汇与偏口语的词汇混搭的现象比较普遍。

（6）有特定语域限制的词语搭配，也是学习者习得的一个难点。尤其是用于特定权势关系图式（如"高权势→低权势"或"低权势→高权势"）的词语，其搭配是学习者习得的一大难点。

（7）语义韵偏向（偏向积极义或者消极义）明显的词语，对搭配词的选择也有特定的偏向，因此，其搭配的习得也比较难。

第五章 基于理解的搭配知识习得影响因素分析

5.1 基于主观评测的影响因素分析

5.1.1 研究问题

本节主要考察搭配及搭配成分属性与搭配习得之间的关系，考察的属性包括：结构类型、语义透明度、语体特征、语域特征、搭配本身的频率、搭配词频率（两个搭配词的平均频率）、搭配成分的近义词数（下文简称"近义词数"）、搭配成分与其近义词的平均相似度（下文简称"相似度"）、搭配成分的共现率（下文简称"共现率"）、搭配成分的关联强度（下文简称"关联强度"）。主要考察如下问题。

（1）搭配及搭配成分的哪些属性在搭配习得中起主要作用？
（2）哪些属性具有独立于其他因素的预测作用？
（3）这些属性之间是否存在相关？

5.1.2 研究方法

5.1.2.1 材料和测量工具

材料为 120 个搭配，其中用于统计分析的目标搭配有 100 个

（主谓、动宾、定中、状中、中补结构的搭配各 20 个），一半为高频词构成的搭配（主要为甲级词），另一半为相对低频的词构成的搭配（主要为乙级词和丙级词，包含少量频率较低的甲级词）。在材料的选择过程中考虑了共现频率、近义词数等变量的分布。另外 20 个为偏难的搭配（由丁级词或超纲词构成），用于帮助排除没有认真答题的被试。

测评的目标搭配选自我们自己创建的搭配库。该库的搭配由甲级词和乙级词构成，是由甲级词和乙级词按搭配规则组合之后，再参考语料库中的共现频率确定的搭配。材料根据我们要考察的因素特点抽取，尽量保证大部分因素的属性值有不同层次的分布。

测量工具为五度量表，采用问卷星编制和发放问卷，在有主试监督的情况下在手机或电脑上进行评测，考虑到显示效果的问题，最终以单项选择题的形式呈现，要求被试对每一个搭配（问卷中用"短语"指代搭配）勾选出符合自己真实情况的一个选项。例题如下（全部测试材料见附录1）：

天气晴朗
    A. 这个短语中有些字我不认识
    B. 我知道这个短语中的所有汉字，但我不知道短语的意思
    C. 我大概知道这个短语的意思
    D. 我知道这个短语的意思，但不知道怎么在句子中使用
    E. 我知道怎么在句子中用这个短语

本能反应
    A. 这个短语中有些字我不认识
    B. 我知道这个短语中的所有汉字，但我不知道短语的意思

C. 我大概知道这个短语的意思

D. 我知道这个短语的意思，但不知道怎么在句子中使用

E. 我知道怎么在句子中用这个短语

五个选项中，A 项用于排除不是搭配本身造成的难度，B 到 E 代表不同程度的难度，B 代表最难，C 次之……E 代表最容易（统计时分别记为 4 分、3 分、2 分、1 分，分值越高，代表难度越大）。

5.1.2.2 被试

被试为 30 名中、高级汉语学习者，不限制母语背景，但在测评过程中收集母语信息，用于最后的数据分析。学习者汉语水平的区分主要参考学习时长和参加 HSK 考试的情况。中级水平被试包括没有参加过 HSK 考试，但学习汉语 2 年以上的；学习汉语的时间不到 2 年，但通过 HSK4 级考试的。高级水平被试包括没参加过 HSK 考试，但已经学习汉语 5 年以上（多为研究生）的；学习汉语 4 年或 4 年以上，且通过 HSK5 级考试的；通过 HSK6 级考试的。

5.1.2.3 施测过程

将用问卷星编制好的问卷通过微信发放给被试，让被试在主试监督下，在手机或电脑上完成评测并提交，需要的评测时间为 6～12 分钟。认真答题，问卷审核通过的被试将获得一个红包。

5.1.3 数据处理

5.1.3.1 数据删选

总共收回 41 份问卷，删除所用时间明显低于或高于平均测试时间，以及通过超低频搭配和超高频搭配的情况测到不认真测试的被试，剩下 38 份有效问卷。

其中，只有 1 个被试在其中 5 个搭配的评测中选了 A；2~4 个

被试在其中 3 个搭配的评测中选 A；其他搭配所有被试都没有选 A。因此，所有搭配的数据都将进入最后的统计分析。

5.1.3.2　信度检验

为了考察测试结果是否受随机因素的影响，我们对量表（120 个项目，38 名被试）进行了信度检验，得到内部一致性信度（Cronbach's Alpha）系数 α = 0.95。根据测量学要求，当 α > 0.8 时测试结果比较可靠。因此，检验结果证明我们使用该量表得到的测试结果受随机因素影响非常小，结果比较可靠。

5.1.4　结果

对搭配的结构类型、语义透明度、语体特征、语域特征、搭配本身的频率、搭配词频率、近义词数、相似度、共现率、关联强度和主观评测得分进行斯皮尔曼相关分析。得到的结果如表 5 - 1 所示。

搭配的结构类型、搭配词频率、相似度、共现率与主观评测得分相关显著，没有发现其他变量和评测得分有显著的相关。部分搭配的属性之间也存在显著的相关，如搭配词频率与语义透明度相关，共现率与搭配词频率有关，关联强度与共现率有关。

为了进一步观察哪些变量对主观评测得分有独特的贡献，我们以结构类型、语义透明度、语体特征、语域特征、搭配本身的频率、搭配词频率、近义词数、相似度、共现率、关联强度十个变量为自变量，以主观评测得分为因变量，将所有变量转换为标准分之后进行多重回归分析。首先使用 Enter 法进行完全多重回归分析，结果显示九个变量能够解释主观评测得分总变异的 26%（$R^2 = 0.260$）。显著性检验的结果显示，回归方程是显著的，F（9，73）= 2.850，p = 0.006。系数分析结果显示，近义词数、搭配词频率和关联强度都对主观评测得分有影响，其他变量对搭配习得没有显著的影响。

表 5-1 搭配各项属性与主观评测得分的相关矩阵

	得分	结构类型	语义透明度	语体特征	语域特征	搭配本身的频率	搭配词频率	近义词数	相似度	共现率	关联强度
得分	1.000										
结构类型	0.230*	1.000									
语义透明度	-0.081	-0.034	1.000								
语体特征	-0.056	0.049	-0.023	1.000							
语域特征	0.050	-0.028	-0.160	0.046	1.000						
搭配本身的频率	-0.109	-0.049	-0.209	-0.217*	0.246*	1.000					
搭配词频率	-0.283**	-0.082	-0.311**	-0.106	0.142	0.346**	1.000				
近义词数	0.180	0.166	0.080	-0.233*	0.095	0.153	0.112	1.000			
相似度	0.231*	0.069	-0.004	0.122	0.038	-0.162	-0.055	0.195	1.000		
共现率	-0.304**	-0.151	-0.020	-0.007	0.042	0.385**	0.363**	-0.074	-0.054	1.000	
关联强度	-0.156	-0.221*	0.085	0.047	0.011	0.337**	0.013	-0.097	-0.153	0.739**	1.000

注：** 在置信度（双侧）为 0.01 时，相关性是显著的；* 在置信度（双侧）为 0.05 时，相关性是显著的。

使用层次回归分析分别考察近义词数、搭配词频率和关联强度的独特作用，统计结果显示，在控制了其他变量的情况下，近义词数（模型2）对主观评测得分的贡献仍然达到 4.2%（ΔR^2 = 0.042），其贡献在统计上是显著的（p = 0.045）。搭配词频率对主观评测得分的贡献为 3.9%（ΔR^2 = 0.039），其贡献在统计上达到边缘显著（p = 0.053）。关联强度对主观评测得分的贡献为 3.8%（ΔR^2 = 0.038），其贡献在统计上达到边缘显著（p = 0.057）。

5.1.5 讨论

本节通过学习者的主观评测考察了搭配的结构类型、语义透明度、语体特征、语域特征、搭配本身的频率、搭配词频率、近义词数、相似度，以及共现率和关联强度等属性对搭配习得的影响。结果显示，搭配的习得与结构类型、搭配词频率、相似度、搭配成分的共现率有关。回归分析的结果显示搭配词的近义词数、搭配词频率和关联强度都对搭配的习得有独立于其他因素的影响。

由于找被试存在一定的困难，很难给同一个被试测大量的搭配，测试项目数量偏少，测试属性的分布不理想。没有观察到语义透明度、语体特征、语域特征等因素对习得的影响，也没有考察语义韵特征对搭配的影响。但通过少量的搭配和被试，仍然观察到了结构类型、近义词数、搭配词频率、共现频率及关联强度的作用。可见，这几个因素对搭配的习得都有很重要的影响。

其中，频率因素（搭配本身的频率和搭配词的共现频率）对搭配习得的影响已为大量的外语研究成果证实（如，Durrant & Schmitt，2010；Wolter & Gyllstad，2013；Durrant，2014；等等）。但已有研究主要关注搭配本身的频率或者共现率对搭配习得的影响，很少关注搭配成分的频率对搭配习得的影响。在汉语作为第二语言的搭配习得研究中，对频率因素及其与其他因素的关系还缺乏系统的研究。本节研究发现，不仅共现率对习得有影响，搭配构成词的频率对搭配的习得也有影响。说明不仅搭配整体的强化会影响搭配的习得，搭配构成词的强化也会对搭配整体的习得有影响。但二者的影响方向可能不一样，搭配整体的强化通常会促进其习得，但搭配成分的强化，则有可能促进目标搭配的习得，也有可能阻碍目标搭配的习得。这是因为，如果搭配成分的强化来自不同类型的搭配，或者其在得到强化的搭配中语义与其在目标搭配中的语义有差异，则会阻碍目标搭配的习得。例如，如果"得到"的强化均来自"得到 + N"的搭配，那么可能会在一定的时间段内阻碍"得到 + V"搭配的习得；"打 + 篮球/羽毛球/排球"的过度强化可能会阻碍"打 + 饭/酱油/醋"的习得。当然，如果一个词的各类搭配都得到一定程度的强化，词语的搭配知识越来越丰富之后，词语本身多维知识的强化则会促进其搭配的习得。搭配词的关联强度主要与其共现率有关，通常搭配成分共现率高的词语，成分间的关联强度也比较强。本章相关分析结果也显示二者的相关性非常高，相关系数达到 0.739。但是二者对搭配习得的影响并不是等同的，我们在相关分析中观察到了共现率与主观评测得分相关，但没观察到关联强度与主观评测得分相关。而回归分析中，当所有变量都进入模型时，观察到了关联强度的贡献，共现率的贡献却不显著。

关于搭配结构类型和成分近义词对搭配习得的影响，已有研究较少涉及。从一些中介语语料分析的结果中，可以看出不同结构类型搭配的偏误率不同（如李守纪，2016），近义词替换的偏误也很多（如李守纪，2016；李梅秀，2018；等等）。但搭配结构类型的影响是不是只体现在产出中，是否在产出和理解中都有系统的影响，二语搭配加工中,是部分近义词产生影响,还是所有近义词都产生影响,这些问题不得而知。从本章的研究结果来看,搭配的结构类型对搭配的理解也有影响。因为测试搭配的数量偏少,结构(次级结构形式)的分布不太均衡,且每类次级结构搭配的数量比较少,所以结构类型与主观评测得分的相关性不是很高,但统计上仍然是显著的。笔者在相关分析和回归分析中分别观察到了近义词平均相似度和近义词数量与目标词对应搭配的习得有关。虽然仅凭这一结果无法确定是不是所有近义词都有影响,但可以肯定大部分近义词在搭配理解中有影响。

主观评测结果的分析中,没有观察到语义透明度、语体、语域等因素的影响。一方面是因为在有限的测试材料中,这三个因素属性值的分布不理想;另一方面,可能主观评测只是较浅层次的理解加工,而语义透明度和语域等属性的影响体现在更深层次的加工中。另外,在理解中不一定要调用语域知识。而语体差异主要体现在搭配的产出中,在一般的搭配理解中,不同语体倾向的搭配,理解上的差异并不明显。

总的来看,搭配的习得受频率因素和近义词的影响较大,结构类型也有一定的影响,其他因素的作用则可能体现在不同层面的搭配加工中。

5.2 基于理解测试的影响因素分析

前面通过基于中介语语料分析和学习者主观评测的分析,观察到频率因素(包括搭配本身的频率和搭配词共现率),以及搭配的结构类型、语义透明度、搭配词与其近义词的关系、语义选择限制、语体特征、语域特征和语义韵特征对搭配习得均有不同程度的影响。其中,近义词的影响和语义选择限制是反映学习者搭配习得情况的重要指标，并且发现不同类型的近义词对搭配的产出有不同的影响。不同层次语义选择限制的习得难度也不一样。而且近义词的影响和语义选择限制是几乎所有搭配的习得都会涉及的因素。与这两个因素相比，搭配的语域特征和语义韵特征涉及的搭配范围要小，但也是正确理解和产出搭配必不可少的，而且是比较难掌握的知识。但在基于中介语语料的分析以及少量搭配的主观评测中很难全面观察到这些因素的发展及其在搭配习得中的作用，以及各个指标之间的相互关系。另外，理解和产出是两个不同的过程，各个因素在这两种过程中的作用很可能是不一样的。而仅靠学习者主观评测只能观察到搭配理解的大概情况，不能深入观察各个因素具体如何影响搭配的理解、因素间的关系如何，等等。因此，本章通过更具体的理解测试着重考察以上四个指标在搭配理解中的情况、相互之间的关系，以及与母语背景、汉语水平等因素之间的关系。

5.2.1　研究问题

本章主要考察的问题有五个。

（1）搭配的理解是否受到其组成成分近义词的干扰？如果有，不同词形相似度和语义相似度的近义词是否产生不同的作用？词形相似性和语义相似度是否存在交互作用？近义词的作用随着汉语水平的发展有何变化？

（2）哪些层面的语义选择限制是习得的难点？受哪些因素的影响？搭配的语义选择限制知识是否随汉语水平的提高而发展？

（3）学习者是否习得搭配的语域特征？发展过程如何？

（4）学习者是否习得搭配的语义韵特征？发展过程是怎样的？

（5）学习者母语背景、学习时长、汉语水平与以上指标是否相关？

5.2.2 研究方法

5.2.2.1 被试

121 名来自不同母语背景的中级和高级水平汉语学习者（少量被试参加过 5.1 的主观评测）。汉语水平的区分同 5.1.2.2。

5.2.2.2 测试材料

(1) 近义词搭配的测试材料

测试材料为 40 对近义词，按照词形相似性和语义相似度匹配，分为有相同语素且语义相似度高、有相同语素但语义相似度低、无相同语素但语义相似度高、无相同语素且语义相似度低四类，每类 10 对。每对近义词中，一个词为目标词，另一个词为近义干扰词，以目标词构成的一个搭配为测试搭配，该搭配中目标词不能被其干扰词替换。四组目标搭配的结构类型分布大致相当，均为包含动宾、定中和状中结构，且以定中和动宾结构为主。控制了目标词、干扰词、目标搭配词、目标搭配的频率，以及目标词和干扰词的词汇等级（《汉语水平词汇等级大纲》中的等级）。

利用重复测量方差分析分别检测了语义相似度、目标词频率、干扰词频率、目标词搭配词（如"增加压力"中的"压力"）的频率、"目标搭配"的频率、目标词与其搭配词的共现率六个变量的组间差异，结果显示如下。

有相同语素和无相同语素两组之间语义相似度无显著差异，$F(1, 9) = 0.05$，$p = 0.828$，语义相似度高的组和语义相似度低的组之间语义相似度差异显著，$F(1, 9) = 156.318$，$p < 0.0005$。材料的语义相似度符合研究设计的分配。

目标词频率组间差异不显著，$F(3, 27) = 1.012$，$p = 0.403$；干扰词频率组间差异不显著，$F(3, 27) = 0.383$，$p = 0.766$；目标词搭配词频率的组间差异不显著，$F(3, 27) = 0.385$，$p = 0.764$；

表 5-2 近义词搭配测试材料

		语义相似度	目标词频度（万分之）	干扰词频度（万分之）	目标词搭配词频率（万分之）	"目标搭配"的频率（万分之）	例子		
							测试搭配	目标词—干扰词
有相同语素	语义相似度高	0.99 (0.03)	1.58 (1.07)	1.00 (0.98)	2.79 (4.63)	0.0199 (0.0520)	增加压力	增加—增长
	语义相似度低	0.38 (0.24)	1.38 (0.99)	1.15 (1.24)	4.55 (6.34)	0.0120 (0.0207)	战争的结果	结果—结论
无相同语素	语义相似度高	0.98 (0.07)	0.97 (0.69)	1.48 (1.66)	5.88 (13.01)	0.0090 (0.0234)	欣赏的眼光	欣赏—喜欢
	语义相似度低	0.37 (0.16)	0.89 (0.72)	1.61 (2.19)	3.30 (3.37)	0.0126 (0.0254)	标准答案	答案—结论

"目标搭配"的频率组间差异不显著，F（3，27）= 0.191，p = 0.901；目标词与其搭配词的共现率组间差异不显著，F（3，27）= 0.851，p = 0.478。所有材料的频率得到了很好的控制。

目标词和干扰词频率的配对样本 t 检验结果显示，两组间的频率差异不显著，t = -0.395，df = 39，p = 0.695。目标词和干扰词的频率得到了很好的匹配。

（2）语义选择限制测试材料

语义选择限制测试材料包括正确搭配和错误搭配两大类。按搭配词与目标词搭配范畴的关系，将正确搭配分为典型搭配和非典型搭配两类，将错误搭配分为搭配词的语义可归入目标词搭配范畴但语义特征上不能搭配（下文简称"语义特征不搭"）、搭配词所属语义类与目标词的搭配范畴相近或相关（下文简称"语义关系近"）、搭配词的语义与目标词搭配范畴没有直接关系（下文简称"语义关系远"）三类，每类搭配 6 个，一共 30 个搭配。如表 5-3 所示。

表 5-3 语义选择限制测试题

正确搭配		错误搭配		
典型	非典型	语义特征不搭	语义关系近	语义关系远
当医生	当替罪羊	当同屋	当工作	当(重点)学校
参观博物馆	参观(新)设备	参观家庭	参观(英语)课	参观情况
做作业	做样子	做工作	做太极拳	做爱好
吃饺子	吃食堂	吃营养	吃味道	吃污染
喝啤酒	喝西北风	喝饮食	喝液体	喝空气
介绍朋友	介绍生意	介绍主意	介绍感情	介绍道理

（3）语域和语义韵测试材料

语域的测试材料分为符合语域和不符合语域两类，各 9 个，一共 18 个搭配。语义韵的测试材料也分为符合语义韵和不符合语义韵两类，各 9 个，一共 18 个搭配。如表 5-4 所示。

表5-4 语域和语义韵测试材料

语域测试材料		语义韵测试材料	
符合语域	不符合语域	符合语义韵	不符合语义韵
吩咐司机	吩咐老师	得到机会	得到感冒
培养学生	培养父母	获得知识	获得批评
爱护孩子	爱护长辈	实现愿望	实现失望
派司机	派总统	提供帮助	提供烦恼
表扬学生	表扬领导	创造纪录	创造战争
孝敬老人	孝敬妻子	发挥优点	发挥想法
尊敬老师	尊敬孩子	解决问题	解决幸福
拜访作家	拜访父母	避免错误	避免快乐
访问国家	访问哥哥	减少损失	减少幸福

分别采用配对样本 t 检验比较了符合语域/语义韵和不符合语域/语义韵的搭配词的频率。结果显示符合语域和不符合语域的搭配词之间频率差异不显著，$t = 0.351$，$df = 9$，$p = 0.734$，说明这两组搭配词频率相当，主要区别在于是否符合语域；符合语义韵和不符合语义韵的两组搭配词频率差异不显著，$t = 1.417$，$df = 8$，$p = 0.194$，说明这两组搭配的宾语搭配词频率相当，主要区别在于是否符合语义韵。

5.2.2.3 测试工具和测试过程

将以上材料全部编入一份测试题中，题型包括判断题和选择题，语义选择限制、语域和语义韵的测试使用判断题进行测试，将测试搭配放在句子中，并用"_____"标出，让被试判断"_____"部分是否正确，三组测试材料按随机顺序排列。语义选择限制采用选择题进行测试，给出有词语空缺的句子，以目标搭配词和干扰词为选项，让被试选择最符合填入空格的词语（完整的测试题见附录）。

试题通过问卷星在手机或电脑上呈现，被试在安静的教室里，在主试的监督下在线完成所有测试题,平均测试时间为 20 分钟。被试按要求完成测试之后得到一定的现金报酬。

为确保题目的设置以及材料的正误等分类准确,施测前找了 20 位汉语普通话水平较高的母语者进行测试,除了"参观(新)设备"母语者的一致性比较低(只有 60% 的母语者接受该搭配),其他题的母语者正确率都达到 80% 以上(13.64% 的题目母语者正确率为 80% 以上;86.36% 的测试题,母语者正确率为 100%)。

5.2.3 数据处理

5.2.3.1 答卷处理

一共有 121 名被试参加测试,删除三份没有认真完成的被试数据,以及一份水平偏低的被试数据,剩下的 117 份数据,所有被试正确率在平均值 ±3 个标准差范围内(平均值:71.89%,最低:41%,最高:95%,标准差:13.64%),因此全部保留。水平和母语背景及对应语系的数量分布如图 5-1 和图 5-2 所示。

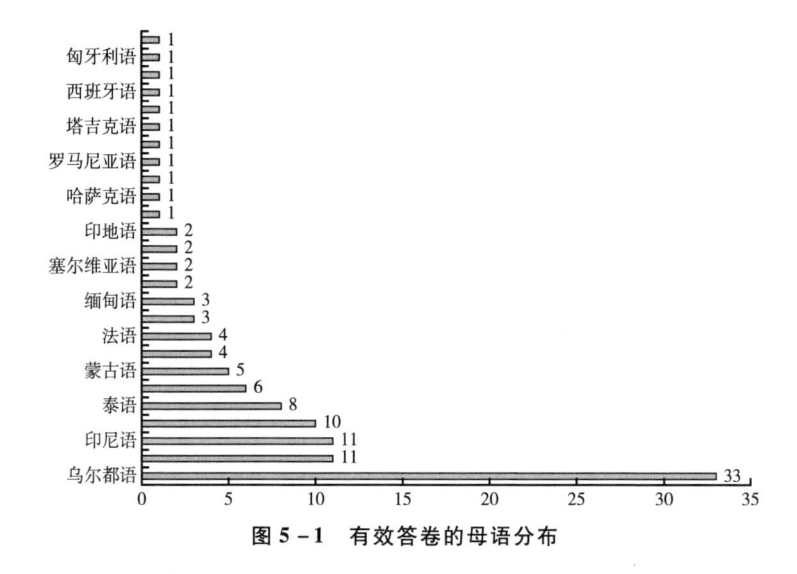

母语	人数
匈牙利语	1
西班牙语	1
塔吉克语	1
罗马尼亚语	1
哈萨克语	1
印地语	2
塞尔维亚语	2
缅甸语	3
法语	4
蒙古语	5
泰语	8
印尼语	11
乌尔都语	33

图 5-1 有效答卷的母语分布

图 5-2 有效答卷的语系分布

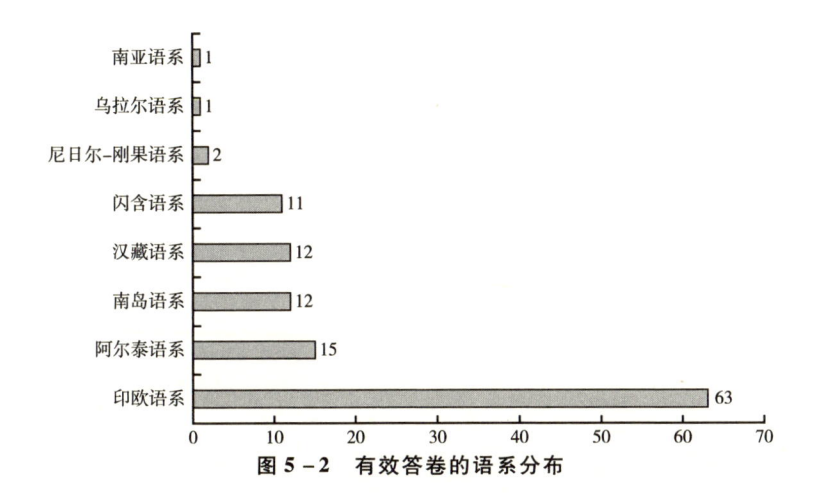

- 南亚语系 1
- 乌拉尔语系 1
- 尼日尔-刚果语系 2
- 闪含语系 11
- 汉藏语系 12
- 南岛语系 12
- 阿尔泰语系 15
- 印欧语系 63

将有效问卷按照学习汉语的时长及 HSK 级别分为中级和高级两个水平。将已通过 HSK6 级；或通过 HSK5 级且已经学习汉语 4 年以上；或者没有参加过 HSK 考试，但已学习汉语 5 年以上的汉语专业研究生归为高级水平。将学时低于 2 年但已通过 HSK4 级或 5 级的；或没有参加过 HSK 考试，但已学习 2 年以上，即将参加 5 级考试的；以及已通过 HSK5 级考试，但学时低于 4 年的归为中级。分水平的过程中还向被试咨询了相关情况，如"是否为汉语专业的学生，如果是，具体为本科还是研究生"，"通过 HSK 考试多久"等。最后分出高级水平答卷 48 份，中级水平答卷 69 份。

方差分析中 48 份高级水平的答卷数据全部进入统计，中级水平答卷随机抽取 48 份，并进行人工调整，使两个水平的语系分布大致相当。

5.2.3.2 试题删选

"参观（新）设备"这一搭配的母语者分歧比较大，故将其从有效数据中删除，保留其他所有材料的数据。

5.2.3.3 信度和效度检验

为了考察测量结果是否可靠，我们对测试结果（108 道题，

117 名被试）进行了信度检验，结果显示整个测试有较高的内部一致性信度（Cronbach's Alpha），α = 0.84，说明测试结果受随机因素影响很小，测试结果比较可靠。

为确保测量目标准确，我们通过基于内容的证据（evidence based on content）和基于内部结构的证据（evidence based on internal structure）两方面的证据，即内容效度（content validity）和构想效度（construct validity），来确保测试的有效性[①]。其中，内容效度的证据主要通过专家判断法（expert judgement）获得，构想效度则利用因子分析获得，具体如下。

内容效度：邀请二语习得、二语教学和测试方面的专家对测试题与测试目标的吻合度进行评估，根据专家的评估结果对吻合度不好的测试题进行相应的修改，删除了与测试目标无关的题目，最后得到的测试题专家判断一致（5.2.2.2 中所列测试材料和附录中的测试题为修改和删选之后的结果）。

构想效度：利用因子分析进行效度检验，结果显示 KMO 值为 0.89，Bartlett 球形度检验结果显著，$p < 0.0005$。说明测试适合进行因子分析。通过最大方差法进行正交旋转后共得到三个成分，累计方差共现率为 66.572%，说明这三个成分可以解释试题

[①] 测试效度的证据来源比较多，例如，根据美国教育研究协会《教育与心理测验标准（第 6 版）》[Standards for Educational and Psychological Testing (6th Edition)]，支持测试效度的证据包括五个方面：基于内容的证据（evidence based on content）、基于反应过程的证据（evidence based on response processes）、基于内部结构的证据（evidence based on internal structure）、基于与其他变量之间关系的证据（evidence based on relations to other variables）、基于测验后果的证据（evidence based on consequences of testing）。其中，基于测验后果的证据主要包括测试的公平性、测试对教学的围观影响以及测试的社会影响等方面的证据。基于反应过程的证据包括测试的构建与考生实际答题的详细心理过程之间的拟合度方面的证据。我们的测试不是用于考试，因此不考虑这两方面的证据。另外，目前我们没有合适的效标，暂时不能进行效标关联效度的估计。

66.572% 的信息量。旋转成分矩阵如表 5-5 所示（只显示大于 0.4 的负荷）。

表 5-5　旋转成分矩阵

	成分		
	1	2	3
典型搭配		0.406	0.709
非典型搭配		-0.751	
特征不搭	0.674	0.529	
关系近		0.599	
关系远	0.565	0.669	
符合语域			0.691
不符合语域	0.777	0.464	
符合语义韵			0.794
不符合语义韵	0.779		
形近义近	0.778		
形近义远	0.722		
形异义近	0.802		
形异义远	0.784		

根据每个成分的最大载荷量，特征不搭、不符合语域、不符合语义韵以及 4 组近义词测试归属成分 1，非典型搭配、关系近、关系远归属成分 2，典型搭配、符合语域、符合语义韵三项测试归属成分 3。

根据以上的分析结果和相关证据，该测试具有较高的信度和效度。以下将根据不同的研究目的对测试结果进行多角度的分析。

5.2.4　结果

5.2.4.1　近义词测试结果

近义词的测试结果如表 5-6 和图 5-3 所示。

表 5-6 近义词搭配测试的正确率

单位：%

		中级	高级	平均
有相同语素	相似度高	78.12(14.24)	91.46(8.99)	84.79(13.61)
	相似度低	76.25(14.68)	88.75(11.04)	82.50(14.36)
无相同语素	相似度高	73.54(18.74)	92.50(9.57)	83.02(17.60)
	相似度低	59.58(17.62)	79.17(17.24)	69.38(19.94)

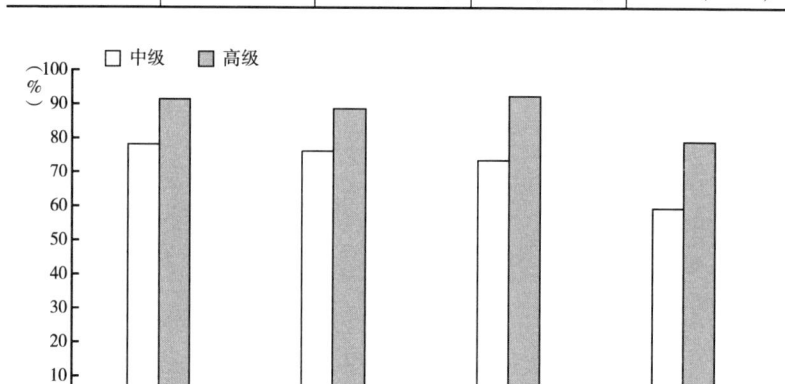

图 5-3 近义词搭配测试的正确率分布

2（高水平，低水平）×2（有相同语素，无相同语素）×2（语义相似度高，语义相似度低）重复测量方差分析结果如下。

词形相似性主效应非常显著，$F(1, 94) = 55.430$，$p < 0.0005$。有相同语素的近义词搭配正确率高于无相同语素的近义词搭配，即在同等条件下，与目标搭配词有相同语素的近义词对识别目标搭配的干扰小于与目标搭配词没有相同语素的近义词。

语义相似度主效应非常显著，$F(1, 94) = 46.860$，$p < 0.0005$，干扰词与目标搭配词语义相似度高的搭配正确率高于干扰词与目标搭配词语义相似度低的搭配。

汉语水平主效应非常显著，$F(1, 94) = 49.669$，$p <$

0.0005，高级水平学习者正确率显著高于中级水平学习者，说明中级学习者在识别目标搭配时受搭配成分近义词的干扰大于高级水平学习者。

词形相似性与汉语水平交互效应显著，$F(1, 94) = 10.086$，$p = 0.002$。简单效应检验的结果显示，词形相似性效应在中级水平上非常显著，$F(1, 59) = 38.185$，$p < 0.0005$，在高级水平上也显著，但显著性较中级水平低，$F(1, 59) = 9.372$，$p = 0.003$。也就是说，与高级水平学习者相比，中级水平学习者受干扰词与目标搭配词的词形相似性影响更大。

语义相似度与汉语水平交互效应不显著，$F(1, 94) = 0.002$，$p = 0.964$。中级和高级水平学习者在理解目标搭配的过程中，干扰词与目标搭配词的语义相似度所起的作用是一样的。

词形相似性和语义相似度交互效应显著，$F(1, 94) = 28.463$，$p < 0.0005$。简单效应检验的结果显示，有相同语素时，语义相似度效应不显著，$F(1, 95) = 2.74$，$p = 0.101$；无相同语素时，语义相似度效应显著，$F(1, 95) = 61.92$，$p < 0.0005$。即当干扰词与目标搭配词有相同语素时，无论二者语义相似度高还是低，对目标搭配词的影响是相当的；当干扰词与目标搭配词没有相同语素时，干扰词与目标搭配词语义相似度高的组，正确率更高。

三个因素之间的三重交互效应不显著，$F(1, 94) = 0.117$，$p = 0.733$。

以上结果说明近义词对目标搭配的理解具有促进作用，这与产出中的结果正好相反（第五章的研究结果显示，在搭配的产出中，搭配成分的近义词起到了干扰作用）。

5.2.4.2 语义选择限制测试结果

语义选择限制不同条件测试题的平均正确率分布如表5-7和图5-4所示。

表 5-7 语义选择限制测试的正确率

单位：%

	典型搭配	非典型搭配	范畴内特征不搭	语义关系近	语义关系远
中级	84.03(21.46)	57.08(27.36)	47.92(29.70)	6.94(8.30)	58.33(32.62)
高级	93.40(10.16)	59.17(27.66)	67.36(24.54)	11.11(7.94)	77.08(19.64)
平均	88.72(17.35)	58.13(27.39)	57.64(28.81)	9.03(8.35)	67.71(28.39)

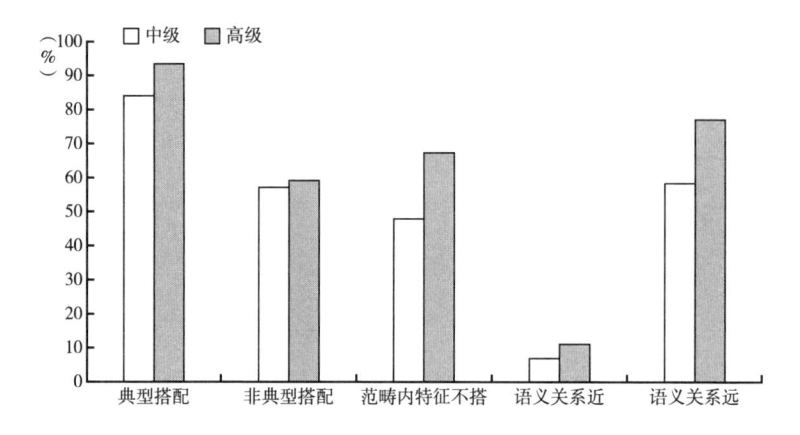

图 5-4 语义选择限制测试的正确率分布

2（中级，高级）×5（典型搭配、非典型搭配、范畴内特征不搭、语义关系近、语义关系远）的重复测量方差分析结果如下。

五类词语匹配的正确率差异主效应显著，$F(4, 94) = 172.350$，$p < 0.0005$。"典型搭配"的判断正确率最高，其次是"语义关系远"的偏误搭配，"非典型搭配"和"范畴内特征不搭"的判断正确率相当，"语义关系近"的偏误搭配判断正确率最低。为确定五种类型词语匹配两两之间的差异，对其两两进行正确率的配对样本 t 检验，结果显示"非典型搭配"和"范畴内特征不搭"两组的判断正确率差异不显著，$t = 0.105$，$p = 0.917$，其他组两两之间判断正确率差异均显著（"非典型搭配"和"语义关系近"正确率差异显著性为 $p = 0.041$，其他两两之间的差

异显著性均达到 p < 0.0005)。

汉语水平主效应显著，F（1，94） = 20.860，p < 0.0005。高级水平学习者语义选择限制测试的正确率显著高于中级水平学习者。说明高级水平学习者对词语搭配语义范围的掌握明显好于中级学习者。

五种词语匹配的判断正确率与汉语水平交互效应显著，F（1，94） = 3.274，p = 0.012。简单效应检验的结果显示，中级和高级学习者在"典型搭配""范畴内特征不搭""语义关系远"三类上的判断正确率差异最显著（分别为 p = 0.008，p = 0.001，p = 0.001），在"语义关系近"一类上的判断正确率差异比较显著（p = 0.014），均为高级水平学习者判断正确率显著高于中级学习者。但是在"非典型搭配"的判断上，中级和高级学习者差异不显著（p = 0.712）。也就是说，高级水平学习者对搭配的典型范畴、语义特征的把握比中级学习者好很多，基本掌握了搭配的大致范畴，但在非典型搭配的习得上，高级学习者并没有太大进步。

5.2.4.3 语域测试结果

通过观察对符合语域的搭配的接受情况和对不符合语域的搭配的拒绝情况，可以看出学习者对某个词搭配语域限制的整体掌握情况。测试得到搭配词符合目标节点词语域的判断和不符合目标节点词语域的判断正确率如表 5-8 和图 5-5 所示。

表 5-8 语域测试的正确率

单位：%

	符合语域正确率	不符合语域正确率
中级	69.91(16.99)	52.78(23.43)
高级	84.95(15.12)	67.13(23.14)
平均	77.43(17.69)	59.96(24.26)

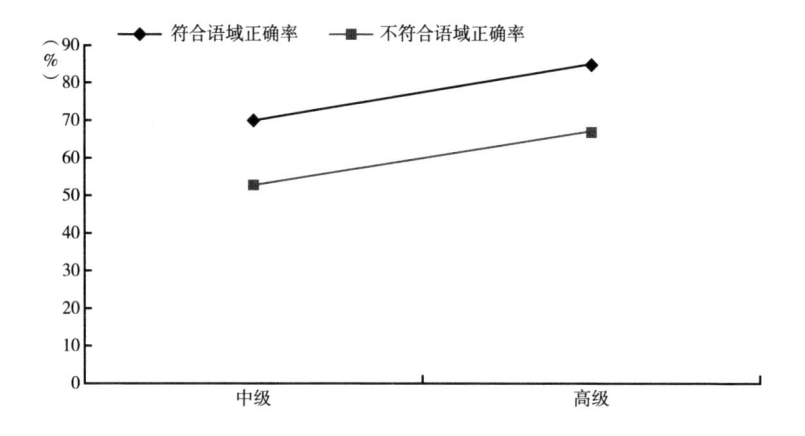

图 5-5 语域测试的正确率分布

2（中级，高级）×2（符合语域，不符合语域）重复测量方差分析结果如下。

"符合语域"和"不符合语域"两组的判断正确率差异显著，$F(1, 94) = 34.808$，$p < 0.0005$。前者正确率显著高于后者，说明学习者仍未准确把握目标词在搭配上所受的语域限制。

汉语水平主效应显著，$F(1, 94) = 27.313$，$p < 0.0005$。高级水平组语域判断的正确率显著高于中级水平组。说明随着汉语水平的提高，搭配的语域知识也会增长。

语域的两种判断与汉语水平交互效应不显著，$F(1, 94) = 0.014$，$p = 0.907$。说明学习者对符合语域的搭配的接受度与对超语域错误的拒绝在中级水平和高级水平上保持相同的水平，后者在不同水平上以相同的速度随着前者的发展而发展。

5.2.4.4 语义韵测试结果

学习者判断"符合语义韵"搭配和"不符合语义韵"词语组合的正确率如表 5-9 和图 5-6 所示。

第五章 基于理解的搭配知识习得影响因素分析 179

表 5-9 语义韵测试的正确率

单位：%

	符合语义韵正确率	不符合语义韵正确率
中级	75.23(17.34)	55.79(30.28)
高级	82.64(15.19)	79.17(19.40)
平均	78.94(16.64)	67.48(27.89)

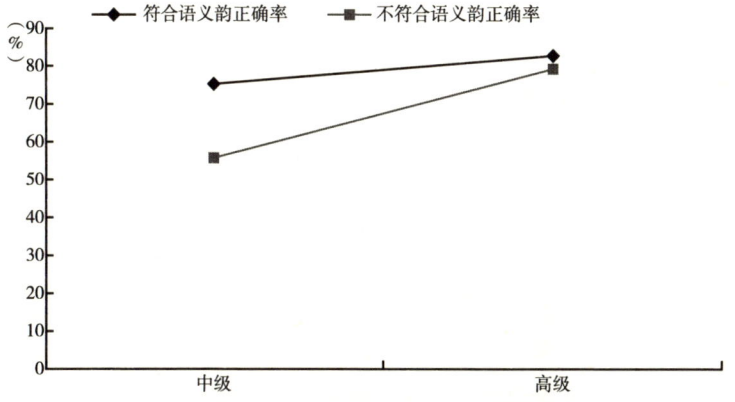

图 5-6 语义韵测试的正确率分布

2（中级，高级）×2（符合语义韵，不符合语义韵）重复测量方差分析结果显示：

"符合语义韵"和"不符合语义韵"的正确率差异主效应显著，$F(1, 94) = 13.454$，$p < 0.0005$。学习者接受符合语义韵搭配的准确性高于拒绝不符合语义韵搭配的准确性，说明中、高级学习者还未很好掌握语义韵知识。

汉语水平主效应显著，$F(1, 94) = 25.632$，$p < 0.0005$。高级水平学习者语义韵判断的正确率显著高于中级水平学习者，说明从中级水平到高级水平阶段，学习者的语义韵知识有一定的提升。

语义韵判断和汉语水平交互效应显著，$F(1, 94) = 6.536$，$p = 0.012$。简单效应检验的结果显示，中级水平学习者"符合语义韵"和"不符合语义韵"的正确率差异非常显著($p < 0.0005$),高级水平学习者两组的正确率差异不显著($p = 0.362$)。即中级水平学习者拒绝不符合语义韵搭配的能力远落后于识别符合语义韵搭配的能力,而高级水平学习者拒绝不符合语义韵搭配的能力与识别符合语义韵搭配的能力相当,说明搭配的语义韵知识随着水平的提高有明显的发展,这与语域知识的发展不同(语域知识发展更缓慢)。

5.2.4.5 各项搭配知识的比较

各项测试的正确率如表5-10和图5-7所示。

表5-10 各项测试的平均正确率和标准差

单位:%

	近义词	语义选择限制	语域	语义韵
中级	71.87(13.02)	50.86(13.35)	61.34(13.70)	65.51(17.64)
高级	87.97(8.99)	61.63(9.41)	76.04(13.86)	80.90(11.51)
平均	79.72(13.76)	56.25(12.70)	68.69(15.57)	73.21(16.72)

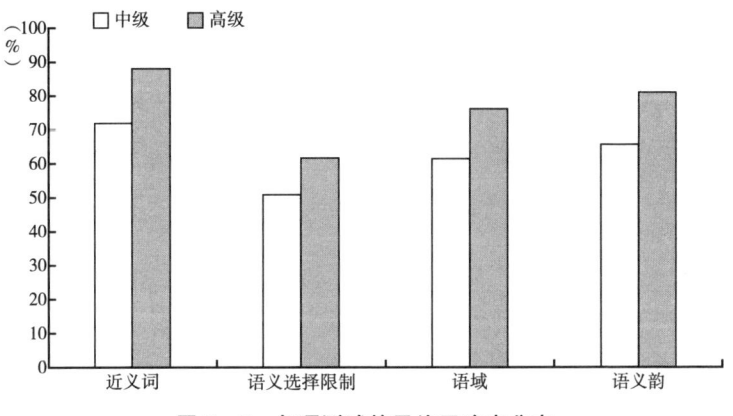

图5-7 各项测试的平均正确率分布

2(中级,高级)×4(语义选择限制,语域,语义韵,近义词)重复测量方差分析结果显示:

各项测试正确率的差异显著，F（3，94） = 139.953，p < 0.0005。各项测试正确率从高到低排列为：近义词 > 语义韵 > 语域 > 语义选择限制。采用成对样本 t 检验比较四项测试两两之间的差异，结果显示各项测试之间两两差异均显著，语域和语义韵的正确率差异显著性略低（p = 0.002），其他变量之间差异显著性都比较高（均为 P < 0.0005）。

汉语水平主效应显著，F（1，94） = 41.826，p < 0.0005。高水平学习者各项测试的总体正确率显著高于中级水平学习者，说明搭配知识随着汉语水平的提高有所发展。

各项测试的正确率与汉语水平交互效应不显著，F（3，94） = 1.998，p = 0.114。即各项知识的发展差异在不同汉语水平阶段都是一样的，说明这四项内容相关知识从中级到高级阶段的发展是基本同步的。

5.2.4.6　因素之间的关系

由于考察的变量较多，且母语和语系分布不均，无法通过方差分析考察母语和语系的影响，以及与各变量之间的关系。因此，进一步对母语、语系、学时、HSK 等级，以及搭配的语义选择限制、语域、语义韵、近义词的测试得分进行了相关分析。首先，从 117 份有效答卷中剔除了没有参加过 HSK 考试的 13 名被试数据以及参加过但没有通过的 1 名被试数据，剩下 103 份被试数据全部进入相关分析。结果如表 5 - 11 所示。

相关分析结果显示，语义选择限制、语域、语义韵、近义词四项搭配知识的习得均与学习者母语所属语系、学时、HSK 等级有很高的相关，四项搭配知识之间均有很高的相关性。其中，近义词的搭配区分与母语语系、学时和 HSK 等级，以及其他三项搭配知识的习得均有很高的相关。

由于前面的方差分析结果显示，学习者在判断符合语义选择限

表 5-11 变量间的相关性

	母语	语系	学时	HSK 等级	语义选择限制	语域	语义韵	近义词
母语	1.000							
语系	0.278**	1.000						
学时	-0.149	-0.579**	1.000					
HSK 等级	0.049	-0.301**	0.497**	1.000				
语义选择限制	-0.096	-0.324**	0.476**	0.346**	1.000			
语域	-0.110	-0.353**	0.534**	0.345**	0.646**	1.000		
语义韵	-0.057	-0.364**	0.524**	0.354**	0.741**	0.635**	1.000	
近义词	-0.094	-0.491**	0.689**	0.419**	0.706**	0.712**	0.739**	1.000

注：** 在置信度（双侧）为 0.01 时，相关性是显著的；* 在置信度（双侧）为 0.05 时，相关性是显著的。

制、语域、语义韵搭配上的表现明显好于判断不符合这三种限制的搭配；在判断符合语义选择限制的搭配时，判断典型搭配和非典型搭配的表现也不同。四类近义词干扰的测试得分也有显著的差异。因此，为了了解四项搭配知识之间的相关性，以及其与母语、语系、学时和 HSK 等级的相关性具体体现在哪一方面，我们进一步对不同维度测试的得分以及母语、语系、学时和 HSK 等级进行了相关分析。结果如表 5-12 所示。

从表 5-12 的结果来看，考察的各个项目不同子维度之间的相关性是不同的。

（1）各类搭配知识与母语的关系。

相关数据显示，学习者各类搭配知识的习得与母语相关性均不显著。但符合语义限制（包括典型的搭配和非典型的搭配）、符合语域和语义韵的搭配判断成绩与语系的相关性不显著，即对正确搭配的正确识别不受各类语系的差异影响。说明中、高级学习者基本都掌握了搭配的基本规则，能通过汉语本身的搭配规则去理解汉语搭配，不受语系差异的影响。但对"语义特征不搭""语义关系远""不符合语域""不符合语义韵"的错误搭配的识别与语系呈显著的负相关，受各类近义词对目标搭配的影响也与语系呈负相关，即不同语系的学习者习得搭配的语义类限制、语义特征限制、语域限制和语义韵限制，以及对近义词搭配知识的习得情况不一样。说明这些搭配知识的习得受语系差异因素的影响。各项测试结果与母语和语系的这种关系，一方面说明各项搭配知识的习得可能受语系差异的影响更大，来自母语的局部差异影响比较小。另一方面，这个结果与被试的母语背景分布不均也有很大关系。大部分语言母语背景的被试数量偏少，因此，母语的系统性影响无法在统计中体现出来。

（2）各类搭配知识的习得与学时和 HSK 等级之间的关系。

表 5-12 各项得分及母语、语系、学时和汉语水平的相关性

	母语	语系	学时	HSK 等级	典型	非典型	特征不搭	关系近	关系远
母语	1.000								
语系	0.278**	1.000							
学时	-0.149	-0.579**	1.000						
HSK 等级	0.049	-0.301**	0.497**	1.000					
典型	-0.034	-0.170	0.253**	0.037	1.000				
非典型	0.116	-0.046	0.029	0.050	-0.078	1.000			
特征不搭	-0.107	-0.258**	0.430**	0.304**	0.208*	-0.338**	1.000		
关系近	-0.103	-0.267**	0.214*	0.197*	0.218*	-0.207*	0.417**	1.000	
关系远	-0.176	-0.300**	0.369**	0.243**	0.217*	-0.331**	0.706**	0.517**	1.000
符合语域	0.008	-0.114	0.328**	0.244**	0.335**	0.201*	0.093	0.127	0.051
不符合语域	-0.139	-0.410**	0.465**	0.256**	0.203*	-0.106	0.601**	0.384**	0.521**
符合语义韵	0.078	-0.172	0.199*	0.123	0.329**	0.247**	0.078	0.046	0.003
不符合语义韵	-0.081	-0.293**	0.494**	0.374**	0.235*	-0.292**	0.735**	0.484**	0.711**
形近相似度高	-0.085	-0.461**	0.525**	0.295**	0.136	0.049	0.491**	0.249**	0.395**
形近相似度低	-0.151	-0.304**	0.517**	0.306**	0.306**	-0.051	0.581**	0.301**	0.540**
形异相似度高	-0.044	-0.420**	0.680**	0.391**	0.222**	-0.028	0.524**	0.299**	0.476**
形异相似度低	-0.087	-0.411**	0.562**	0.339**	0.251**	-0.015	0.522**	0.391**	0.493**

续表

	符合语域	不符合语域	符合语义韵	不符合语义韵	A1B1	A1B2	A2B1	A2B2
母语								
语系								
学时								
HSK 等级								
典型								
非典型								
特征不搭								
关系近								
关系远								
符合语域	1.000							
不符合语域	0.094	1.000						
符合语义韵	0.408**	0.004	1.000					
不符合语义韵	0.170	0.670**	0.052	1.000				
形近相似度高	0.337**	0.557**	0.212*	0.622**	1.000			
形近相似度低	0.309**	0.491**	0.162	0.560**	0.481**	1.000		
形异相似度高	0.357**	0.573**	0.195*	0.606**	0.608**	0.648**	1.000	
形异相似度低	0.308**	0.540**	0.096	0.642**	0.583**	0.593**	0.563**	1.000

注：** 在置置信度（双侧）为 0.01 时，相关性是显著的；* 在置信度（双侧）为 0.05 时，相关性是显著的。

典型搭配的判断得分与 HSK 等级呈显著的正相关，学时和 HSK 等级也有很显著的相关性。这些方面的搭配知识随着学习时间的增加和汉语水平的提高而发展。对"语义特征不搭""搭配词与目标词搭配范畴关系远""符合语域""不符合语域""不符合语义韵"的搭配的判断，以及受各类近义词对目标搭配的影响程度均与学时和 HSK 等级呈显著正相关。说明学习者对搭配的语义类和语义特征限制、语域和语义韵限制的习得，以及近义词搭配的区分，均随着学时的增长和汉语水平的提高而提高。

典型搭配的得分与学时，以及符合语域、符合语义韵、干扰词与目标词语义相似度高（无论有相同语素或无相同语素）的测试得分之间有显著的正相关性。说明能否正确识别典型搭配与学习时间有关系，学习时间越长，越能正确识别典型搭配；识别典型搭配的能力越高，就越能正确地接受符合语域、符合语义韵的搭配，从语义相似度较高的近义词中识别出目标搭配词的可能性也越大。

（3）各类搭配知识之间的相关性

非典型搭配的识别与符合语义韵搭配的识别呈显著的正相关，与"搭配词与目标词特征不搭""搭配词与目标词搭配范畴关系远""搭配词不符合目标词语义韵"的错误搭配的拒绝能力呈显著的负相关。即如果学习者能够接受非典型的搭配，就既能接受符合语义韵的搭配，也不拒绝"搭配词与目标词特征不搭""搭配词与目标词搭配范畴关系远""搭配词不符合目标词语义韵"的错误搭配。说明这些变量测到的是同一层次的搭配知识。

对"语义特征不搭""搭配词与目标词搭配范畴关系近""搭配词与目标词搭配范畴关系远""不符合语义韵""不符合语域"五类错误搭配的判断结果是，它们两两之间呈显著的正相关，并且均与受各类近义词影响的情况呈显著的正相关，而与"典型搭配"、"符合语域"和"符合语义韵"搭配的判断相关不显著。说明掌握常见的搭配和基本的搭配规则并不能直接促进搭配的语义选择限制、语域和语义韵限制。而语义选择限制、语域和语义韵知识的习得则是相辅相成的，一类知识的发展会促进另一类知识的发展。

另外，还发现学习者受不同近义词影响的情况与识别典型搭配的相关性不同，语义相似度高的词语（无论有没有相同语素）对识别目标搭配的影响都与典型搭配的识别相关性不显著，而语义相似度低的词语（无论有没有相同语素）对识别目标搭配的影响均与典型搭配的识别呈显著正相关。说明当学习者能借助语义相似度比较低的近义词来正确理解目标搭配时，对典型搭配的判断也更加准确。但是，仅能借助相似度较高的近义词来正确理解目标搭配的能力提高时，判断典型搭配的准确性不会随之提高。

5.2.5 讨论

本节通过理解测试，考察了搭配成分的近义词对二语搭配理解的作用，以及搭配的语义选择限制、语域限制和语义韵限制的习得情况，结果如下。①搭配成分的近义词对整个搭配的理解有影响，并且存在词形相似性（有无相同语素）和语义相似度效应。同等条件下，当干扰词与目标词有相同语素时，学习者能更准确地提取到目标搭配；干扰词与目标词语义相似度越高，学习者提取到的目标搭配的准确性也越高。词形相似性和语义相似度之间存在交互作用，语义相似度只在干扰词和目标词无相同语素时显著。②学习者识别"典型搭配"（如"喝啤酒"）和拒绝"搭配词语义与目标词搭配范围关系比较远"的错误搭配（如"喝空气"）的正确率都比较高，但是识别"非典型搭配"（如"喝西北风"）和拒绝"搭配词的语义在目标词的搭配范畴内，但语义特征不搭"的错误搭配（如"喝饮食"）的正确率都比较低，拒绝"搭配词与目标搭配词搭配范畴语义关系比较近"的错误搭配（如"喝液体"）的正确率最低。③中、高级学习者语域和语义韵知识有一定发展，但总体上掌握得都不太好。④学习者各类搭配知识的发展互相影响，各个因素之间存在复杂的相关性。

5.2.5.1　二语搭配的加工过程中存在同类词的激活问题

搭配成分的近义词对二语学习者搭配的理解和产出都有影响，说明二语搭配的加工会激活搭配成分的近义词。有相同语素的近义词和无相同语素的近义词产生不同的影响，一方面说明词形相似性在近义词对搭配的影响中起作用；另一方面说明在二语搭配加工中，词形相似的词语可能也得到了不同程度的激活。本研究只考察了语义相近的形近词在二语搭配中的作用，但已有研究发现，语义不相关的形近词也会影响二语搭配的加工，如李守纪（2016）、李梅秀（2018）均发现学习者搭配产出中存在形近词混淆的情况。这些结果都说明，二语搭配加工过程中，会不同程度地激活搭配成分的同类词，包括近义词、形近词等。

当然，在词形和语义相似度都比较高的近义词干扰下，学习者还能以很高的概率选中正确的搭配词，这里面有频率的因素。比如，在"你知道动物园的工作人员怎么____动物吗？A. 练习　B. 训练"这道题中，学习者能准确地选出 B 答案，可能是依赖"训练动物"的频率，因为"练习动物"是错误搭配，在母语中的频率为零，"训练动物"在频率上有绝对优势。但是，如果学习者完全依赖频率来决策，那么匹配了不同近义词的四组材料测试得分应该没有显著差异，因为四组材料目标词和目标搭配的频率没有显著差异，而干扰词与测试搭配中已经给出的词的共现率均为零，即四组材料的测试搭配相对于其干扰项的频率优势是同等的。但结果显示四个组之间有显著差异，说明学习者并不完全依赖频率进行决策，不同类型的近义词对目标搭配的理解确实起到了不同程度的促进作用。

5.2.5.2 语素和词在二语搭配加工中的作用

从近义词测试的结果来看，二语学习者在搭配的加工过程中都不同程度地依赖语素和词的语义，搭配成分的近义词是否与之有相同语素对搭配理解和产出有不同的影响证明了这一点。这一结果与以往研究认为二语学习者更多地把搭配分解为词语来理解或使用（如 Granger，1998b；Kjellmer，1991；Kaszubski，2000 等）的观点相似。但以往研究在考察二语学习者搭配时主要考察整个搭配的习得情况，目前还没有系统地考察搭配成分的同类词对搭配加工的影响，语素层面则鲜有涉及。因此，只能了解到二语学习者的目的语搭配以"分解加工"为主，但并不清楚其具体的加工模式是怎样的。

从本研究的结果来看，二语学习者搭配的"分解加工"不仅分解到词语层面，还分解到语素层面。整个搭配的加工不仅依赖于其搭配词的加工，还受搭配词的语素影响。从这一点来看，搭配的加工可能不仅存在搭配成分同类词的激活，还有可能存在同类语素的激活，因为激活语素，意味着会激活与该语素相关的一系列知识，包括语义或字形相关的语素。但具体的激活情况如何，需要进一步的研究来验证。另外，这种"分解"式的加工是不是二语者独有的，还是说母语者也在一定程度上进行"分解"式的加工，只是二语者和母语者分解的过程或程度不同，尚且无法下定论。因为心理语言学领域对母语者搭配加工是"整体加工"还是"分解加工"尚存争论。

5.2.5.3 二语搭配的理解和产出通路不同

通过对比本章的近义词测试结果和第四章（4.4）中基于语料分析得到的近义词影响结果，可以看出语素和词在搭配的理解和产出中的作用并不一样，甚至几乎是相反的。在产出中，搭配成分的近义词对搭配的产出主要起干扰作用。目标搭配的构成词很容易受其近义词的干扰，甚至被近义词替代。目标搭配的构成词最容易受与之语义相似度较高且有相同语素的近义词干扰,受与之语义相似度低的近义词干扰相对较小。而在理解中,搭配成分的近义词对搭配的理解似乎起到了促进作用。当搭配成分的近义词与之在词形和语义上相似度都很高时,学习者更容易选对目标搭配词;当搭配成分的近义词与之在词形和语义上相似度都比较低时,学习者选对目标搭配词的概率相对较低。说明在搭配的产出中,搭配成分的近义词与目标搭配词之间产生了竞争,甚至抑制了目标搭配词的激活,与目标搭配词越相近的词,竞争越强,或者对目标搭配词的抑制作用越强。而在理解中,近义词通过相同的语素和相近的词义,优化了目标词的提取,从而促进目标搭配的理解。当近义词与目标搭配词的词形和语义相似性都比较低时,这种优化作用明显减弱,或者可能没有起到促进作用。不过,本研究只考察了有呈现近义词时的搭配理解,如果要弄清楚近义词对搭配理解的促进作用有多大,需要与没有提供近义词时的搭配理解测试结果进行对比。此内容在未来的研究中将进一步考察。

5.2.5.4 二语学习者搭配语义选择限制的发展

从语义选择限制的测试结果来看,中、高级学习者只掌握了基本的搭配规则和基本的搭配范畴,因此能够拒绝"吃污染""介绍道理"这样的错误搭配(但中级水平学习者相对来说还是比较差的,判断这类搭配的正确率也只达到58%),但无法正确判断"吃食堂""介绍生意"这类非典型搭配,也不能拒绝"吃营养""介绍主意"[①] 这一类语义范畴上可以搭配但语义特征上不能匹配的错

[①] "吃营养"中,"营养"属于"营养物质类","吃"可以搭配这类词,比如"吃维生素","营养"是这类物质的总称,在没有语境的情况下,不具体指某类营养物质,不具备"+可食"的语义特征。"介绍主意"中,"主意"属于"观点/办法类","介绍"可以搭配这个范畴的词,如"介绍+观点/看法"、"介绍+方法",但一般不说"介绍主意"。

误组合，以及"吃味道""介绍感情"这一类第二个词在语义上接近但不属于第一个词可搭配的语义范畴的错误组合。说明学习者在判断一个搭配是否正确和理解搭配时，更多的是按规则进行类推，基本没有语义选择限制知识的参与。从水平差异上看，到了高级阶段，语义选择限制知识有一定的发展，因此，在接受"典型搭配"和拒绝"范畴内特征不搭""语义关系远"类错误搭配上比中级水平学习者准确，但搭配范畴的界限仍然不清晰，因此无法识别不太典型的搭配，也不能拒绝"语义关系近"的搭配。从这个结果来看，学习者的词语搭配水平要得到质的提高，语义选择限制知识的掌握是关键，也是难点。

5.2.5.5 二语学习者搭配语用特征的习得

从语域和语义韵测试结果来看，中、高级学习者对搭配的语用限制有一定的意识，但掌握得都不好。因此，在判断测试中无法辨别出违反语域和语义韵的错误搭配，在搭配的产出中也常常违反语域和语义韵限制（见 4.7 和 4.8）。但总的来讲，语域和语义韵意识还是有一定的发展，高级水平学习者在两项测试上的得分都显著高于中级水平学习者。当然，这里面也有频率的因素。符合语域和语义韵的搭配与不符合语域和语义韵的错误搭配相比，前者有绝对的频率优势。学习者判断的时候当然更容易接受那些熟悉的或者"似曾相识"的搭配，而拒绝那些"陌生"的搭配。所以学习者识别符合语域和语义韵的搭配的正确率比较高（平均正确率分别达到77%和79%）。但是，也可以肯定学习者并非完全依靠频率来判断，因为拒绝不符合语域和语义韵的错误搭配的概率只达到60%左右。如果完全靠频率作出决策，那么拒绝"零频率"的错误搭配的正确率应该至少与接受正确搭配的正确率相当，或者更高（因为如果完全按照"出现过的是对的，没见过的是错的"来判断，那么，对"完全没见过"的项作出判断更容易，对"似乎见过，但不熟悉"的项作出判断更难）。

如果不是完全依赖频率，学习者很可能是借助规则和基本语义进行类推的。那么，判断不符合语域和语义韵的正确率应该很低，因为不符合语域和语义韵的错误搭配（如"表扬领导""获得批评"）都是符合搭配规则和基本语义的，如果仅依靠规则和基本语义的匹配进行类推，学习者就会错误地接受这些搭配，那么正确率应该达不到60%。因此，也可以排除完全靠规则和基本语义类推的可能性。而学习者也不太可能同时靠频率和规则类推来作出判断，因为所有不符合语域和语义韵的错误搭配都是"零频率"的，但又是符合规则和基本语义的，按这两个标准作出的判断是正好相反的。

排除了完全依赖频率或规则类推的可能，基本可以肯定，中、高级学习者确实有一定的语域和语义韵意识，并且这种意识随着汉语水平的提高而有所提高，但他们没有获得准确的语域和语义韵知识。两类知识相比，语义韵知识的发展比语域知识的发展要快（高级学习者拒绝不符合语义韵搭配的正确率接近接受正确搭配的正确率，但拒绝不符合语域搭配的正确率与接受正确搭配的正确率差距与中级水平学习者基本保持一致。说明语义韵知识的发展比总体搭配水平的发展要快，而语域知识的发展与总体搭配水平的发展大致同步）。

5.2.5.6 各类搭配知识的发展相辅相成

从5.2.4.5和5.2.4.6的分析结果来看，二语学习者各类搭配知识的发展是相辅相成、相互制约的。虽然发展速度略有不同，但某类知识的发展必然伴随着其他知识的提升。

总的来看，搭配成分近义词区分的成绩最高，但是近义词测试的题型与其他题型不一样，这一结果可能与题型也有一定关系，这里就不过多解读其与另外三项搭配知识的差异。其他三类测试中，语义选择限制测试的正确率最低，与通过同类题型的语域和语义韵测试相比，差异也是显著的。总的来讲，语域和语义韵限制很明显的词汇占少数，所以这两方面的搭配知识被强化的机会相对较少。而语义选择限制是所有词语与其他词语构成搭配时都要遵循的，应该在接触到汉语搭配时，就开始建构的。但到了中、高级阶段，语义选择限制的掌握仍然不是很好，甚至比语域和语义韵知识的习得还差，说明语义选择限制始终是搭配习得的一个难点。

在相关分析中还发现四个测试各个子项之间存在复杂的相关，从中可以看到几点重要的规律。

（1）当学习者能够接受非典型搭配时，仍无法正确地拒绝"搭配词与目标词特征不搭"、"搭配词与目标词搭配范畴关系远"，以及违反语域和语义韵的错误搭配。这有两种可能，一是学习者对非典型搭配以及这三类错误搭配的接受，均源于规则类推，由于用于测试的非典型搭配以及上述三类错误搭配的共同特点是都符合搭配规则，学习者如果完全按规则来推，那么能够接受其中一类，必然也能接受另外几类；二是对某个词语的非典型搭配的习得会破坏学习者对该词语搭配范畴的准确界定，使得他们变得可以接受符合搭配规则但语义特征、语义韵等不符的搭配。第一种情况，学习者完全没有掌握搭配在语义、语用方面的限制；第二种情况，学习者已经掌握了一定的搭配选择限制，但掌握不到位。因此，当学习者对语义、语用选择限制都掌握得比较准确时，就能对非典型搭配、超出语义范畴、语义特征或语义韵的搭配作出正确的判断。

（2）典型搭配的习得和基本搭配规则的习得，并不能直接促进语义选择限制、语域和语义韵特征的习得，但语义选择限制、语域和语义韵知识的习得则是相辅相成的，一类知识的发展会促进另一类知识的发展，表现为学习者识别"典型的"、"符合语域"和"符合语义韵"三类搭配准确性与拒绝违反语义选择限制、语域和语义韵搭配的准确性无显著相关性，但后三者之间的相关性是显著的。

（3）当学习者能够借助语义相似度低的近义词来识别目标搭配时，识别典型搭配的正确率也更高。但只能借助语义相似度很高的近义词来识别目标搭配时，对典型搭配的识别没有影响。这是因为当语义相似度很高的近义词能够促进目标搭配的理解时，可能学习者还只是在部分语义关系比较近的词语之间建立起初步的联系，对搭配的判断还仅仅停留在借助基本的语义关系利用规则进行类推的层面，因此不会直接提高识别典型搭配的准确性。而相似度低的近义词能够促进目标搭配的识别，说明学习者心理词典中的语义关系网络更完善、更细化了，即原来没有联系的、语义关系相对较远的词语之间也开始建立起联系，这个时候学习者判断一个搭配已经不是仅停留在规则的类推层面，而是借助语义关系来帮助判断，因此，对典型搭配的判断也就更准确。

5.2.5.7 母语背景和汉语水平的影响

由于母语背景分布不均，大部分母语背景的学习者数量低于3个，因此没有观察到母语背景与各项搭配知识的相关性，但观察到不同语系学习者在语义类限制、语义特征限制、语域限制、语义韵限制以及近义词搭配知识方面的习得情况不一样，说明这些搭配知识的习得受语系差异的影响。但是，收集到的数据语系分布也很不均衡，印欧语系的数据中级水平的偏多，其他语系则是高级水平的偏多，而语言水平与以上搭配知识的习得都有显著相关，因此与语系的相关性可能很大一部分来自各语系数据之间水平的差异。但从已有研究成果，以及基于中介语语料的分析结果来看，母语对搭配习得存在影响是基本可以肯定的。至于语系的影响，以及不同母语对以上指标的具体影响，还需要进一步考证。

5.3 本章小结

　　本章分别通过学习者主观评测和理解测试考察了搭配的句法、语义、语用三方面的相关因素对汉语二语搭配知识习得的影响。从两个研究得到的结果来看，第三章中预测的语内因素都不同程度地影响着词语搭配知识的习得，其中，搭配本身的频率、搭配成分的关联强度、近义词的影响尤为显著。频率主要是使用度的问题，搭配成分的关联强度是组合知识，近义词的影响则主要与聚合知识有关。从这个结果来看，搭配知识体系中，最重要的知识大致可以分为三大类：一是频率知识；二是组合知识中的关联知识，即搭配成分的共现频率，以及搭配成分的离合性（即两个词常常相邻共现还是相离共现）等方面的知识；三是搭配成分的聚类知识，即搭配成分与其他相关词汇的关系知识。三者是相互关联的，并且都是搭配知识系统不可或缺的组成部分，搭配的组合知识与聚合知识均与使用频率有关，只不过与不同类型的知识关联的是不同层面的频率。例如，组合知识与搭配成分共现的频率有关，近义词方面的聚合知识不但与近义词的频率有关，还与目标搭配的关联强度知识有关，因为近义词的区别性知识中实际上也包含词语搭配方面的区别。

第六章 搭配知识习得难度及习得机制

前面几章通过中介语分析和搭配测试，考察了频率、结构、语义、语用、母语、汉语水平等各方面因素对搭配产出和理解的影响。结果证实这些因素都对搭配的产出和理解产生了不同程度的影响，并且发现了一些因素，如构成成分的近义词在搭配的理解和产出中起不同的作用，还观察到了各因素之间的相关关系。本章将根据前几章的研究结果阐述各个因素与搭配习得难度、产出和理解之间的关系模式以及这些因素在搭配的习得和加工中的影响机制。

6.1 语言习得难度的预测方法

6.1.1 基于理论假设的习得难度预测

传统的语言习得难度研究主要是基于已有语言学理论的假设对习得难易度进行预测，这里主要介绍其中比较常见的三类预测方法。

6.1.1.1 对比分析法

预测语言习得难度最常见的一种方法是通过对比学习者母语和目的语的异同来确定某个语言点的习得难度，其理论基础是对比分析假说（The Contrastive Analysis Hypothesis，CAH）。由于对"母语在目的语习得中起什么样的作用"有不同的解释，存在两种版本的对比分析假说：一个是以 Lado（1957）为代表的强式对比分析假说（Strong version of CAH），另一个是以 Newmark（1966）为代表的弱式对比分析假说（Weak version of CAH）。强式对比分析假说认为学习者目的语中与母语存在差异的地方就会受到母语的干扰，因此，目的语中那些与学习者母语差异越大的语言项受母语的负迁移影响越大，习得难度也越大。弱式对比分析假说则认为学习者的母语并没有真的对其目的语的习得产生干扰。相反的，母语知识会促进目的语的习得，即当学习者不知道目的语中的某个表达时，会利用其母语知识去填补（pad）。根据这个假说，学习者在习得目的语中与其母语相同的语言要素时，其母语知识起到了促进作用，习得难度随之降低；而在习得目的语中与其母语有差异的语言要素时，没有母语知识的促进作用，所以习得难度相对比较大。因此，目的语中最难习得的是那些与母语差异最大的语言要素。两种对比分析假说虽然对"母语知识在目的语习得中起什么样的作用"有不同的解释，但一致认同"与母语不同的语言要素最难习得"。

对比分析假说被很多研究者和教师作为预测 L2 学习难度的方法。但是后来的很多研究也发现对比分析法有时并不能准确地预测到一些语言点的习得难度（朱永平，2004）。比如，疑问句的相关研究发现对于以英语为母语的汉语学习者来说，与英语疑问句不同的"……吗"式疑问句并不比与英文一致的一般疑问句更难习得（转引自朱永平，2004）。

6.1.1.2 基于普遍语法理论的预测方法

一些研究者从普遍语法角度预测习得难度，构建某些语言点的习得难度等级。该方法的理论假设是某种语言形式越具有普遍性，就越容易习得，反之则越难习得。如 Keenan & Comrie（1977）在关系从句的研究中根据普遍语法理论排出了一个名词关系从句的难易度顺序，后来的很多语言学家运用该方法成功预测到了英语各种关系从句的习得难度顺序。第二语言习得研究领域的很多研究也运用这一模式成功地预测到了关系从句的习得难度顺序（如 Schachter，1974；Pavesi，1986；Chaudron & Parker，1990）。但是这种方法主要以普遍性为标准对习得难度进行预测，而某种语言形式的普遍性需要在所有语言系统之间进行比较来确定，因此很难运用这种方法大量地预测各种语言项的习得难度。另外，普遍性一般是就范畴或规则层面的东西来讲的，具体到一个一个的词语或者搭配，就不太可能用普遍性来区分它们的习得难易度。因为即使是那些内在结构关系都具有普遍性的词语或者搭配，由于频率等因素的影响，习得难度也会不一样。

6.1.1.3 基于对比分析和标记理论的预测方法

为了更好地预测学习者的习得难度，一些语言学家将对比分析和普遍语法的相关理论结合起来进行研究（如 Eckman，1977，1985）。根据 Eckman（1977）提出的标记差异假设（Markedness Differential Hypothesis），目的语中那些不同于母语的成分，如果具有比母语更多的标记，习得难度就很大；那些比母语有更多标记的目的语成分，其相对难度对应于标记的相对难度；那些不同于母语但标记度没有母语高的目的语成分，则难度不大。

运用该方法判定某个语言形式的难易度，不是只根据母语和目的语的异同，而是比较该语言形式标记的多少，判定标记的多少又是参照普遍语法规则进行的。该方法综合了对比分析方法和普遍语法理论，能够更准确地预测习得难度。朱永平（2004）通过对美国学生学习汉语声母的调查和研究验证了标记差异假设的可行性，认为该方法可以大致预测到学习者的学习难度顺序。

6.1.2 基于语言属性的习得难度预测

很多研究根据语言项目本身的一些属性特点预测其习得难度，最常见的是根据语言项目的复杂度预测习得难度（如 Ellis，2002）。一般认为同一类语言项目中，结构、语义、功能等越复杂的越难习得。复杂度确实跟习得难度有关系，但完全基于语言复杂性的难度预测，是一种纯语言学角度的理论预测，缺乏心理现实性，得到的结果不一定与实际的习得难度相符。因此，一些研究通过测试等方法将学习者的实际表现纳入研究中，通过考察语言项目本身的属性与学习者测试表现之间的关系来预测其习得难度，使预测结果更具科学性。

如封颖（2015）根据相关因素的属性值来预测汉语文化词的习得难度。研究将语义数量、词义联想距离、词义透明度、词义隐喻层级、词语使用频率五个影响文化词语习得的因素作为预测习得难度的指标，先按照每个因素的特点给每个目标词的这五个因素计分，编制难度层级量表（如表 6-2 所示）。具体的计分方法是词义数量和词义透明度分别采用 15 分制和 4 分制，其他变量采用 5 分制；与词语难度呈正相关的因素采用正向的计分（属性值越高呈现的分值越高），与词语难度呈负相关的因素采用倒计分的方法（属性值越高呈现的分值越低）。然后以五个因素的分数之和来预测文化词的难度层级，如表 6-1 所示。

表 6-1 文化词语习得难度分析

	词义数量 (1~15)	词义联想距离(1~5)	词义隐喻层级(1~5)	词义透明度 (1~4)	词语使用频率 (1~5)	总和
红娘	2	4	2	3	2	13
黄色	2	2	2	2	2	10
香火	7	4	3	4	4	22
眼红	2	3	3	4	3	15

续表

	词义数量 (1~15)	词义联想距离(1~5)	词义隐喻层级(1~5)	词义透明度 (1~4)	词语使用频率 (1~5)	总和
穿小鞋	2	5	3	2	3	15
吃醋	2	4	3	2	2	13
意思	12	5	2	4	4	27
铁饭碗	2	3	3	2	2	12

资料来源：封颖（2015）。

研究的第二部分以试题形式检测基于相关因素属性值对汉语文化词语难度层级的推测是否合理。测试题为 15 道选择题（每个词一道题），最后按错误率对 15 个文化词进行排序，将得到的结果与分析量表得到的结果进行对比。结果只有三个词没有完全对应，其他词的排序基本与难度分析排序吻合。因此认为可以通过基于相关因素属性的分析来进行难度预测。

封颖（2015）的研究突出的特点是将研究对象的各种相关属性（影响其习得难易度的属性）考虑在内，并根据这些属性与习得难易度的相关性对其进行赋值，最后以具体的属性值作为判定习得难度层级的指标。对考察对象习得难度的预测是多方位的、综合性的，预测结果能从多个维度解释考察对象的习得难度，而且将预测结果量化，一方面给出了的具体难易度，另一方面也间接地呈现了各个项目之间难度上的具体差异间距（可以通过各项的难度值之差看其具体的难度差异）。另外，研究还进一步通过测试学习者的习得情况对预测结果进行验证，使得研究结果更加可靠。

总的来讲，该研究很好地将理论上的预测和实际的验证结合起来，并且理论上的预测也比较全面地考虑了各种影响习得的因素，给我们呈现了一个很好的难度等级研究范式。但值得注意的是，这样的研究首先在预测量表的编制过程中，对变量的选择需要有较科学的习得研究成果作为支撑,需要明确所选指标是不是真的影响研究对象的习得难易度,是否囊括了所有的重要影响因素等。其次,如果要更准确地预测具体的难易度,只考虑变量与研究对象之间相关性的正负情况,简单地将各个变量的分值相加是不够科学的。还要明确各个变量与研究对象的具体相关度,各个变量之间的相关性等问题。再根据具体的相关情况计算加权平均值,作为难易度的判定标准,所得结果将更加可靠。最后对预测结果的验证,需要充分考虑测试工具的信度和效度,任意的测试题和简单的正确率计算结果并不能代表真正的习得难度。

6.1.3 基于学习者实际表现的习得难度研究

最近几年,越来越多的研究开始通过分析学习者语料、问卷测试、反应时实验等方法考察语言习得难度。基于语料分析的方法主要通过正确/错误率和偏误类型预测习得难度;问卷测试主要通过理解的难易度、学习者的主观报告等预测语言的习得难度;反应时实验则主要通过加工时间来预测习得难度。以下是具有代表性的一些研究。

王静(2007)首先通过统计和比较学习者语料中的偏误率来考察不同类型宾语(一般体词宾语、动词宾语、名动词宾语、小句宾语、双宾语)的习得难度。以下是根据偏误率得到的具体难易度顺序。大类从难到易:双宾语、谓词性宾语、小句宾语、体词性宾语;小类从难到易:双宾语、动词宾语、小句宾语、处所词宾语、形容词宾语、一般体词宾语。然后进一步通过造句、选择、填空等题型进行测试,根据错误率来比较各类宾语的习得难度。通过测试得出的难度顺序(从难到易)为:名动词宾语、双宾语、动词宾语、小句宾语、处所词宾语、形容词宾语、一般体词宾语。

吴门吉、周小兵(2005)用给词造句、看图写话、连词成句三种任务考察意义被动句与"被"字句习得难度。研究以正确率为主要参照，结合周小兵（2004）提出的语言差异难度、语言发展难度和语言认知难度等分析两种被动句的习得难度。

还有一些研究使用实验设计的方法，以测试题为工具来考察不同语言点的习得难度。如洪炜、赵新（2014）用混合实验设计的方法考察了三种类型近义词的习得难度，研究以近义词类型和学习者汉语水平为自变量，以不定项选择题测试结果（得分）为因变量进行比较和分析，最后根据得分的高低决定习得难度的大小（得分低，说明习得难），根据得分的差异显著性来确定不同类型近义词的习得难度差异。与此类似，洪炜（2016）用实验的方法考察了近义词五种差异类型（义项差异、语义重点差异、适用对象差异、句法功能差异、组合分布差异）的难度。研究以差异类型和学习者汉语水平为自变量，以60道选择题（每种差异类型10道+干扰题10道）为实验材料进行测试，最后以学习者的得分为因变量进行比较和统计分析，根据得分的高低来确定习得的难度（测试成绩越高说明习得难度越小；相反，测试成绩越低，说明习得难度越大），并根据难度的差异显著性来确定各类型之间习得难度的差异。

与基于对比分析、普遍语法等理论的难度预测相比，基于学习者实际表现的习得难度研究更具有操作上的可行性，且对习得难度的预测更直接也更准确。因此，越来越多的研究者尝试通过这样的方法来预测各种语言形式的习得难度。但学习者在语言产出中的表现或测试中的得分是否准确、全面地反映出某个语言项的习得难度，还值得商榷。相关研究都没有对学习者语言表现在多大程度上可以准确预测到语言习得难度进行论证。

6.1.4 搭配习得难度相关研究

关于搭配的习得难度，目前尚无系统的研究。但一些研究者也对如何通过中介语语料观察搭配的难点进行了一些探讨，有些研究者还根据学习者的偏误情况对所考察的搭配进行难易度排序。如邢红兵（2013）指出可以从语料库中提取例句、词语的频率、词语的搭配（collcation）知识等信息，并将这些基于语料库的统计数据应用于教学大纲的编写，为教材编写中教学项目的难度顺序分布等提供排序的依据。该研究以 5 个形容词在 3 种结构（状中、定中、主谓）中的搭配语料分析为例，介绍了如何通过中介语词语搭配的错误率观察搭配的难点。辛平（2014）根据学习者搭配偏误率的分布情况得出，汉语 V + N 搭配中，习得的难易度从易到难的顺序是单音节动词组成的 V + N 搭配 < 双音节动词组成的 V + N 搭配、自由搭配 < 限制性搭配，语义和形式相近的双音节动词 V + N 搭配的习得难度最大。

6.1.5　习得难度判定标准

在习得难度的判定标准上，以上几种预测方法主要涉及所考察语言项目的普遍性、标记性以及与学习者母语的异同，学习者正确/错误率或测试得分，语言项目本身的属性等。除此之外，还有研究者从形式、功能、规则的普遍性等多种角度对习得难度进行预测，如 Ellis（2002）提出确定习得难度的六个标准如下。

（1）形式复杂度（formal complexity）：一个结构包含的成分是单个还是多个。

（2）功能复杂度（functional complexity）：一个结构的意义的实现在多大程度上是透明的。

（3）信度（reliability）：规则在多大程度上有例外。

（4）范围/广度（scope）：规则覆盖范围的广度或者窄度。

（5）元语言（metalanguage）：用最小的元语言就可以提供规则的程度。

（6）L1 和 L2 的差异（L1/L2 contrast）：与第一语言一样的特征，比与第一语言不一样的特征更容易习得。

其中，第（1）～第（5）项标准，以及前面介绍的研究涉及的"普遍性""标记性"等，实际上也是语言项目本身在不同层面具备的属性。因此，粗略地归纳起来，已有研究预测语言习得难度的标准主要包括语言本身的属性、与学习者母语的异同以及学习者语言使用中的表现。前两者分别属于影响语言习得难度的语内因素和语际因素，后者属于习得的结果。因此，已有习得难度预测的研究从预测指标和思路上又可以分为这样三类：一是直接利用影响习得的因素预测习得难度；二是直接利用习得结果预测习得难度；三是通过相关因素对习得结果的影响，再以那些对习得结果有显著影响的因素为指标预测习得难度。

6.1.6　习得难度预测方法再思考

在语言习得难度的预测方面，已有研究采用的预测方法主要有基于语言学和习得理论的预测、基于学习者实际表现的难度分析以及基于相关因素属性统计的方法。预测指标宏观上包括影响习得的因素和习得结果两大类。其中，常常被用来预测习得难度的影响因素包括语内因素（形式和功能的复杂性、规则的普遍性/标记性等语言本身的属性）和语际因素（目的语与母语的差异性/一致性），习得结果主要是看偏误率。

根据所选用的预测指标及预测思路，已有研究预测习得难度的方法又可以归纳为三类。一类是直接利用影响因素预测语言的习得难度（没有证明它们与习得难度是怎样的关系、多大程度上能准确预测到习得难度），在某种程度上将语言本身的某些属性特点以及与目的语的差异等同于习得难度，因此，在理论解释和预测的准确性上都存在一定的局限性。另一类是直接利用学习者的表现来预测习得难度，属于从习得的结果去反推习得难度，虽然可以预测到其他方法预测不到的一些情况，甚至可以纠正其他预测结果的一些错误，但直接用学习者的偏误率等指标预测习得难度，也是把学习者的语言使用中表现出来的问题等同于语言习得的难度，同样存在缺乏理论解释和预测精确度的问题。还有一类是根据相关因素（语言本身的属性、与学习者母语的差异等）对习得结果（偏误情况等）的影响来确定这些因素是否影响搭配习得难度，然后以对习得结果有影响的因素为预测指标去预测习得的难易度。实际上这也是将习得结果等同于习得难度，并且将影响因素视为习得结果的直接观测变量。我们认为三者之间内在的关系是影响习得的因素导致习得上存在难度，这种难度通过习得结果（理解和产出的表达）表现出来。那么，第三类研究的逻辑关系是对的，但是在预测习得难度的准确度上会打一些折扣，而且缺乏对预测机制的理论解释。我们以一个图来解释（如图6-1）。

```
              ┌──────── 0.8 ────────┐
              ↓                     │
      ┌──────────┐ 0.8? ┌──────────┐ 1? ┌──────────┐
      │ 影响因素 │─────→│ 习得难度 │───→│ 习得结果 │
      └──────────┘      └──────────┘    └──────────┘
```

图6-1　影响因素到习得结果的关系

假如把变量间的关系系数设定在0~1，某个影响因素对习得结果的影响系数为0.8，那么第三类预测方法相当于默认该影响因素对习得难度的预测系数也是0.8，这样的情况下，习得难度对习得结果的预测系数就只能是1。但是，实际上某一语言项目的习得难度是不是能百分百地从习得结果中表现出来就很难说了，而且有些可能只在理解或产出的某些方面体现出来，但研究中通常只观察到个别方面的表现，所得结果的准确性更值得商榷。第一类和第二类预测方法则直接忽略了三者之间的关系，要么默认影响因素的属性能直接反映习得难度,要么默认习得结果能准确反映习得难度,结论值得商榷。

二语习得的最终目标是构建起系统的目的语知识体系(邢红兵,2016),每项语言知识的习得都是一个知识体系的构建过程。其中,搭配的习得是一个复杂的词汇知识体系构建过程。而词汇知识体系的构建过程既受学习者母语知识体系的影响,也受目的语知识体系的影响,并且随着词汇知识特征的不断丰富以及各单位之间关联的逐步确立,表现出不同的阶段性特点(邢红兵,2020)。也就是说,搭配知识的习得是一个动态的知识体系构建过程。相关的影响因素也应该是一个动态的因素系统。

在考察某个因素的作用,并对其预测作用进行评估时,最重要的是要将其放在与其他因素的关系网络中去考察。通常,一个因素的具体作用在搭配知识体系的不同层面、习得和加工的不同阶段会有所不同。同一个因素在不同搭配的习得和加工中产生的作用大小,又受各个搭配具体属性的差异影响。因此,只有将每个独立的因素放在整个的因素关系体系中,结合其动态的关系机制进行考察,才能较准确地了解其对搭配习得的影响。已有研究也涉及了一些因素的相互关系,但通常只集中在两三个因素的关系上,没有将其放在整个关系体系中去考察。得到的结果对搭配习得和教学研究也有启发,然而,一旦跳出研究设定的条件,可能就遭遇"例外"的挑战。如果我们将每个因素的具体作用放在整个关系体系和动态系统中去考察,那么观察到的作用也是动态的,就像一个方程式一样,变量的关系靠常数决定,而具体的值则随着未知数的变化而变化。我们认为,某个因素对习得影响的结论,应当是一个"方程式",而不是一个绝对的、静态的值。得到这个"方程式"的前提是弄清楚各个因素在整个因素体系中的动态作用和关系机制。而在搭配习得影响因素的研究方面,这个前提还没有完成。因此,本研究将重点完成这一步,并始终围绕"以体系化的思路得到'方程式'型的结论"这个核心思想展开。最终,如果能通过一个模型捋清这些变量之间的关系,那么不仅可以帮助我们深入系统地了解二语学习者搭配知识的习得机制,还能为准确预测搭配习得难度奠定基础,也能为其他语言单位的习得难度研究提供参考。

另外,二语词汇知识学习的最终目的是要建立一套完整的词汇知识体系,达到这个目标意味着不仅要具备语言理解的能力(从符号到概念),还要具备语言表达(从概念到符号)的能力(邢红兵,2020)。因此,要全面考察搭配知识体系的发展机制,须综合考察其理解和产出的发展情况。

综上所述,我们在参考已有研究成果的基础上,从动态系统理论的视角出发,结合学习者产出语料分析和搭配理解测试的研究结果,初步构建搭配知识习得难度及相关因素的关系模型,以加深对搭配知识习得相关影响因素之间关系及影响机制的了解,并为搭配习得难度自动评测提供模型框架和评测理据。

6.2 搭配知识习得难度及相关因素

根据搭配产出和理解的研究结果,搭配习得难度、习得结果及相关因素的静态关系模式如图 6-2 所示。

搭配本身的属性、学习者汉语水平和母语背景都对搭配习得有不同程度的影响。三者的共同作用决定了一个搭配的习得难易度,习得的难易度最终通过学习者的习得结果,即理解和产出的水平体现出来。

搭配本身的属性,包括频率、结构类型、语义和语用限制,是决定搭配习得难易度的关键因素。频率因素中搭配词词频和搭配词共现率是影响搭配习得的重要因素。结构类型中,主谓、动宾、定

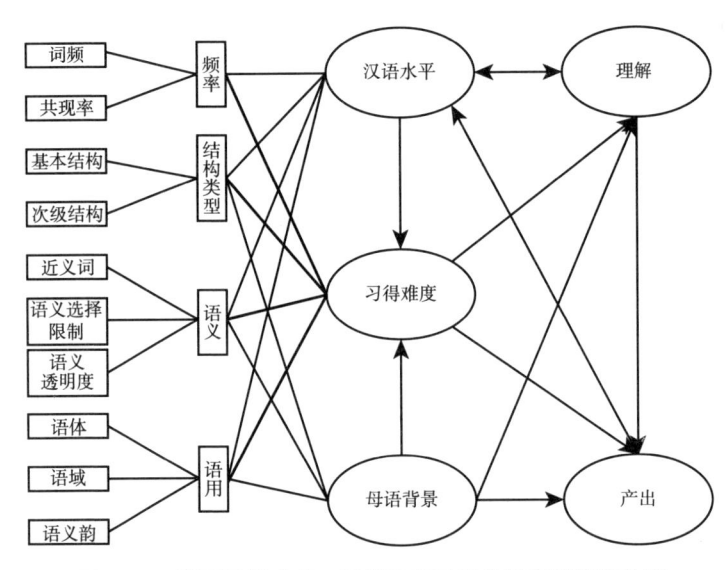

图 6-2 搭配习得难度、习得结果及相关因素的静态关系

中、状中、中补等基本结构习得难易度不同,这些基本结构下属的词类结构形式习得难度也不尽相同,这在学习者的搭配产出和主观评测结果中都有所体现。根据学习者产出中的偏误情况,中补结构搭配最难,定中结构搭配的难度次之,动宾和状中结构也比较难,主谓结构搭配相对容易。在次级结构中,一般比较典型的结构形式比较容易,不太典型的结构形式比较难。语义方面,搭配词的近义词、搭配的语义选择限制和语义透明度都在很大程度上决定了搭配习得的难度。其中,搭配词近义词的数量,以及搭配词与其近义词的相似度对搭配的习得和加工都有十分重要的作用。搭配的语义选择限制是搭配习得中最难的一个方面,学习者的搭配范畴边界始终不是特别清晰。语义透明度比较低的搭配,也是学习者习得的难点,通常学习者很少使用语义较曲折的搭配,也不能准确理解语义比较模糊的搭配。一个搭配的语用限制,也决定了其习得的难度。学习者习得通用和偏口语语体的搭配数量相对较多,偏书面语体的搭配相对较少，在搭配的使用中，普遍缺乏对搭配语体倾向的认识，常常使用不符合目标语体的搭配，尤其在书面表达中使用较多偏口语语体的搭配。对于一些有明显的语域或语义韵限制的词语，学习者在构成搭配时常常忽略其语域和语义韵特征。

　　研究结果显示，搭配本身的这些属性对不同语言水平和母语背景学习者的搭配习得都有影响。因此，可以将这些因素作为预测搭配习得难度的主要指标。但是，研究结果也证明，不同因素对不同水平和母语背景的学习者产生的作用大小是不同的。具体来说，具有相同频率、结构类型、语义和语用特征的搭配，对于不同水平学习者来说难度是不一样的；而对于相同水平的学习者来说，其母语在搭配的结构类型、语义和语用特征上与汉语搭配有不同的差异，导致他们习得相同搭配的难度又不一样。也就是说，搭配本身的这些属性影响所有学习者的搭配习得是肯定的，但在多大程度上决定一个搭配的习得难度，又受学习者已有的汉语水平及其母语的影响。因此，在预测搭配习得难度时，搭配本身的属性是关键指标，同时要考虑学习者的汉语水平以及学习者母语搭配与汉语搭配在这些属性上的异同。

　　搭配及搭配成分的各个属性之间也存在复杂的相关性，为了突出主要的关系，使主要的因素关系体系简洁易懂，图6-2中省略了这些因素之间的关系，但不等于忽略了这些关系。

　　学习者搭配的理解和产出水平之间，以及与总体汉语水平和母语背景之间也存在一定的关系。通常，搭配理解水平的高低会影响其产出水平，因为产出性知识必须建立在一定理解性知识的基础之上，因此前者是后者的必要条件。汉语水平的高低决定了某些搭配属性习得的难易度，从而决定这些搭配在一定时间段内能达到的理解和产出水平，搭配理解和产出水平的发展，反过来又会影响总体汉语水平的发展。不同母语背景的学习者会因其母语搭配与汉语搭配在语言内因素上的差异而产生习得的困难，还会受母语背景相关社会文化因素的影响，其对搭配的理解，以及产出搭配的特点也不尽相同。

因此，虽然可以大致通过搭配本身的属性对搭配习得难易度的作用及其在理解和产出上的表现来预测其习得难度，但要比较精确地预测不同汉语水平和不同母语背景学习者搭配习得的难易度，则必须综合考虑各个因素的相互关系，搞清楚图 6-2 中各条通路的具体系数，而不是简单地通过搭配属性与理解、产出相关指标的关系来预测搭配的习得难度。

6.3 搭配知识习得机制

各个因素与搭配习得、搭配理解和产出的关系模式大致是固定的，但在搭配习得和加工的动态过程中，以及搭配知识的不同层面，其所产生的影响不尽相同，即不同因素在搭配习得的不同阶段、对不同层面搭配知识的习得产生不同的影响，在具体的理解和产出中、在不同知识层面产生不同的作用。因此，要了解各个因素的具体影响机制，必须从动态的视角，弄清楚哪些因素在哪些习得和加工阶段起主要作用，从而了解各因素在整个搭配知识体系构建过程中的作用，以下将结合图 6-3 所示的共态关系图进行解释。

图中大写字母代表词对应的概念，小写字母代表对应的语言符号。假如 A 可搭配的一个语义类为 4，该语义类包括 K、B、L 等概念，但 A 只能搭配 B 和 L，不能与 K 搭配。B 可搭配的一个语义类是 3，包括 D、A、C 等概念，B 与这些概念都可以搭配。2 和 5 分别是与 3 和 4 相近或语义直接相关的语义类，1 和 6 分别为与 3 和 4 语义关系较远的语义类。F 和 G 是 A 的近义概念，且 F 与 A 的语义相似度高于 G 与 A 的相似度；M 和 N 是 B 的近义词，且 N 与 B 的语义相似度高于 M 与 B

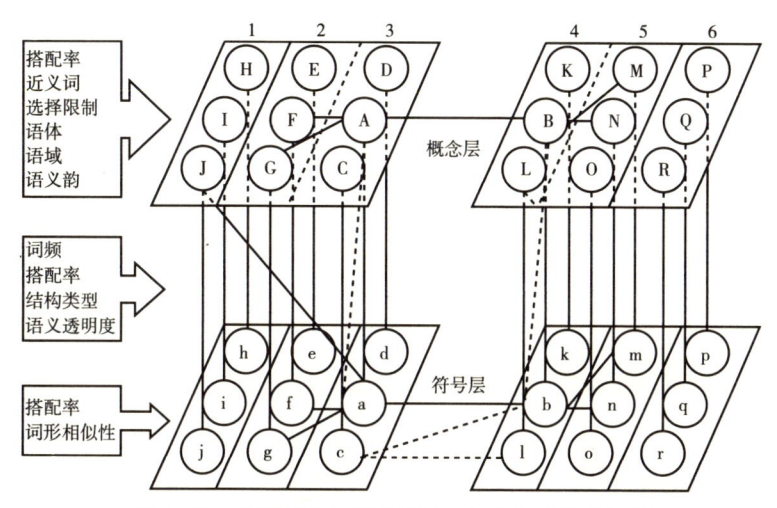

图 6-3　相关因素在搭配习得和加工中的作用机制

的相似度。字形 a 分别对应 A 和 J 两个概念。

那么"A + B"的习得过程和相关因素的影响机制如下。

（1）分别学会汉语中 A 概念对应的词形 a，B 概念对应的词形 b。这个过程中词频起到了关键作用，词频越高，概念和词形之间的联结越强。另外，近义词或形近词都会产生影响。能够明确区分近义词或形近词之间"概念 - 符号"的对应关系，会有利于近义词或形近词搭配的习得。

（2）建立 A 和 B 之间的搭配联结。对 A 和 B 的概念特征进行整合，形成一个更大的概念单位。这个过程会受学习者母语中对应搭配的影响，如果学习者母语中"A + B"这个语义的表达，其概念特征的整合与汉语完全相同，那么建立"A + B"的联结就比较容易，反之就比较难。比如，"喝水"和英语"drink water"的概念组合基本对等，英语母语者建立"喝"和"水"两个概念之间的搭配联结就比较容易。而"打篮球"和英语"play basketball"虽然都是动词概念和名词概念的组合，但两个动词并非完全对等的概念，英语母语者习得"打篮球"就相对较难。"吃食堂""吃父母""喝西北风"一类的语义整合在英语中则完全没有相似的,英语母语者更难习得。

(3)建立概念搭配和符号组合形式之间的联结。概念联结到符号组合形式的映射大致可以分两种情况:一是"概念-符号"直接映射,即符号组合形式与概念关系结构完全一致;二是"概念-符号"曲折映射,即符号组合形式与概念关系结构不完全一致。如概念组合为"A+B",对应的符号组合形式为"a+的/得+b"或"b+a",或者用"c+1""a+1""c+b"组合来表达"A+B"之意。当符号组合的形式与概念层面的组合关系一致时,习得相对比较容易,反之则比较难。这个过程中,搭配率、结构类型、语义透明度是决定难易度的关键因素。搭配率越高的搭配,学习者接触到的机会越多,概念之间的联结、符号之间的组合,以及概念组合与符号组合形式之间的联结得到强化的机会越多,目标搭配就越容易习得。同等条件下,概念组合与符号组合形式为直接映射的结构类型习得较容易,曲折映射的结构类型比较难。语义透明度高的搭配,通常为"概念-符号"直接映射的搭配,而语义透明度低的搭配通常为"概念-符号"曲折映射的搭配,自然前者习得较后者容易。这个过程中,学习者母语和已有汉语水平都会起到调节作用。如果某个汉语搭配的"概念-符号"映射模式与学习者母语中的一样,那么这个搭配就比较容易习得,反之则较难。同样,与母语相异或者"概念-符号"曲折映射的搭配,当学习者还未习得类似结构或映射模式的搭配时,习得就会比较难。当学习者有一定的汉语水平,已经习得了大量类似结构或映射模式的搭配时,其习得就变得容易了。另外,近义词或形近词的区分也是决定建立"概念-符号"联结难易度的重要因素。

A 的所有搭配知识的习得过程及相关因素的影响机制如下。(1)基本搭配范围的构建。通过习得 A 与语义类 4 中部分概念的搭配，学习者初步习得 A 相关搭配的组合规则以及大致的语义范围。基本可以避免 A 与范畴 6 中各个概念的错误搭配。但可能会将 A 的搭配范畴扩展到 5，在产出中就容易出现"A + M/N/O"一类偏误搭配。这个过程中搭配频率起主要作用，搭配频率越高的搭配，越容易习得。学习者的母语也起到很大的作用，如果学习者的母语中与 A 对应的概念，搭配范围与 A 相同或相近，那么 A 的搭配知识体系构建就比较容易，反之则比较难。

（2）搭配知识体系逐渐丰富，搭配范围逐渐清晰。通过习得更多 A 的搭配，以及不断接触已经学过的搭配，学习者心理词典中 A 的搭配特征的知识就越来越丰富，对其搭配的范畴边界也越来越清晰，逐渐将 A 的搭配范畴缩小到 4，在 4 和 5 之间建立起模糊的范畴边界，"A + M/N/O"类的偏误就会明显减少，但不能完全避免。其中，在习得"A + B"搭配之后，出现 A 与 B 的近义概念 M 和 N 的错误搭配的可能性还很高。另外，"A + K"的偏误搭配则会在较长时间内存在。这个阶段，搭配词的近义词数量及其与目标词的相似度、目标词的语义选择范围的大小及范围边界的清晰度是决定目标词搭配习得难易度的关键因素。通常近义词少、相似度低的情况下，目标词搭配知识体系的构建比较容易，反之则比较难。目标词的语体特征、语域和语义韵限制也起到重要的作用。如果目标词 A 没有明显的语体偏向或明显的语域和语义韵限制，那么其搭配知识体系的构建就相对较容易。但是随着水平的提高，语体特征、语域和语义韵限制的习得会加快语义选择范畴界限的清晰化进程。因为这个时候学习者可以根据词语的语体、语域或语义韵特征来判断其是否能与 A 搭配。很多情况下，其实根据语体、语域和语义韵特征排除搭配词要比依靠几乎穷尽的搭配输入来排除不符合搭配范围的词语要容易，也比根据细微的语义特征排除不符合的搭配词更容易。学习者母语在这个阶段仍然起到很大作用，如果学习者母语中与 A 对应的概念搭配范畴界限比较清晰，语体、语域和语义韵限制相似，A 的搭配范畴界限就容易构建，反之则比较难。

（3）搭配知识体系逐渐完善，搭配范围和语义特征限制清晰化。随着 A 搭配知识的积累，4 和 5 之间的界限开始变得清晰起来。基本可以避免"A + M/N"类的错误搭配，也可以避免一些"A + K"类的错误搭配。这个阶段搭配词的共现率有助于搭配词之间联结的强化，会对搭配知识的稳固性和搭配加工的效率起到重要的作用。母语的作用则逐渐弱化，甚至不再受母语的影响。

"A + B"搭配的理解过程及各因素的影响机制如下。①输入一个搭配的符号形式"a + b"之后，分别激活 a 和 b 在概念层的对应概念。这个过程中如果符号到概念是一对多的关系，就会激活多个概念。如 a 符号会激活 A 和 J。如果学习者习得过程中符号到概念的联结存在错误，那么还会激活其他错误联结的概念。a 和 b 的词频决定了这个过程中符号激活概念的速度和准确性。学习者母语与汉语的差异也会对概念的准确提取有影响，如果母语和汉语对应情况一样，提取的速度和准确性就比较高，反之则比较低。②对目标概念组合作出决策。在这一步，学习者需要对"a + b"的语义是"A + B"还是"J + B"或其他的概念组合作出决策。搭配率和语义透明度决定了决策的速度和准确性。搭配率越高，A 和 B 之间的联结越强，而 J 和 B 之间只有很弱的关联或者没有关联，学习者就会通过 B 到 A 的通路很快提取到"A + B"。如果在输入"a + b"时还提供了 a 和 b 的近义词，或者 a 和 b 的输入激活了它们的近义词，那么这些近义词的对应概念也会得到激活，而 A 的近义概念 F、G 与 B 之间没有直接的联结，B 的近义概念 M、N 与 A 之间也没有直接联结。因此，这些概念进一步的激活通路只有一条，即分别通过与 A 和 B 的关联通路，加强 A 和 B 及其联结通路的激活值，从而提高"A + B"的提取效率。近义词与目标搭配词语义越相近，与目标搭配词对应概念的联结越强,对 A 和 B 的激活值就越高,"A + B"的提取效率就越高。当 A 的近义概念能与 B 搭配时,或 B 的近义概念可与 A 搭配时,并且联结比 A 和 B 的联结更强,那么近义词对"A + B"的理解可能会产生一定的竞争。但"A"和"B"及其通路也同时得到更多激活,抵消之后竞争就会减弱。因此,近义词在搭配理解中主要起促进作用。

由于研究中只考察了视觉通路的搭配理解,而听觉通路的搭配理解还存在激活听觉信息的过程,然后直接从语音符号通达概念层还是先通过字形符号层,或者两条通路并进尚不清楚。但无论哪种情况,总体加工过程和相关因素的作用与视觉通路的理解加工原理应该大致相似,只不过后者的整个过程更复杂一些。当然,具体过程及相关因素的影响机制是否存在一定差异,还需进一步研究。

"A + B"搭配的产出过程及各因素的影响机制如下。

(1) 对要表达的语义进行分析,选定大致的组合范围。此时,A、F、G 和 B、M、N 都被圈定为待选的目标概念,近义词成员越多,激活的概念越多。这个过程中,这六个概念各自被激活的概率或激活水平由其所受的强化频率决定。得到较多强化的概念更容易被激活,激活水平也更高。如果 A 和 B 的频率较低,或其近义概念的频率比较高,那么 A 和 B 的激活概率或激活水平就比较低,在下一步的选择中选择错误概念进行组合的概率就很高。如果 A 和 B 中有一个概念的强化频率高于其近义词,那么这个概念在第一步就能确定,下一步只需要从相近概念中选出另一个概念,难度会降低,但也有可能选错。如果正好 A 和 B 都分别是各自近义家族中频率最高的,这一步就能直接选出目标概念组合。

(2) 在近义概念群中选出两个目标概念。这个过程中,如果目标概念的近义概念数量很多,且近似度很高,那么选择的难度越大,出错的概率也越高。如果上一步 A 和 B 中有一个概念已经确定，假如已经确定的是 A，那么这一步只需在 B、M、N 等相似概念群中选出 B。这时候如果 A 搭配知识体系已经比较完善，那么可以根据 A 在与其他词搭配时的语义选择限制、语体、语域和语义韵限制等信息排除 B 的干扰项，从而成功选出 B。如果上一步 A 和 B 都未确定，都受到目标概念很强的竞争，那么选择会变得很困难，无论是先选出一个，再根据其搭配知识体系来确定另一个，还是先两两配对再从无数对中进行筛选，都比较困难。当然，如果 A 和 B 的共现率非常高，二者联结比较强，而 A 的近义概念和 B 的近义概念之间联结都比较弱或没有联结，那么近义概念的干扰作用就会减小，选出 A 和 B 的难度就比较低。

（3）选出"A+B"对应的符号组合。如果是书面产出，这一步需要从符号层选出词形 a 和 b，并按规则组合成合法的形式。这时候，如果"概念–符号"的映射为直接映射，即"A+B"的符号组合形式是"a+b"，那么目标搭配形式的提取就比较容易，反之就比较难。这个过程中，相近的词形会对目标词形的提取产生干扰作用。如果学习者不能很好地区分相近的词形，或者概念和词形的对应不准确，就会提取到错误的符号组合形式。

搭配频率（即搭配本身的频率）在以上过程中都起重要作用，搭配频率的高低，决定目标概念之间的联结强度、概念与符号之间的联结强度，以及符号表征的联结强度。联结强度的增强会使每一步的决策都变得更容易，受其他干扰因素的影响也减小。母语和汉语水平也会调节每个缓解的加工难度，以及其他因素的作用大小。

同样，这里探讨的只是书面产出的情况。口语产出的"概念–符号"通路与书面产出有所不同，所以具体过程可能会有差异。但总体上也是概念到符号的加工过程，因此，主要因素的影响机制大概是相似的，未来的研究中将进一步对不同通路进行考察。

6.4 本章小结

本章根据前几章的实证研究结果,分别探讨了搭配习得难易度、搭配的理解和产出与相关因素之间的静态关系,以及相关因素在搭配习得和加工中的动态影响机制。

总的来看,搭配词及搭配本身的各种属性、学习者汉语水平和母语在搭配知识体系的各个层面、搭配习得的各个阶段产生了不同的作用。大部分因素只在知识体系的某个层面、在习得的特定阶段起关键作用。学习者汉语水平和母语则作用于搭配知识体系的各个层面,与搭配知识相互作用,但水平达到一定阶段以后,影响都会弱化;在习得的难易度上不会有太大影响,只作用于加工效率。而频率因素是穿插整个搭配知识体系、贯穿搭配习得始终的重要因素。在搭配习得的前期,频率促进概念层面的联结以及从概念到符号的联结,强化符号层面的组合规则,减小搭配的习得难度。当搭配知识体系逐渐完善以后,频率进一步起到保持和强化这些联结的作用,使其具有更高的通达性,决定搭配的加工策略和加工效率。

相关因素在搭配的输入和输出中作用也不一样。有些因素在理解和产出中起到了相似的作用,而有些因素在这两种加工过程中起到了几乎相反的作用,说明搭配的理解和产出通路是不同的。

第七章　搭配知识习得特点
　　　及相关思考

　　词语的搭配知识是一个很复杂的体系，从语言系统的角度看，搭配涉及语法结构、语义、语用等各个方面的知识。从心理词典中词汇知识体系的构建和运行机制角度来讲，搭配知识贯穿概念层和符号层的各个环节。既涉及概念与概念之间的联结、符号与符号之间的联结，又涉及概念与符号之间的联结。而这个多维的联结体系中，单位与单位之间的联结不是简单的一对一联结。每个层面内单位与单位之间存在直接的联结关系，也有间接的联结关系，有一对一、一对多、多对多等不同形式的联结。概念层与符号层之间，各个概念单位与符号单位的联结也存在这样的复杂关系。概念层面的联结模式与符号层面的联结模式也不尽相同，从概念层到符号层的联结与从符号层到概念层的联结也会存在差异。在搭配习得过程中，来自语言体系的各种属性、母语和目的语语言体系的差异、学习者已有的语言知识结构等都会影响目的语搭配的习得。由于搭配知识体系的各个方面是相互关联、相互影响的，相关影响因素在这个知识体系中的作用也必定是互相影响、互相牵制的状态。而从概念到符号的加工、从符号到概念的加工，也因联结通路的差异，致使两种加工的具体通路也不同，其受相关因素的影响自然也会存在差异。

　　本研究针对搭配知识体系这一特点，通过中介语语料分析和搭配的理解测试，考察了语际、语内、语外的各种因素对搭配习得难度的影响，并根据研究结果拟构了一个静态的关系模型和一个动态的影响机制模型，来解释各个因素之间的静态关系及动态关系的机制。

研究结果显示，频率因素，搭配的结构类型，语义层面的语义选择限制、语义透明度、搭配词的近义词，语用层面的语体特征、语域和语义韵限制等语言内因素，对搭配的习得都有不同程度的影响。学习者母语背景、汉语水平等也同这些因素相互影响，共同作用于搭配的习得。这些因素的作用最终体现在学习者搭配的理解和产出中。但是不同因素在理解和产出中的影响不尽相同，例如，在理解加工中，语义选择限制、语体、语域和语义韵等因素的作用比较弱，但在搭配产出中，这些因素都起到很重要的作用，特别是语义选择限制，对各类搭配的产出都有至关重要的作用。近义词数量和相似度等因素在搭配理解中通常起到优化理解的作用，而在产出中通过与目标搭配词的竞争阻碍搭配的产出效率（包括速度和准确性）。另外，各个因素在搭配理解和产出的不同方面、不同层次上产生的作用也不一样。例如在浅层的主观判断中，近义词没有显著的影响，但在深层次的理解加工中，近义词的作用就非常明显。第六章中拟构的两个模型基本可以解释因素之间的主要关系，及其相互之间的影响机制。各部分研究中发现的一些具体现象，也得到了比较合理的解释。

7.1 词语搭配知识习得和加工的特点

7.1.1 二语搭配知识体系的发展特点

二语搭配知识体系最初是依附于母语搭配知识体系，重新调整概念层面的联结，并重新建立概念层面和符号层面的全新联结的过程。最初主要受母语迁移影响，当二语知识达到一定水平之后，对目的语搭配本身的属性依赖增强，将母语知识和目的语搭配知识结合起来，进一步调整搭配知识体系内部的联结关系。这个阶段，目的语搭配知识的不足和规则的过度类推，都会引起错误的调整。当语义选择限制等最重要的搭配知识逐渐完善之后，对母语和目的语规则的依赖逐渐减小，逐渐形成一个多维度知识相互联结的知识体系。

7.1.2 与母语搭配习得和加工的差异

二语搭配习得和加工同母语搭配习得和加工也存在很大差异。首先，最大的区别是二语搭配习得和加工受其母语的影响，而母语习得的过程没有这种语际因素的影响。除此之外，习得和加工过程受相关因素的影响也不尽相同，习得的结果也不同。

从习得过程来看，母语搭配习得是构建一个全新的搭配知识体系的过程，主要靠正确的输入和产出完成，搭配语义选择限制、语用特征等方面的知识主要靠大量的输入逐渐丰富起来。因此，母语搭配习得主要依赖频率因素，不断地调整概念之间和特征之间联结关系的过程。而二语搭配的习得，是在已有搭配知识体系（学习者母语搭配知识体系）的基础上，重新构建概念联结、符号联结、概念与符号联结的过程。学习者更多地依靠规则类推，根据有限的案例输入来推测相关的联结，并借助错误产出得到的纠正反馈不断调整。因此，二语搭配习得受结构类型、语义透明度、成分的近义词等因素的影响要远大于母语者。

从习得结果来看，母语者最终能构建起完整的、比较稳定的搭配知识体系，在这个知识体系中，搭配范畴的界限、特征的整合等都是很清晰的。而二语学习者最终只能建立起一个相对完整的搭配知识体系，搭配范畴的界限、特征的整合相对模糊。

从搭配加工的差异来看，由于母语者搭配知识之间的联结比较稳定，且联结强度较高，因此在搭配理解中对近义词的依赖较小，可以直接靠符号层面的联结激活概念层面的联结，或者只需靠一个成分的符号就能激活整个搭配。而二语学习者很难达到这样高的加工效率，不但需要通过两个成分的符号到概念的联结通路，还依赖近义词的通路增强概念层的联结。在搭配的产出中，母语者可以依靠清晰的语义选择限制和语用特征知识快速激活目标概念组合，并直接快速通往符号层面的符号组合高效地输出正确的搭配。而二语学习者由于对语义选择限制、语用特征的掌握没有母语者好，很难快速地作出决策，同时还受母语的影响。因此，从加工的时效上看，母语搭配加工表现出类似整体加工的过程，而二语者更多的是分解的加工。实际上，虽然加工通路上存在差异，但母语加工本质上也不是整体存取，只不过加工效率非常高，表现在反应时上比较像整块加工。因此，我们推测，二语搭配加工和母语搭配加工本质上的区别是依赖的通路数量和通达速度上的差异，但具体存在多大程度的差异，还需进一步的实验研究加以验证。

7.2 二语知识体系的理论思考

7.2.1 词汇知识的体系性特点与词汇习得

对搭配习得相关因素及其影响机制的研究，深化了我们对词汇知识体系的认识。一个词的知识体系不是简单的音、形、义的加和，而是语言体系各个平面（语法、语义、语用）的特征体系及其在心理词典概念层、符号层等不同平面的联结关系的综合。搭配知识只是这个体系中的一个组成部分，还有单个词语与其特征之间的联结关系、词语优势句法框架等，也是词汇知识体系的重要组成部分。在这个大的词汇知识体系中，不同层级单位之间的关系非常重要。以往对搭配习得的研究，大多数以整个搭配为研究对象，很少涉及搭配成分与整个搭配之间的关系，以及语素层面。但在汉语搭配中，我们发现语素在二语搭配加工中也产生了作用。证据是语义相似度相同的两个近义词、与目标词有相同语素的近义词对目标词的搭配加工产生的影响大于与目标词没有相同语素的近义词。

由此可见，词语的学习不是孤立的，要与其他词语放在一起处理，甚至要与相关句法等一起处理。通过整合词与词之间的聚类关系、联结关系、适用的句法框架、使用场合等信息，使词汇特征逐渐丰富，最后建立起比较完善的词汇知识体系。其他层级语言单位的知识体系亦如此。

7.2.2 二语知识体系与二语习得

本研究只考察了二语知识体系的一部分，实际上整个二语习得的过程就是构建二语知识体系的过程。正如 Ellis 和 Wulff（2008）所言，二语习得是目的语知识在学习者认知学习机制和目的语输入的交互作用下形成的一个复杂的适应性体系。我们的研究通过观察搭配知识体系的发展机制，从某种程度上也看到了二语知识体系发展过程的大致特点。因为我们所考察的搭配知识体系涉及语法、语义、语用等语言体系的各个层面，从认知上讲又涉及概念、符号等不同层面的同类联结、跨类联结、上下位联结，包括单位之间的组合关系和聚合关系等一系列的相关知识。因此，可以将二语搭配知识体系的构建过程看作整个二语知识体系构建过程的一个缩影。其与语内、语际、语外多维因素的相互作用机制，反映了二语知识体系的发展特点：二语知识体系的构建过程是随着目的语的输入，在目的语属性、学习者母语的影响及社会环境等因素的共同作用下，不断建立和调整各类语言特征之间联结关系的过程。在这个过程中，特征的不断丰富、局部联结关系的显著变化，都会在不同程度上致使整个知识体系发生变化。

已有习得研究的相关理论，包括多元发展模式，思维适应性模型、信息加工模型、竞争模型等二语习得的认知模型，以及基于使用的二语习得理论都强调了二语知识体系的一些重要方面，还有一些方面有待丰富。例如，多元发展模式理论分出二语学习者语言发展的不同阶段、不同维度和不同的加工策略，关注到了二语知识体系发展的过程特点和多维特点，但它将语言发展维度和学习者个体差异维度割裂开来看，似乎这是两个不相关的维度。然而，根据我们对搭配知识体系的发展及其与各个因素之间的关系来看，虽然目的语本身的一些重要属性在某种程度上能够独立于其他因素来决定习得的难易度，但它们并不完全独立于语际和语外因素。比如我们考察的搭配结构类型、搭配成分的近义词等因素，虽然存在普遍的影响（对不同母语背景和不同水平学习者都有影响），但具体对不同母语背景、不同语言水平的学习者的影响还是存在一定差异的。在二语知识体系的发展过程中，语内、语际、语外不同维度的因素是很难完全割裂开来看的。

对二语知识体系的看法不同，理解的二语习得过程也不同。二语习得的思维适应性模型将二语知识分为陈述性知识和程序性知识，信息加工模型将二语知识分为外显知识和内隐知识。这样不利于将各类语言知识放在一个相关的体系里去考察，很难深入观察学习者语言知识体系的发展过程。

基于使用的二语习得理论则主要强调了知识体系中的联结关系，但只涉及知识体系的一些层面，只关注形式与意义或功能之间的关联。而二语知识体系包含的维度和联结关系远比这复杂。比如，在搭配知识体系的发展过程中，我们观察到了形式与形式的联结关系、概念与概念的联结关系、概念与形式的联结关系之间也会相互影响,整个搭配知识体系涉及不同类型、不同层面的复杂联结。

因此,在考察二语知识体系的过程中,应以更加体系化的视野,将不同维度的因素放在相互联结的动态关系网络中来考察。

7.3 成果的应用

7.3.1 搭配习得难度预测

从研究得到的结果及其适用的模型来看,通过个别的因素对搭配理解或产出的影响来断定其对搭配习得的作用,甚至以此来推断搭配的习得难度,这是比较片面的,难度预测的适用广度(适用的搭配范围)和准确性自然也大打折扣。比如单从语义透明度区分搭配习得的难易度,只适用于区分频率、结构、语义和语用限制等都相同的搭配。

从我们的研究结果来看,已有研究发现的影响因素都可以作为预测汉语搭配习得难度的指标,比如大量外语相关研究证实的母语因素(如 Bahns & Eldaw, 1993; Granger, 1998b; Nesselhauf, 2003, 2005; Wolter & Gyllstad, 2011, 2013; Wolter & Yamashita, 2015)、频率因素(Durrant & Schmitt, 2010; Durrant & Doherty, 2010)、语义透明度(如, Barfield, 2003)、语言水平(Gyllstad, 2007)等,在汉语搭配习得中也是很重要的影响因素。但除此之外,还有结构类型、近义词、语体、语域、语义韵等也是影响汉语搭配习得的重要因素,并且各个因素之间存在复杂的相关。因此,如果要准确地预测各类搭配的习得难度,需要以系统化的视角,抟清相关变量之间的复杂关系,作出综合的评估。当然,最理想的状态是,能够确定各个因素之间的具体关系系数,进而得出计算习得难度值的方程式,即把难度量化。那么,当给定一个搭配,标出该搭配的相关属性以后，就可以根据不同水平和母语背景的学习者，计算出不同学习者习得该搭配的具体难度。这是我们进一步的研究努力的目标。

7.3.2 二语习得难度评测

不只搭配习得难度评测需要放在知识体系中去实现，各类语言项目的习得亦如此。我们不能简单复制以往对语言习得难度的各种预测方法，如综述中介绍的基于对比分析理论的预测方法、基于普遍语法理论的预测方法只靠语言差异指标进行预测；基于语言属性的预测方法，只靠部分关键的语言属性进行预测；基于学习者理解和产出中某些方面的表现进行预测等都忽略了语言知识的系统性及相关因素的系统性影响机制，最终都被指出存在预测不准或适用范围有限等问题。因此，在词汇习得研究，以及词汇教学过程中，都应以系统化的视角去处理相关问题。对于某个语言单位的处理，除了要考虑其与同级单位之间的关系，还要考虑其分别与上一层单位和下一层单位的关系，以便在抓好关键内容的同时，避免片面地强调某一方面的知识，而掩盖了其他知识在知识体系中的作用。对某个语言单位习得难度的预测，也要以系统化的思想，在捋清因素间关系的基础上进行。

7.3.3 二语水平和习得能力诊断

搭配知识体系涉及句法、语义、语用等各个层面的知识，能否很好地掌握目的语搭配，在很大程度上体现出了学习者的二语习得能力。我们知道，在具备词库资源和掌握一定的语法规则之后，假以时日，二语学习者一般都能够产出大量合法的句子，但在语言表达的地道性方面，与母语者相比仍然有很大的差距，尤其是在搭配的使用上。从这个角度来看，二语搭配能力是体现二语习得能力一个非常重要的指标。

那么,如果我们在本研究的基础上,实现搭配习得难度的评测,利用不同难度的搭配来评测学习者的搭配能力,或者根据我们的模型,对学习者不同层面搭配知识进行评测,就能够在某种程度上测出二语学习者已有的二语水平和二语习得能力。

当然,这还需要进一步通过实证研究考察搭配能力与整体语言能力的相关性,以确定搭配能力在多大程度上能够预测到学习者的二语习得能力。但是,从目前观察到的二语搭配知识发展情况来看,搭配能力能够作为预测二语习得能力的重要指标之一是肯定的。

第八章 结语

本研究分别通过中介语语料分析和搭配理解测试，系统地考察了语际、语内、语外多种因素对搭配习得的影响，并通过模型探讨了如何以这些因素作为指标较准确地预测搭配习得难度。研究得到的主要结论如下。

（1）学习者的母语、汉语水平、搭配及其成分本身的属性相互作用，共同决定了搭配习得的难易度。其中，搭配及其成分本身的属性是预测搭配习得难度最重要的指标。

（2）搭配及其成分本身的属性包括搭配词的频率、共现率，搭配的结构类型，搭配词的近义词数量及其与近义词的语义相似度、词形相似性，语义选择限制，搭配的语义透明度，语域和语义韵限制等。其中，频率、近义词、语义选择限制是最重要的影响因素。

（3）各个因素在搭配知识体系的不同层面起到不同的作用，在搭配习得的各个阶段起到不同的作用，并且表现在理解和产出的不同环节、不同层面。其中，频率因素涉及搭配知识体系的各个层面，并且贯穿搭配习得的始终。母语和汉语水平两个因素主要通过与其他因素的相互作用，影响搭配的习得和加工。

（4）各个因素之间存在复杂的相关，在搭配的习得过程中相互影响，互相牵制，共同影响搭配的习得。

（5）搭配的理解和产出通路不同，受各个因素的影响存在很大差异。在搭配理解过程中，主要起作用的是母语、汉语水平、搭配的频率因素、语义透明度和近义词。在搭配的产出中，除了这几个因素，语义选择限制、语体、语域和语义韵都是重要的影响因素，尤其是语义选择限制因素。其中，近义词在理解和产出中起到了不同的作用，通常在理解中起到优化作用，在产出中起到阻碍作用。

关于搭配习得机制和难度，研究中还有很多需要改进的地方，以及进一步考察的问题。

（1）如果能将中介语语料的搭配分布与母语者语料进行对比，可能会观察到更多规律，也会得到更好的结果。但目前没有找到题材、篇幅等比较匹配的平行语料。所以中介语语料的分析缺乏母语的对照，这是下一步研究首先要解决的问题。

（2）本研究所使用的中介语语料数量尚显不足，水平的分布也不够理想。研究采用人工穷尽提取语料的方法，好处是可以准确地提取到中介语语料中的所有正确和偏误搭配（如果用计算机程序自动提取，则很难准确提取到偏误搭配，也很难穷尽地提取到所有正确搭配，因为中介语语料中不规范的地方很多），得到的搭配数据比较准确，但费时费力的缺点也是显而易见的。最终只能选择增加提取的准确性，而放弃大数据的统计优势。另外，语料的水平分布不太均衡，而且总体水平偏低，大部分只有中级水平，少量为高级偏下的水平。搭配理解的研究也遇到了高级水平被试数量偏少的问题，这在很大程度上限制了对搭配发展的观察。

（3）因素之间的具体关系还需要进一步考察。由于被试的数量和水平的局限，很难将母语背景、汉语水平等因素与其他因素结合起来进行多因素的统计分析。被试水平普遍偏低，导致无法考察频率因素与其他因素的交互关系。为了保证考察到的确实是搭配知识，需要保证被试都认识目标搭配词，所以理解测试中选用的材料大多数在甲级词的范围内，还有少量乙级词，都是频率相对比较高的词语，考察的搭配也基本为较高频率的搭配。希望在进一步的研究中，可以找到更多高水平的被试，进一步观察水平因素、频率因素与其他因素的交互关系。

（4）搭配成分与其他词语的关系对搭配习得和加工的影响也是值得进一步考察的问题。研究中只考察了不同词形和语义相似度的近义词对搭配习得和加工的影响，其他同类词，例如句法功能相同的词、同类范畴的词等，这些家族成员之间的关系是否影响搭配的习得，还不得而知。

如果能尽量克服以上局限，进一步挖掘各个因素之间的具体关系，能将第七章拟构的静态模型之间的关系细化，并计算出具体的关系系数，就能实现搭配习得难度的自动评测。这将对搭配教学材料的编排、学习型搭配词典的编纂等都有很重要的贡献。对搭配教学也有很好的指导作用，甚至可以应用到汉语学习者作文自动评分、教学材料和分级读物的文本难度自动评测等领域。

附　录

附录1　主观评测量表

	○这个短语中有些字我不认识	○我知道这个短语中的所有汉字，但我不知道短语的意思	○我大概知道这个短语的意思	○我知道这个短语的意思，但不知道怎么在句子中使用	○我知道怎么在句子中用这个短语
天气晴朗					
重新开始					
戴脏了					
科学的观点					
白浪费					
参观学校					
表现出色					
乱写					
最初的打算					
压力大					
掉颜色					
速度快					
打算休息					
准备学习					
剧烈运动					
课文复习了					
数学成绩					
立刻安静					
知道关心					
摔坏了					
好看得很					

续表

	○这个短语中有些字我不认识	○我知道这个短语中的所有汉字,但我不知道短语的意思	○我大概知道这个短语的意思	○我知道这个短语的意思,但不知道怎么在句子中使用	○我知道怎么在句子中用这个短语
医生(很)负责					
比赛结束					
做运动					
语音质量					
时间范围					
方便别人					
随时欢迎					
时间的变化					
出现得突然					
住得满意					
打得漂亮					
安排好了					
方法简单					
发生变化					
安静的教室					
容易出现					
发现得晚					
规律的生活					
真舒服					
吃光了					
保持健康					
基本合适					
互相了解					
服务工作					
需要帮助					
觉得复杂					
照顾病人					
得到提高					
看哭了					
帽子丢了					
文化程度					
错误的认识					
变化得快					
关系复杂					
解释清楚					

续表

	○这个短语中有些字我不认识	○我知道这个短语中的所有汉字,但我不知道短语的意思	○我大概知道这个短语的意思	○我知道这个短语的意思,但不知道怎么在句子中使用	○我知道怎么在句子中用这个短语
的确可爱					
清楚地表示					
将来的打算					
重要的变化					
表示感谢					
高兴坏了					
摆得整齐					
友好访问					
负责的精神					
锻炼身体					
制作精美					
坚持参加					
竞争激烈					
思想发展					
参加的学生					
说出来					
复习得快					
全体参加					
挺轻松					
衣服暖和					
学得好					
计划取消					
节目效果					
道理简单					
心情紧张					
高兴的时候					
特别方便					
忘记目标					
电脑卖了					
问题解决了					
苹果好吃					
新鲜水果					
全部负责					
喜欢干净					
丢工作					

续表

	○这个短语中有些字我不认识	○我知道这个短语中的所有汉字,但我不知道短语的意思	○我大概知道这个短语的意思	○我知道这个短语的意思,但不知道怎么在句子中使用	○我知道怎么在句子中用这个短语
万分紧急					
发展水平					
长远的计划					
到处看					
愤怒极了					
更加漂亮					
容易紧张					
情况改变					
告别亲人					

附录 2　理解测试问卷

个人信息

姓名：_____

您是哪国人？_____

您的第一语言是：_____

您使用的时间最长的语言是：_____

您学习汉语多长时间了？_____

您参加过 HSK 考试吗？

○没参加过　○没通过　○3 级　○4 级　○5 级　○6 级

一、请您快速判断下面句子中划"＿＿"的短语或词语配对是否正确。

1. 我每天花 1 个小时**做作业**。

　○对　　　　　○错

2. 昨天老师带我们**参观**了学校的实验**设备**。
   ○对　　　　　　○错

3. 我们应该好好**培养父母**。
   ○对　　　　　　○错

4. 我的理想是**当医生**。
   ○对　　　　　　○错

5. 我家离学校很远，所以有事情的时候我**吩咐老师**帮助我。
   ○对　　　　　　○错

6. 我明天要去**访问哥哥**。
   ○对　　　　　　○错

7. 在北京上学的时候，我们俩**当**了**同屋**。
   ○对　　　　　　○错

8. 去年中国代表团**访问**了很多**国家**。
   ○对　　　　　　○错

9. 上星期我们去了一个小学，**参观**了他们的**英语课**。
   ○对　　　　　　○错

10. 他**创造**了世界**纪录**。
    ○对　　　　　　○错

11. 老师今天**表扬**了认真完成作业的**学生**。
    ○对　　　　　　○错

12. 请你**介绍**一下你跟好朋友的**感情**。
    ○对　　　　　　○错

13. 工作和学习的压力**减少**了他的**幸福**。
    ○对　　　　　　○错

14. 我们要学会**爱护长辈**。
    ○对　　　　　　○错

15. 周末，我有时候看书，有时候**做**各种**爱好**。
   ○对　　　　　　○错

16. 我喜欢**吃**各种各样的**味道**。
   ○对　　　　　　○错

17. 你要好好**解决**自己的**幸福**。
   ○对　　　　　　○错

18. "等我们离开布托的土地，要叫醒我。"将军不耐烦地**吩咐司机**。
   ○对　　　　　　○错

19. 那个国家的人民**派**他们的**总统**去访问中国。
   ○对　　　　　　○错

20. 政府经常给穷人**提供帮助**。
   ○对　　　　　　○错

21. 这个月把钱花完了，下个月就只能**喝西北风**了。
   ○对　　　　　　○错

22. 为了**当重点学校**，我们校长和老师们都非常努力。
   ○对　　　　　　○错

23. 我们一边吃烤肉一边**喝啤酒**。
   ○对　　　　　　○错

24. 请你**通知**你的**同学**下午2点在学校门口上车。
   ○对　　　　　　○错

25. 他这几天努力学习只是**做样子**给父母看。
   ○对　　　　　　○错

26. 你确定这样做可以**减少损失**吗？
   ○对　　　　　　○错

27. 请你多检查几遍，尽量**避免错误**。
   ○对　　　　　　○错

28. 在这里，你可以**发挥**你的**优势**。
    ○对　　　　　　○错
29. 我在北京**吃**了很多**污染**。
    ○对　　　　　　○错
30. 他经常**表扬**上级**领导**，所以领导们都很喜欢他。
    ○对　　　　　　○错
31. 学生们都很**尊敬老师**。
    ○对　　　　　　○错
32. 我喜欢**喝**各种各样的**液体**，比如啤酒、果汁、汽水等。
    ○对　　　　　　○错
33. 早上，公园里有很多老人在**做太极拳**。
    ○对　　　　　　○错
34. 要多**吃营养**，多锻炼身体，才能保持健康。
    ○对　　　　　　○错
35. 想要身体健康，就要天天锻炼身体，**喝**健康的**饮食**。
    ○对　　　　　　○错
36. 他终于**得到**了出国的**机会**。
    ○对　　　　　　○错
37. 老师给我们**介绍**了很多**道理**。
    ○对　　　　　　○错
38. 他遇到什么事情，都想到不好的方面，所以他**避免**了很多**快乐**。
    ○对　　　　　　○错
39. 这对父母很**尊敬**自己的**孩子**。
    ○对　　　　　　○错
40. 我今天不想**吃食堂**了，我们去外面吃吧。
    ○对　　　　　　○错

41. 为了不让父母**实现失望**,他每天都努力地学习。
   ○对　　　　　　○错
42. 天气变化的时候很容易**得到感冒**。
   ○对　　　　　　○错
43. 那位老师不但有很多知识,而且知道怎么**培养学生**。
   ○对　　　　　　○错
44. 请你**介绍**一下你的**主意**。
   ○对　　　　　　○错
45. 上周末我**参观**了朋友的**家庭**。
   ○对　　　　　　○错
46. 他这个星期迟到了两次,**获得**了老师的**批评**。
   ○对　　　　　　○错
47. 他现在才明白,他是被找来**当替罪羊**的。
   ○对　　　　　　○错
48. 恐怖分子(terrorists)**创造**了很多**战争**。
   ○对　　　　　　○错
49. 他下周要去**拜访**一位**作家**。
   ○对　　　　　　○错
50. 这件事情很重要,我们赶快**通知领导**吧。
   ○对　　　　　　○错
51. 这个周末老师要带我们去**参观博物馆**。
   ○对　　　　　　○错
52. 虽然工作很忙,但他每周都会去**拜访父母**。
   ○对　　　　　　○错
53. 我还没想好毕业以后**当**什么**工作**。
   ○对　　　　　　○错
54. 我喜欢早上早点儿起来,去外面跑跑步,**喝**点儿**新鲜空气**。

○对　　　　　　○错

55. 这件事情给我**提供**了很多**烦恼**。

○对　　　　　　○错

56. 爸爸妈妈从小教育我要**孝敬老人**。

○对　　　　　　○错

57. 他知道怎么**爱护孩子**，但不知道怎么教育孩子。

○对　　　　　　○错

58. 我要努力**做工作**，挣很多钱，然后到世界各地旅游。

○对　　　　　　○错

59. 领导对他特别好，他去出差的时候，领导还**派**自己的**司机**去送他。

○对　　　　　　○错

60. 她终于有机会好好**发挥想法**了。

○对　　　　　　○错

61. 他是一个好男人，非常**孝敬**自己的**妻子**。

○对　　　　　　○错

62. 中国人很喜欢**吃饺子**。

○对　　　　　　○错

63. 他有很多朋友，他们经常给他**介绍生意**，所以他的公司发展得很快。

○对　　　　　　○错

64. 他终于**实现**了自己的**愿望**。

○对　　　　　　○错

65. 我会想尽快**解决**这些**问题**。

○对　　　　　　○错

66. 通过这段时间的学习，我**获得**了很多**知识**。

○对　　　　　　○错

67. 开学第一天，我们**参观**了学校的各种**情况**。

○ 对   ○ 错

68. 我给大家**介绍**一下我最好的**朋友**。

○ 对   ○ 错

二、请从两个选项中选出最适合填入"＿＿＿＿＿"的一项。

1. 你知道动物园的工作人员怎么＿＿＿＿＿动物吗？

○ A. 练习   ○ B. 训练

2. 她一直＿＿＿＿＿乐观的态度。

○ A. 保持   ○ B. 保护

3. 全班同学都没有完成＿＿＿＿＿，老师很生气。

○ A. 任务   ○ B. 责任

4. 父母的教育方式会直接＿＿＿＿＿孩子的发展。

○ A. 影响   ○ B. 打扰

5. 我和好朋友认识很多年了，我们的＿＿＿＿＿很深。

○ A. 关系   ○ B. 感情

6. 老人适合住在人少的地方，因为他们比较喜欢＿＿＿＿＿。

○ A. 安静   ○ B. 平静

7. 中国的饮食＿＿＿＿＿跟西方国家不一样。

○ A. 文明   ○ B. 文化

8. 夏天细菌比较多，吃东西要注意＿＿＿＿＿，否则很容易生病。

○ A. 干净   ○ B. 卫生

9. 她从小养成了＿＿＿＿＿眼睛的好习惯，所以她的视力一直很好。

○ A. 关心   ○ B. 爱护

10. 听到这个好消息，她心情很＿＿＿＿＿。

○ A. 高兴   ○ B. 激动

11. 这次比赛大家_____得很好,老师非常高兴。
    ○A. 表现   ○B. 表示

12. 我们明天再_____这个问题。
    ○A. 议论   ○B. 讨论

13. 他设计的这个广告不符合_____,需要重新设计。
    ○A. 请求   ○B. 要求

14. 他们不是真正的朋友,他们只是互相_____而已。
    ○A. 使用   ○B. 利用

15. 我们很长_____没见面了。
    ○A. 时间   ○B. 时候

16. 乡村的_____很舒服。
    ○A. 生活   ○B. 活动

17. 我在中国留学期间去过很多_____。
    ○A. 地点   ○B. 地方

18. 听到那个消息,他彻底_____了。
    ○A. 失望   ○B. 难过

19. 为了考上最好的大学,她每天都特别_____地学习。
    ○A. 认真   ○B. 细心

20. 在那个地方,发生那样的事情也很_____。
    ○A. 经常   ○B. 平常

21. 个人的_____离不开国家和社会的发展。
    ○A. 生长   ○B. 成长

22. 他一直没有得到_____的答案。
    ○A. 满意   ○B. 高兴

23. 考试之前不要给孩子_____压力。
    ○A. 增长   ○B. 增加

24. 他很聪明,很快就掌握了操作这个机器的_____方法。

○ A. 基本　　　　○ B. 基础

25. 你可以在开会的时候提出你的_____。

○ A. 观点　　　　○ B. 思想

26. 晚会_____以后我们一起回去吧。

○ A. 完　　　　　○ B. 结束

27. 你要去_____晚会吗？

○ A. 参观　　　　○ B. 参加

28. 我们应该先对各种情况进行_____，然后再做出结论。

○ A. 知道　　　　○ B. 了解

29. 这儿的风景太美了！如果有一个画家把它画_____就好了。

○ A. 出来　　　　○ B. 起来

30. 我小时候许下的_____都已经实现了。

○ A. 愿望　　　　○ B. 理想

31. 如果你常常以_____的眼光看待别人，你自己也会变得很美好。

○ A. 喜欢　　　　○ B. 欣赏

32. 为了保持健康，她始终坚持_____的生活。

○ A. 规则　　　　○ B. 规律

33. 这么_____的道理，他竟然不懂。

○ A. 简单　　　　○ B. 容易

34. 他完全没想到这场战争的_____是这样的。

○ A. 结果　　　　○ B. 结论

35. 他经常撒谎，所以现在_____人都不相信他说的话。

○ A. 所有　　　　○ B. 全部

36. 关于这个问题，已经有很多的_____成果。

○ A. 调查　　　　○ B. 研究

37. 每个人都应该自觉_____法律和道德。

　　○A. 尊敬　　　　　○B. 遵守

38. 这道题没有标准_____，你只要说清楚自己的观点就可以了。

　　○A. 结论　　　　　○B. 答案

39. 得这种病的人都会出现行为_____。

　　○A. 特殊　　　　　○B. 异常

40. _____人民是平凡的，但也是伟大的，他们用自己的双手创造了幸福的生活。

　　○A. 工作　　　　　○B. 劳动

参考文献

常敬宇：1990，《语义在词语搭配中的作用——兼谈词语搭配中的语义关系》，《汉语学习》第 6 期。

陈昌来、胡建锋：2003，《带受事成分的不及物动词考察》，《语文教学与研究》第 3 期。

陈平：1994，《试论汉语中三种句子成分与语义成分的配位原则》，《中国语文》第 3 期。

陈小荷：1997，《"汉语中介语语料库系统"介绍》，载《第五届国际汉语教学讨论会论文选》，北京大学出版社。

陈小荷：1999，《动宾组合的自动获取与标注》，《计算语言学文集（全国第五届计算语言学联合学术会议论文集）》，清华大学出版社。

陈小明：1995，《方式宾语初探》，《天津师范大学学报》（社会科学版）第 2 期。

程月：2008，《现代汉语动宾搭配多角度考察及其自动识别》，南京师范大学硕士学位论文。

程月、陈小荷：2009，《基于条件随机场的汉语动宾搭配自动识别》，《中文信息学报》第 1 期。

程月、陈小荷、李斌：2007，《基于义类信息的动宾搭配的考察与实验》，载《中国计算技术与语言问题研究——第七届中文信息处理国际会议论文集》，电子工业出版社。

崔刚、柳鑫淼、杨莉：2016，《动态系统理论视角下的英语学习者个体差异研究》，清华大学出版社。

戴连云：2005，《词语搭配变异及其修辞功能》，《通化师范学院学报》第 1 期。

邓耀臣：2003，《词语搭配研究中的统计方法》，《大连海事大学学报》（社会科学版）第 4 期。

丁声树：1961，《现代汉语语法讲话》，商务印书馆。

端木三：1999，《重音理论和汉语的词长选择》，《中国语文》第 4 期。

封颖：2015，《交际文化视角下留学生汉语文化词语习得难度分析》，《现代语文（学术综合版）》第 12 期。

冯广艺：1990，《超常搭配与修辞格》，《湖北师范学院学报》（哲学社会科学版）第 3 期。

冯奇：2006，《核心句数范畴词语搭配的语义制约》，《上海大学学报》第 6 期。

冯奇：2007，《核心句的词语搭配研究》，复旦大学出版社。

冯胜利：1998，《论汉语的"自然音步"》，《中国语文》第 1 期。

冯胜利：2010，《论语体的机制及其语法属性》，《中国语文》第 5 期。

冯志伟：1990，《汉语句子描述中的复杂特征》，《中文信息学报》第 3 期。

符淮青：1996，《词义的分析和描写》，语文出版社。

符淮青：2004，《词典学词汇学语义学文集》，商务印书馆。

付娜：2010，《外向型汉语学习词典配例中搭配信息的呈现原则及实现条件》，《辞书研究》第 5 期。

高建忠：2000，《汉语动宾搭配的自动识别研究》，北京语言文化大学硕士学位论文。

高云莉、方琰：2001，《浅谈汉语宾语的语义类别问题》，《语言教学与研究》第 6 期。

郝瑜鑫：2013，《汉语学习词典语法信息的呈现原则与实现条件》，《西华大学学报》（哲学社会科学版）第 6 期。

郝瑜鑫：2016，《外国学生汉语学习型搭配词典需求研究》，《世界华文教学》第 1 期。

郝瑜鑫：2017，《汉语同语义类动词搭配研究——第二语言教学视角》，社会科学文献出版社。

郝瑜鑫、徐婷婷：2017，《汉语搭配词典存在的问题及应对策略研究》，《辞书研究》第 1 期。

何清强：2014，《语义关系与汉语动宾结构的习得顺序》，《汉语学习》第 3 期。

洪炜：2016，《近义词五种差异类型的习得难度考察》，《华文教学与研究》第 2 期。

洪炜、赵新：2014，《不同类型汉语近义词习得难度考察》，《汉语学习》第 1 期。

胡韧奋、肖航：2019，《面向二语教学的汉语搭配知识库构建及其应用研究》，《语言文字应用》第 1 期。

胡裕树：1962，《现代汉语》，上海教育出版社。

黄贤淑：2016，《汉泰空间形容词词汇知识体系对比研究——以"高、低、矮"与"สูง、ต่ำ、เตี้ย"为例》，北京语言大学博士学位论文。

贾晓东：2008，《汉语动宾搭配识别研究》，大连理工大学硕士学位论文。

蒋本蓉：2010，《"词汇函数"理论与汉语搭配词典》，《辞书研究》第 1 期。

金多荣：2014，《基于语料库的汉韩"获得类"动词动宾搭配研究》,山东大学博士学位论文。

金贤珠:2012,《韩国留学生汉语动宾搭配习得情况分析及教学对策——以中高级水平的韩国学生为主》,山东师范大学硕士学位论文。

金兆梓:1983,《国文法之研究》,商务印书馆。

雷立娜:2008,《常用双音节形容词与其后置名词搭配研究》,北京师范大学硕士学位论文。

李斌:2011a,《动宾搭配的语义分析和计算》,世界图书出版公司。

李斌:2011b,《词语搭配及动宾搭配研究述评》,《南京师范大学文学院学报》第4期。

李芬芬:2008,《留学生甲级形容词句法功能的统计分析》,北京语言大学硕士学位论文。

李晋霞:2008,《现代汉语动词直接做定语研究》,商务印书馆。

李临定:1983,《宾语使用情况考察》,《语文研究》第2期。

李梅秀:2017,《中高级韩国学习者口语产出中动宾搭配的自然度考察,载王瑞烽、邢红兵主编《汉语进修教育研究(第一辑)》,中国书籍出版社。

李梅秀:2018,《中高级韩国学习者口语产出中"A+N"类形名搭配的偏误类型及自然度考察》,《汉语国际教育学报》第3辑。

李平:2002,《语言习得的联结主义模式》,《当代语言学》第3期。

李强:2017,《从生成词库论看汉语动宾结构及其语义转喻》,《语言教学与研究》第6期。

李守纪:2016,《美国留学生词语搭配的偏误分析及其对词语教学的启示》,《汉语教学研究》第1期。

李姝雯、邢红兵、舒华:2016,《小学生写作能力发展常模研究》,《语言文字应用》第3期,第50~60页。

李文丹:2010,《书面语体输出偏误对汉语词语教学的启示》,《中文教师协会杂志》(Journal of the Chinese Language Teachers Association)第45(3)期,第3~29页。

李雪松、舒华:2004,《汉语及物动词词典中宾语信息的表征》,《心理学探新》第4期。

李亚男:2006,《汉语作为第二语言测试的作文自动评分研究》,北京语言大学硕士学位论文。

李裕德:1998,《现代汉语词语搭配》,商务印书馆。

李子云:1995,《词语搭配的制约因素》,《合肥师范学院学报》第3期。

林杏光:1990,《词语搭配的性质与研究》,《汉语学习》第1期。

林杏光:1994,《论词语搭配及其研究》,《语言教学与研究》第4期。

刘博:2008,《韩国学生习得汉语心理动词偏误分析》,广西民族大学硕士学位论文。

刘慧芳:2011,《基于语料库的形容词词汇知识习得研究》,北京语言大学硕士学位论文。

刘群、李素建:2002,《基于〈知网〉的词汇语义相似度计算》,《中文计算语言学》第2期。

刘叔新:2005,《汉语描写词汇学》,商务印书馆。

吕叔湘:1963,《现代汉语单双音节问题初探》,《中国语文》第1期。

马庆株:1987,《名词性宾语的类别》,《汉语学习》第2期。

马挺生:1986,《试谈词语搭配的形式和条件》,《语言教学与研究》第3期。

梅家驹等：1983，《同义词词林》，上海辞书出版社。

孟琮、郑怀德、孟庆海、蔡文兰：1987，《动词用法词典》，上海辞书出版社。

孟庆海：1987，《原因宾语和目标宾语》，《语文研究》第1期。

莫慧玲：2015，《"动+名"搭配及教学方法设计》，辽宁师范大学硕士学位论文。

齐春红：2005，《对外汉语教学中的词语搭配研究》，《云南师范大学学报》第2期。

齐沪扬：1989，《三音节 V+N 结构组合规律的初步考察》，《淮北煤炭师范学院学报》（哲学社会科学版）第2期。

齐沪扬、姚占龙、&谢白羽：2004，《与名词动词相关的短语研究》，北京语言大学出版社。

钱旭菁：2008，《有限组合选择限制的方向性和制约因素——兼论外向型搭配词典的体例设计》，《世界汉语教学》第4期。

曲维光：2005，《现代汉语词语组配和语境计算》，南京师范大学博士学位论文。

任春艳：2001，《HSK作文评分客观化探讨》，北京语言文化大学硕士学位论文。

任鹰：2007，《动词词义在结构中的游移与实现——兼议动宾结构的语义关系问题》，《中国语文》第5期。

申旼京：2008，《韩国学生汉语中介语"做"的搭配及其偏误分析》，北京语言大学硕士学位论文。

申修瑛：2007，《现代汉语词语搭配研究》，复旦大学博士学位论文。

申修瑛：2008，《〈现代汉语实词搭配词典〉与〈汉语动词用法词典〉的动词组合信息比较》，《辞书研究》第5期。

沈家煊：2006，《"有界"和"无界"》，《认知与汉语语法研究》，北京：商务印书馆。

沈政、林庶芝：1995，《认知神经科学导论》，北京教育出版社。

税莲：2007，《现代汉语词语搭配原理与动宾搭配研究》，四川大学硕士学位论文。

宋玉柱：1980，《略谈原因宾语》，《南开学报》第 5 期。

宋玉柱：1990，《词语搭配的类型及其性质》，《世界汉语教学》第 1 期。

苏宝荣：1999，《汉语语素组合关系与辞书释义》，《辞书研究》第 4 期。

苏宝荣：2000，《词义研究与辞书释义》，商务印书馆。

苏新春：1997，《汉语词义学》，广东教育出版社。

孙宏林：1997，《从标注语料库中归纳语法规则：V＋N 序列实验分析》，载陈力为、袁琦主编《语言工程》（第四届全国计算语言学联合学术会议论文集），清华大学出版社。

孙宏林：1998，词语搭配在文本中的分布，载黄昌宁主编《中文信息处理国际会议论文集》，清华大学出版社。

孙茂松、左正平：1998，《汉语真实文本中的交集型切分歧义》，《汉语计量与计算研究》，香港城市大学出版社。

孙茂松、黄昌宁、方捷：1997，《汉语搭配定量分析初探》，《中国语文》第 1 期。

谭景春：1995，《材料宾语和工具宾语》，《汉语学习》第 6 期。

王灿龙：2002，《句法组合中单双音节选择的认知解释》，载中国语文杂志社《语法研究和探索》，商务印书馆。

王国璋：1984，《动词带宾语语法特点两例》，《语言教学与研究》第 2 期。

王惠：2004，《现代汉语名词词义组合分析》，北京大学出版社。

王建勤主编 2009，《第二语言习得研究》，商务印书馆。

王静：2007，《留学生汉语宾语习得难度研究》，《海外华文教育》第4期。

王素格、杨军玲、张武：2006，《自动获取汉语词语搭配》，《中文信息学报》第6期。

王希杰：1995，《论词语搭配的规则和偏离》，《山东师范大学学报》（人文社会科学版）第1期，第100~104页。

王霞：2005，《汉语动宾搭配自动识别研究》，《语言文字应用》第1期。

王秀珍：2000，《现代汉语里处所宾语的类型》，载陆俭明主编《面临新世纪挑战的现代汉语语法研究》，山东教育出版社。

王一平：1994，《从遭受类动词所带宾语的情况看遭受类动词的特点》，《语文研究》第4期。

王宗炎：1999，《语言学和语言的应用》，上海外语教育出版社。

王晓辉：2011，《韓國語 搭配의 中國與 對應 樣相 研究》，숭실대 박사논문。

卫乃兴：2002a，《词语搭配的界定与研究体系》，上海交通大学出版社。

卫乃兴：2002b，《基于语料库和语料数据驱动的词语搭配研究》，《当代语言学》第2期。

卫乃兴：2003，《搭配研究50年：概念的演变与方法的发展》，《解放军外国语学院学报》第2期。

魏红：2008，《面向汉语习得的常用动词带宾情况研究》，华中师范大学博士学位论文。

魏红：2009，《宾语结构形式的规约机制考察》，《云南师范大学学报》（哲学社会科学版）第2期。

文炼：1982，《频率作用与二语习得》，《中国语文》第1期。

芜崧、刘盼：2015，《谈谈动宾搭配不当的语病》，《连云港师范高等专科学校学报》第 2 期。

吴门吉、周小兵：2005，《意义被动句与"被"字句习得难度比较》，《汉语学习》第 1 期。

吴琼：2016，《二语学习者汉语非常规动宾结构习得研究》，《汉语学习》第 6 期。

吴云芳、段慧明、俞士汶：2005，《动词对宾语的语义选择限制》，《语言文字应用》第 2 期。

肖贤彬、陈梅双：2008，《留学生汉语动宾搭配能力的习得》，《汉语学报》第 1 期。

辛平：2008，《面向对外汉语教学的动名搭配研究——基于学习者动名搭配常用度标注结果的分析》，《云南师范大学学报》（对外汉语教学与研究版）第 5 期。

辛平：2013，《基于语料库的动宾组配中定语受限问题研究》，《汉语学习》第 4 期。

辛平：2014，《面向对外汉语教学的常用动词 V + N 搭配研究》，世界图书出版公司。

辛平、方菊：2012，《动宾搭配内部差异性及分析》，《东北师大学报》（哲学社会科学版）第 3 期。

邢公畹：1980，《词语搭配问题是不是语法问题》，载《语言研究论丛》，天津人民出版社。

邢红兵：2013，《词语搭配知识与二语词汇习得研究》，《语言文字应用》第 4 期。

邢红兵：2016，《汉语作为第二语言的词汇习得研究》，北京大学出版社。

邢红兵：2020，《第二语言词汇知识体系的形成与发展》，《华文教学与研究》第 2 期。

徐杰：2001，《"及物性"特征与相关的四类动词》，《语言研究》第 3 期。

徐枢：1985，《宾语和补语》，黑龙江人民出版社。

荀恩东、饶高琦、肖晓悦、臧娇娇：2016，《大数据背景下 BCC 语料库的研制》，《语料库语言学》第 1 期。

杨华：1994，《试论心理状态动词及其宾语的类型》，《汉语学习》第 3 期。

杨军玲：2006，《汉语动词词语搭配自动获取方法研究》，山西大学硕士学位论文。

杨同用、司敬新：2007，《搭配类型与对外汉语实词搭配词典的编纂》，《辞书研究》第 2 期。

詹卫东：1999，《面向中文信息处理的现代汉语短语结构规则研究》，北京大学博士学位论文。

张德禄：1987，《语域理论简介》，《现代外语》第 4 期。

张国宪：1997，《"V 双 + N 双"短语的理解因素》，《中国语文》第 3 期。

张晋军、任杰：2004，《汉语测试电子评分员实验研究报告》，《中国考试》第 10 期。

张钧：2014，《基于语义范畴理论的蒙古族学生汉语动宾搭配教学研究》，《内蒙古师范大学学报》（哲学社会科学版）第 6 期。

张世禄：1956，《词义和词性的关系》，《语文学习》第 7 期。

张寿康、林杏光：1992，《现代汉语实词搭配词典》，商务印书馆。张颂：2007，《汉语动名述宾组配的选择机制及其认知基础》，上海师范大学硕士学位论文。

张新红、刘锋：2003，《从修辞看词语超常搭配》，《伊犁师范学院学报》第 3 期，第 36~39 页。

张银丹：2011，《留学生形名搭配句法与语义关系习得的实验研究》，见邢红兵主编《汉语作为第二语言习得的认知探索》，世界图书出版公司。

张悦：2015，《基于对外汉语教学的双音节性质形容词与名词的搭配研究》，南京师范大学硕士学位论文。

张云秋：2004，《现代汉语受事宾语句研究》，学林出版社。

张志毅、张庆云：1994，《词和词典》，中国广播电视出版社。

张志毅、张庆云：2001，《词汇语义学》，商务印书馆。

赵春利：2012，《现代汉语形名组合研究》，暨南大学出版社。

周健：2007，《语块教学在培养汉语语感中的作用》，《第八届国际汉语教学讨论会论文选》，北京大学出版社。

周卫华：2007，《面向中文信息处理的现代汉语动宾语义搭配研究》，华中师范大学博士学位论文。

周小兵：2004，《学习难度的测定和考察》，《世界汉语教学》第1期。

周新玲：2007，《词语搭配研究与对外汉语教学》，上海外国语大学博士学位论文。

周祖谟：1959，《汉语词语知识讲话》，人民教育出版社。

朱德熙：1981，《语法讲义》，商务印书馆。

朱永平：2004，《第二语言习得难度的预测及教学策略》，《语言教学与研究》第4期。

朱永生：1996，《搭配的语义基础和搭配研究的实际意义》，《外国语》（上海外国语大学学报）第1期。

Al-Zahrani, M. S. (1998). *Knowledge of English lexical collocations among male Saudi college students majoring in English at a Saudi university*. Doctoral dissertation, Indiana University of Pennsylvania.

American Educational Research Association. (1999). *Standards for Educational and Psychological Testing (6th Edition)*. Washington, DC: AERA.

Bahns, J. (1993). Lexical collocations: a contrastive view. *ELT Journal*, *47* (1).

Bahns, J., & Eldaw, M. (1993). Should we teach EFL students collocations?. *System*, *21* (1).

Baranger, M. (2002). Chaos, complexity, and entropy: A physics talk for non-physicists. New England Complex Systems Institute.

Barfield, A. (2003). *Collocation recognition and production: Research insights*. Tokyo: Chuo University.

Barfield, A. (2006). *An exploration of second language collocation knowledge and development*. Doctoral dissertation, University of Wales, Swansea.

Begagić, M. (2014). English language students' productive and receptive knowledge of collocations. *Exell Explorations in English Language & Linguistics*, *2* (1).

Benson, M. (1985). Collocations and idioms. *Dictionaries, Lexicography and Language Learning*.

Benson, M., Benson, E., & Ilson, R. (1986b). *The BBI combinatory dictionary of English*. Amsterdam: John Benjamins.

Benson, M., Benson, E., & Ilson, R. (1997). *The BBI dictionary of English word combinations*. Amsterdam: John Benjamins.

Benson, M., Benson, E., &Ilson, R. (1986a). *Lexicographic description of English*. Amsterdam: John Benjamins.

Berry-Rogghe, G. (1973). The computation of collocations and their relevance in lexical studies. *The Computer and Literary Studies*.

Biber, D. (2009). A corpus-driven approach to formulaic language in English: Multi-word patterns in speech and writing. *International Journal of Corpus Linguistics*, *14* (3).

Biber, D., (1993). Co-occurrence patterns among collocations: A tool for corpus-based lexical knowledge acquisition. *Computational Linguistics*, *19* (3).

Biskup, D. (1990). Some remarks on combinability: Lexical collocations. *Foreign Language Acquisition Papers*.

Biskup, D. (1992). L1 influence on learners' renderings of English collocations: A Polish/German empirical study. In Arnaud, P. J. L., & Béjoint, H. (eds), *Vocabulary and Applied Linguistics* (pp. 85–93). London: Macmillan.

Boers, F., Demecheleer, M., & Eyckmans, J. (2004). Etymological elaboration as a strategy for learning figurative idioms. In Bogaards, P., & Laufer, B. (Eds.), *Vocabulary in a Second Language: Selection, Acquisition and Testing*. Amsterdam: John Benjamins.

Boers, F., Demecheleer, M., Coxhead, A., & Webb, S. (2014). Gauging the effects of exercises on verb-noun collocations. *Language Teaching Research*, *18* (1).

Bolinger, D. (1968). *Aspects of language*. New York: Har Court (Brace & World).

Bonk, W. J. (2000). Testing ESL learners' knowledge of collocations. *Applied Linguistics*.

Bonk, W. J. 2001. Testing ESL Learners ' Knowledge of Collocations. In Hudson, T. And Brown, J. D. (Eds.), *A Focus on Language Test Development: Expanding the Language Proficiency Construct Across a Variety of Tests*. (Technical Report #21), 113–142. Honolulu: University of Hawai'I, Second Language Teaching and Curriculum Center.

Bybee, J. L. (2007). *Frequency of use and the organization of language*. Oxford: Oxford University Press.

Bybee, J. L., & Hopper, P. J. (2001). Introduction. In J. L. Bybee & P. J. Hopper (Eds.), *Frequency and the emergence of linguistic structure*, Amsterdam: Benjamins.

Carter, R. (1987), *Vocabulary: Applied linguistic perspective.* London: Allen and Unwin Ltd.

Chan, T. P., & Liou, H. C. (2005). Effects of web-based concordancing instruction on EFL students' learning of verb-noun collocations. *Computer Assisted Language Learning, 18* (3).

Channell, J. (1981), Applying semantic theory to vocabulary teaching. *ELT Journal, 35* (2).

Chaudron, C. (2003), Data collection in SLA research. In Doughty, C. J., & Long, M. H. (eds) The *Handbook of Second Language Acquisition*, Malden, MA: Blackwell.

Chaudron, C., & Parker, K. (1990). Discourse markedness and structural markedness: The acquisition of English noun phrases. *Studies in Second Language Acquisition, 12* (1).

Chomsky, N. (1965). *Aspects of the theory of syntax.* Cambridge, Massachussetts: MIT Press.

Conklin, C., & Schmitt, N. (2007). Formulaic sequences: Are they processed more quickly than nonformulaic language by native and nonnative speakers? . *Applied Linguistics, 29* (1).

Cowie, A. P. (1992), Multiword lexical units and communicative language teaching. In Pierre J. L. Arnaud & Henri Béjoint (Eds.) *Vocabulary and Applied Linguistics*, Palgrave Macmillan UK.

Cowie, A. P. (Ed.) (1998). *Phraseology: Theory, analysis, and applications.* Oxford: Oxford University Press.

Cowie, A. P. (1981), The treatment of collocations and idioms in learners' dictionaries. *Applied Linguistics*, *2* (3).

Cowie, A. P. (1988). Stable and creative aspects of vocabulary use. In Carter, R., & McCarthy, M. (Eds.), *Vocabulary and Language Teaching*. London: Longman.

Cowie, A. P. (1994). Phraseology. In Asher, R. E. (Ed.), *The Encyclopedia of Language and Linguistics*. Oxford: Pergamon.

Cowie, A. P. (1991). Multiword Units in Newspaper Language. In Granger, S. (Ed.), *Perspectives on the English Lexicon: A tribute to Jaques van Roey*. CILL 17.

Crowther, J. (2002). Oxford collocation dictionary of English. Oxford: Oxford University Press.

Cruse, D. A. (1986). *Lexical semantics*. Cambridge: Cambridge University Press.

Durrant, P. (2014). Corpus frequency and second language learners' knowledge of collocations: A meta-analysis. *International Journal of Corpus Linguistics*, *19* (4).

Durrant, P., & Doherty, A. (2010). Are high-frequency collocations psychologically real? Investigating the thesis of collocational priming. *Corpus Linguistics and Linguistic Theory*, *6* (2).

Durrant, P., & Mathews-Aydinli, J. (2011). A function-first approach to identifying formulaic language in academic writing. *Journal of English for Specific Purposes*, *30* (1).

Durrant, P., & Schmitt, N. (2010). Adult learners' retention of collocations from exposure. *Second Language Research*, *26* (2).

Eckman, F. R. (1977). Markedness and the contrastive analysis hypothesis. *Language learning*, *27* (2).

Eckman, F. R. (1985). Some theoretical and pedagogical

implications of the markedness differential hypothesis. *Studies in Second Language Acquisition*, 7 (3).

Ellis, N. C. (1997). Vocabulary acquisition: Word structure, collocation, word-class, and meaning. In Schmitt, N., & McCarthy, M. (Eds.), *Vocabulary: Description, Acquisition and Pedagogy* (pp. 122 – 39). Cambridge: Cambridge University Press.

Ellis, N. C. (2001). Memory for language. In Robinso, P. (Ed.), *Cognition and Second Language Instruction*. Cambridge: Cambridge University Press.

Ellis, N. C. (2002). Frequency effects in language processing. *Studies in Second Language Acquisition*, 24.

Ellis, N. C., & Wulff, S. (2014). Usage-based approaches to SLA. *Theories in second language acquisition: An introduction*, 1.

Ellis, N. C., Frey, E., & Jalkanen, I. (2009). Psycholinguistic reality of collocation and semantic prosody (1): Lexical access. In Römer, U., & Schulze, R. (Eds.), *Exploring the Lexis-Grammar Interface* (pp. 89 – 114). Amsterdam: John Benjamins.

Ellis, N. C., & Wulff, S. (2008). Usage-based approaches to SLA. Theories in second language acquisition: An introduction.

Ellis, R. (2002). The place of grammar instruction in the second/foreign language curriculum. In Hinkel, E., & Fotos, S. (Eds.), *New Perspectives on Grammar Teaching in Second Language Classrooms*. New Jersey: Lawrence Erlbaum Associates.

Evert, S., & Krenn, B. (2003). Computational approaches to collocations. *Introductory course at the European Summer School on Logic, Language, and Information* (*ESSLLI 2003*), Vienna. (Slides can be downloaded from http://www.collocations.de.)

Eyckmans, J. (2009). Toward an assessment of learners' receptive and productive syntagmatic knowledge. In Barfield, A., & Gyllstad, H. (Eds.), *Researching Collocations in Another Language*. Palgrave Macmillan UK.

Farghal, M., & Obiedat, H. (1995). Collocations: A neglected variable in EFL. *International Review of Applied Linguistics*, *33* (4).

Firth, J. R. (1948). "Sounds and prosodies". *Transactions of the Philological Society*, *47* (1).

Firth, J. R. (1956). Descriptive linguistics and the study of English. In Palmer, F. R. (Ed.), *Selected Papers of J. R. Firth 1952 - 59*. London: Longmans.

Firth, J. R. (1957). *Papers in linguistics 1934 - 1951*. London: Oxford University Press.

Firth, J. R. (1968). Linguistic analysis as a study of meaning. In Palmer, F. R. (Ed.), *Selected Papers of J. R. Firth 1952 - 59*. Indiana University Press.

Firth, J. R. (1951). Modes of meaning. In Palmer, F. R. (Ed.), *Papers in Linguistics 1934 - 1951*. London: Oxford University Press.

Frenck-Mestre, C., & Prince, P. (1997). Second language autonomy. *Journal of Memory & Language*, *7* (4).

Gass, S. M. (1994). The reliability of second language grammaticality judgments. In Tarone, E. E., Gass, S. M., & Cohen, A. D. (Eds) *Research Methodology in Second Language*. Hillsdale, NJ: Lawrence Erlbaum Associates.

Gitsaki, C. (1999). *Second language lexical acquisition: A study of the development of collocational knowledge*. San Francisco: International

Scholars Publications.

Goldberg, A. E. (2006). *Constructions at work*. Oxford: Oxford University Press.

Gradman, H. (1971). The limitations of contrastive analysis predictions. *Working Papers in Linguistics*: University of Hawaii.

Granger, S. (1998a). *Learner English on computer*. London: Longman.

Granger, S. (1998b). Prefabricated patterns in advanced EFL writing: Collocations and formulae. In Cowie, A. P. (Ed.), *Phraseology: Teory, Analysis, and Applications*. Oxford: Clarendon.

Greenbaum, S. (1970). *Verb-intensifier collocations in English: An experimental approach*. The Hague: Mouton.

Greenbaum, S. (1974). Some verb-intensifier collocations in American and British English. *American Speech*, *49* (1/2).

Groom, N. (2009). Effects of second language immersion on second language collocational development. In Barfield, A., & Gyllstad, H. (Eds.), *Researching Collocations in Another Language*. Palgrave Macmillan UK.

Gyllstad, H. (2007). *Testing English collocations: Developing receptive tests for use with advanced Swedish learners*. Lund University doctoral dissertation.

Gyllstad, H. (2009). Designing and evaluating tests of receptive collocation knowledge: COLLEX and COLLMATCH. In Barfield, A., & Gyllstad, H. (eds.), *Researching Collocations in Another Language*. Palgrave Macmillan UK.

Halliday, M. A. K. (1961). Categories of the theory of grammar. *Word*.

Halliday, M. A. K. (1966). Lexis as a linguistic level. In Bazell, C. E, Catford, C., Halliday, M. A. K., & Robins, R. H. (Eds.), *In Memory of J. R. Firth*. London: Longmans.

Han, Z., Bi, Y., Chen, J., Chen, Q., He, Y., & Caramazza, A. (2013). Distinct regions of right temporal cortex are associated with biological and human-agent motion: functional magnetic resonance imaging and neuropsychological evidence. *Journal of Neuroscience the Official Journal of the Society for Neuroscience*, 33 (39).

Handl, S. (2009). Towards collocational webs for presenting collocations in learners' dictionaries. In Barfield, A., & Gyllstad, H. (Eds.), *Researching Collocations in Another Language: Multiple Interpretations* (pp. 69 – 85). Palgrave Macmillan UK.

Henriksen, B., & Stæhr, L. S. (2009). Commentary on part 4: Processes in the development of L2 collocational knowledge-A challenge for language learners, Researchers and Teachers. In Barfield, A., & Gyllstad, H. (Eds.), *Researching Collocations in Another Language: Multiple Interpretations* (pp. 224 – 231). Palgrave Macmillan UK.

Herbst, T. (1996). What are collocations: Sandy beaches or false teeth? . *English Studies*, 77 (4).

Hill, J. & Lewis, M. (Eds) (1997). *Dictionary of Selected Collocations*. Hove, UK: Language Teaching Publications.

Hill, J. (2000). Revising priorities: From grammatical failure to collocational success. In Lewis, M. (Ed.), *Teaching Collocation: Further Developments in the Lexical Approach*. Hove, UK: Language Teaching Publications.

Hodgson, J. M. (1991). Informational constraints on pre-lexical priming. *Language and Cognitive Processes*, 6 (3).

Hoey, M. (1991). *Patterns of lexis in text*. Oxford: Oxford University Press.

Hoey, M. (2005). *Lexical priming: A new theory of words and language*. Abingdon, Oxon: Routledge.

Howarth, P. (1996). *Phraseology in English academic writing: Some implications for language learning and dictionary making*. Tübingen: Max Niemeyer.

Howarth, P. (1998a). Phraseology and second language proficiency. *Applied Linguistics*, *19* (1).

Howarth, P. (1998b). The phraseology of learners' academic writing. In Cowie, A. P. (Ed.), *Phraseology: Theory, Analysis, and Applications* (pp. 161 – 186). Oxford: Oxford University Press.

Huang, C. R., & Ahrens, K. (2020). The Module-Attribute Representation of Verbal Semantics. *The Pacific Asia Conference on Language Information and Computation* (Vol. 5). OAI.

Hussein, R. F. (1990). Collocations: The missing link in vocabulary acquisition amongst EFL learners. *Papers and Studies in Contrastive Linguistics*, *26* (26).

Izura, C., Pérez, M. A., Agallou, E., Wright, V. A., Marín, J., Stadthagen-Gonzalez, H., & Ellis, A. W. (2011). Age/order of acquisition effects and the cumulative learning of foreign words: A word training study. *Journal of Memory and Language*, *64*, 32 – 58.

Jiang, J. (2009). Designing pedagogic materials to improve awareness and productive use of L2 collocations. In Barfield, A., & Gyllstad, H. (Eds.), *Researching Collocations in Another Language*. Palgrave Macmillan UK.

Jiang, N. (2000). Lexical representation and development in a second language. *Applied Linguistics*, *21*.

Jones, S., & Sinclair, J. (1974). English lexical collocations: A study in computational linguistics. *Cahiers de Lexicologie*, *24*.

Kaszubski, P. (2000). *Selected aspects of lexicon, phraseology and style in the writing of Polish advanced learners of English: A contrastive, corpus-based approach.* Unpublished PhD dissertation, Adam Mickiewicz University, Poznán.

Katz, J. J., & Fodor, J. A. (1963). The structure of a semantic theory. *Language*, *39* (2).

Keenan, E. L., & Comrie, B. (1977). Noun phrase accessibility and universal grammar. *Linguistic Inquiry*, *8* (1).

Kennedy, G. D. (1990). Collocations: Where grammar and vocabulary teaching meet. In Sarinee Anivan (Ed.), *Language Teaching Methodology for the Nineties* (= RELC Anthology Series).

Kim, S., Yoon, J., & Song, M. (2001). Automatic extraction of collocations from Korean text. *Computers and the Humanities*, *35* (3).

Kim, S., Yoon, J., & Song, M. (2001). Automatic extraction of collocations from korean text. *Computers & the Humanities*, *35* (3).

Kjellmer, G. (1987). Aspects of English collocations. In Meijs, W. (ed.), *Corpus Linguistics and Beyond*. Amsterdam: Rodopi.

Kjellmer, G. (1990). A mint of phrases. In Aijmer, K., & Altenberg, B. (Eds.), *English Corpus Linguistics: Studies in Honour of Jan Svartvik*. London: Longman.

Kjellmer, G. (1991). A mint of phrases. In Aijmer, K. and

Altenberg, B. (eds.), *English corpus linguistics*, 111 – 127. London: Longman.

Kjellmer, G. (1994). *A dictionary of English collocations.* Oxford: Clarendon Press.

Klotz, M. (2003). *Oxford collocations dictionary for students of English.* Oxford: Oxford University Press.

Komuro, Y. (2009). Japanese learners' collocation dictionary retrieval performance. In Barfield, A., & Gyllstad, H. (Eds.), *Researching Collocations in Another Language.* Palgrave Macmillan UK.

Kozlowska, D., & Dzierżanowska, H. (1982). *Selected English collocations.* Warszawa: PWN.

Lado, R. (1957). *Linguistics across culture.* An Arbor: University of Michigan Press.

Langacker, R. W. (1987). *Foundations of cognitive grammar: Theoretical prerequisites.* Palo Alto, CA: Stanford University Press.

Langacker, R. W. (1988). A usage-based model. In B. Rudzka-Ostyn (Ed.), *Topics in cognitive linguistics.* Amsterdam: Benjamins.

Langacker, R. W. (2000). A dynamic usage-based model. In M. Barlow & S. Kemmer (Eds.), *Usage-based models of language.* Stanford, CA: CSLI Publications.

Larsen-Freeman, D. (1997). Chaos/Complexity science and second language acquisition. *Applied Linguistics*, 18 (2).

Laufer, B., & Girsai, N. (2008). Form-focused instruction in second language vocabulary learning: A case for contrastive analysis and translation. *Applied Linguistics*, 29 (4).

Laufer, B. & T. Waldman. (2011). Verb-noun collocations in second language writing: A corpus analysis of learners' English. *Language*

Learning, 61 (2).

Lehrer, A. (1974). *Semantic fields and lexical structure.* Amsterdam: North Holland Publishing Company.

Leśniewska, J., & Witalisz, E. (2007). Cross-linguistic influence and acceptability judgments of L2 and L1 collocations: A study of advanced Polish learners of English. *Eurosla Yearbook*, 7 (1).

Levelt, W. J. M. (1989). *Speaking: From intention to articulation.* Cambridge, MA: MIT Press.

Lewis, M. (1997). Pedagogical implications of the lexical approach. In Coady, J., & Huckin, T. (Eds.), *Second Language Vocabulary Acquisition.* Cambridge: Cambridge University Press.

Lewis, M. (2000). There is nothing as practical as a good theory. In Lewis, M. (Ed.), *Teaching Collocation: Further Developments in the Lexical Approach.*

Lindstromberg, S., & Boers, F. (2008). The mnemonic effect of noticing alliteration in lexical chunks. *Applied Linguistics*, 29.

Hove, UK: Language Teaching Publications Lindstromberg, S., & Boers, F. (2008b). The mnemonic effect of noticing alliteration in lexical chunks. *Applied Linguistics*, 29 (2).

Louw, B. (1993). Irony in the text or insincerity in the writer? The diagnostic potential of semantic prosodies. In Baker, M., Francis, G., & Tognini-Bonelli, E. (Eds.), *Text and Technology: In Honour of John Sinclair*, Philadelphia, amsterdam: John Benjamins.

Lu, B., & Duanmu, S. (1991). A case study of the relation between rhythm and syntax in Chinese, In *Third North America Conference on Chinese Linguistics.* Ithaca.

Lu, B., & Duanmu, S. (2002). Rhythm and syntax in

Chinese: A case study. *Journal-Chinese Language Teachers Association*, *37* (2).

Lyons, J. (1977). *Semantics*. Cambridge: Cambridge University Press

Lyons, J. (1966). Firth's theory of meaning. In Bazell, C. E., Catford, J. C., Halliday, M. A. K., & Robins, R. H. (Eds.), *In Memory of J. R. Firth*. London: Langman.

MacWhinney, B. (2000). Connectionism and language learning. In M. Barlow & S. Kemmer (Eds.), *Usage-based models of language* (pp. 121 – 149). Stanford, CA: CSLI Publications.

Mahvelati, E. H., & Mukundan, J. (2012). The effects of input flood and consciousness-raising approach on collocation knowledge development of language learners. *International Journal of Applied Linguistics & English Literatur*, *1* (6).

Marton, W. (1977). Foreign vocabulary learning as problem no. 1 of language teaching at the advanced level. *Interlanguage Studies Bulletin*.

Mason, Z. J. (2002) *A computational, corpus-based conventional metaphor extraction system*. Brandeis University Doctoral Thesis.

McCarthy, M. (1990). *Vocabulary*. Oxford: Oxford University Press.

McIntosh, A. (1961). Patterns and ranges. *Language*, *37* (3).

Mckoon, G., & Ratcliff, R. (1992). Spreading activation versus compound cue accounts of priming: mediated priming revisited. *Journal of Experimental Psychology Learning Memory & Cognition*, *18* (6).

Mel'čuk, I. (1998). Collocations and lexical functions. In

Cowie, A. P. (ed.), *Phraseology: Theory, Analysis, and Applications* (pp. 24 - 53). Oxford: Oxford University Press.

Melka, F. (1997). Receptive vs. productive aspects of vocabulary. In Schmitt N., & McCarthy M. (Eds.), *Vocabulary Description, Acquisition and Pedagogy*. Cambridge: Cambridge University Press.

Mitchell, T. F. (1971). Linguistic 'goings on': collocations and other lexical matters arising on the syntagmatic record. *Archivum Linguisticum*, 2.

Mitchell, T. F. (1966). Some English phrasal types. In Bazell, C. E, Catford, C., Halliday, M. A. K., & Robins, R. H. (Eds.), *In Memory of J. R. Firth*. London: Longmans.

Mochizuki, M. (2002). Exploration of two aspects of vocabulary knowledge: Paradigmatic and collocational. *Annual Review of English Language Education in Japan*, 13.

Moon, R. (1998). *Fixed expressions and idioms in English: A corpus-based approach*. Oxford: Oxford University Press.

Nation, I. S. P. (2001). *Learning vocabulary in another language*. Cambridge: Cambridge University Press.

Nation, I. S. P. (1990). *Teaching and learning vocabulary*. Boston: Heinle & Henle.

Nesselhauf, N. (2003). The use of collocations by advanced learners of English and some implications for teaching. *Applied Linguistics*, 24, 223 - 242.

Nesselhauf, N. (2004). What are collocations? . In Allerton, D., Nesselhauf, N., & Skandera, P. (Eds.), *Phraseological Units: Basic Concepts and Their Application*. Basel: Schwabe.

Nesselhauf, N. (2005). *Collocations in a learner corpus.* Amsterdam: John Benjamins.

Newmark, L. (1966). How not to interfere with language learning. *International Journal of American Linguistics, 32* (1).

Oller, J. W. (1972a). Contrastive analysis, difficulty, and predictability. *Foreign Language Annals, 6* (1).

Oller, J. W. (1972b). Transfer and interference as special cases of induction and substitution. *Linguistics: An International Review, 10* (89), 24-33.

Oller, LW., & Ziahosseiny, S. M. (1970). The contrastive analysis hypothesis and spelling errors. *Language Learning, 20* (2).

Öztina, S. (2009). Effects of input flood and negative evidence on learning of make/do collocations: A study with seventh grade Turkish EFL students. *Doctoral dissertation, Anadolu University.*

Page, E. B. (2003). Project essay grade: PEG. In Shermis, M. D. & Burstein, J. C. (Eds), Automated essay scoring: A cross-disciplinary perspective.

Palmer, H. (1931). First interim report on vocabulary selection. *Tokyo: Kaitakusha.*

Palmer, H. (1933). Second interim report on English collocations. *Tokyo: Kaitakusha.*

Partington, A. (1996). Patterns and meanings: Using corpora for English language research and teaching. *John Benjamins Publishing.*

Partington, A. (2004). Utterly content in each other's company: Semantic prosody and semantic preference. International Journal of Corpus Linguistics, *9* (1).

Pavesi, M. (1986). Markedness, discoursal modes, and relative clause formation in a formal and an informal context. Studies in Second Language Acquisition, 8 (1).

Pawley, A. , & Syder, F. H. 1983. Two puzzles for linguistic theory: Nativelike selection and nativelike fluency. In J. C. Richards & R. W. Schmidt (Eds.), Language and Communication. New York: Longman.

Pecina, P. , & Schlesinger, P. (2006). Combining association measures for collocation extraction. InInternational Conference on Association for Computational Linguistics. Sydney, Australia.

Pecina, P. , & Schlesinger, P. (2006). Combining association measures for collocation extraction. InProceedings of the COLING/ACL on Main conference poster sessions. Association for Computational Linguistics.

Poulsen, S. (2005). Collocations as a language resource. A functional and cognitive study in English phraseology. Unpublished PhD dissertation, University of Southern Denmark.

Resnik, P. S. (1993). Selection and information: a class-based approach to lexical relationships. IRCS Technical Reports Series, 200.

Revier, R. L. (2009). Evaluating a new test of whole English collocations. In Barfield, A. , & Gyllstad, H. (Eds.), Researching Collocations in Another Language: Multiple Interpretations. Palgrave Macmillan UK.

Revier, R. L. (2009). Evaluating a new test of whole English collocations. In Barfield, A. , & Gyllstad, H. (Eds.), Researching Collocations in Another Language: Multiple Interpretations. Palgrave Macmillan UK.

Revier, R. L. , & Henriksen, B. (2006). Teaching Collocations: Pedagogical implications based on a cross-sectional study of danish EFL learners' written production of English collocations. In

Bendtsen, M., Björklund, M., Fant, C., & Forsman, L., (Eds), *Språk, lärande och utbildning i sikte—Festskrift tillägnad professor Kaj Sjöholm.* Rapport nr 20. Vasa: Pedagogiska fakulteten vid Åbo Akademi.

Ringbom, H. (1998). High-frequency verbs in the ICLE corpus. *Language and Computers, 23.*

Robins, R. H. (1979). *A short history of linguistics.* London: Longman.

Schachter, J. (1974). An error in error analysis. *Language learning, 24* (2).

Schmitt, N. (2000). *Vocabulary in Language Teaching.* Cambridge: Cambridge University Press.

Schmitt, N., & Underwood, G. (2004). Exploring the processing of formulaic sequences through a self-paced reading task. In Schmitt, N. (ed.), *Formulaic Sequences: Acquisition, Processing and Use* (173 - 90). Amsterdam, Philadelphia: John Benjamins.

Seesink, M. T. (2007). *Using blended instruction to teach academic vocabulary collocations: A case study.* Unpublished Doctoral Dissertation, West Virginia University.

Shillaw, J. (2009). Commentary on part III: Developing and validating tests of L2 collocation knowledge. In Barfield, A., & Gyllstad, H. (Eds.), *Researching Collocations in Another Language: Multiple Interpretations.* Palgrave Macmillan UK.

Shimohata, S., Sugio, T., & Nagata, J. (1997). Retrieving collocations by co-occurrences and word order constraints. In*Proceedings of the eighth conference on European chapter of the Association for Computational Linguistics.* Association for Computational Linguistics.

Shimohata, S., Sugio, T., & Nagata, J. (1997). Retrieving

collocations by co-occurrences and word order constraints. Computational Intelligence, 15 (2).

Siepmann, D. (2005). Collocation, colligation and encoding dictionaries. Part I: lexicological aspects. *International Journal of Lexicography*, *18* (4). 409 - 443.

Sinclair, J. (1966). Beginning the study of lexis. In Bazell, C. E, Catford, C., Halliday, M. A. K., & Robins, R. H. (Eds.), *In Memory of J. R. Firth*. London: Longmans.

Sinclair, J. (1987a). Collocation: a progress report. In Steele, R., & Threadgold, T. (Eds.), *Language Topics: Essays in Honour of Michael Halliday* (319 - 331). John Benjamins Publishing.

Sinclair, J. (1991). *Corpus, concordance, collocation*. Oxford: Oxford University Press.

Sinclair, J. (1996). The search for units of meaning. *Textus*, 9, 75 - 106.

Sinclair, J., Jones, S., & Daley, R. (1970). English lexical studies: report to OSTI on project C/LP/08. Department of English, University of Birmingham.

Sinclair, J. (1987b). The Nature of the Evidence. In Sinclair, J. (ed.), *Looking Up: An Account of the COBUILD Project in Lexical Computing* (150 - 9). London: Collins ELT.

Siyanova, A., & Schmitt, N. (2008). L2 learner production and processing of collocation: A multi-study perspective. *Canadian Modern Language Review*, *64* (3).

Siyanova-Chanturia, A., Conklin, K., & van Heuven, W. J. B. (2011). Seeing a phrase "time and again" matters: The role of phrasal frequency in the processing of multiword sequences. *Journal of Experimental*

Psychology, *37*, 776 – 784.

Smadja, F. A. (1991b). From N-grams to collocations: an evaluation of Xtract. In *Proceedings of the 29th annual meeting on Association for Computational Linguistics*. Berkeley, California.

Smadja, F., & Mckeown, K. R. (1990). Automatically extracting and representing collocations for language generation. *Proceedings of 28th Annual Meeting on Association for Computational Linguistics*. Pittsburgh, Pennsylvania.

Smadja, F., (1992). XTRACT: An overview. *Computers and the Humanities*, *26* (5 – 6).

Smadja, F., Mckeown, K. R., & Hatzivassiloglou, V. (1996). Translating collocations for bilingual lexicons: a statistical approach. *Computational linguistics*, *22* (1).

Smadja, F. (1991a). *Extracting Collocations from Text*. Doctoral dissertation, Columbia University, New York.

Sonbul, S. (2015). Fatal mistake, awful mistake, or extreme mistake? frequency effects on off-line/on-line collocational processing. *Bilingualism Language & Cognition*, *18* (3).

Sonbul, S., & Schmitt, N. (2013). Explicit and implicit lexical knowledge: Acquisition of collocations under different input conditions. *Language Learning*, *63* (1).

Stubbs, M. (1995). Collocations and semantic profiles: On the cause of the trouble with quantitative studies. *Functions of Language*, *2* (1).

Stubbs, M. (1996). *Text and corpus analysis: Computer-assisted studies of language and culture*. Oxford: Blackwell.

Tomasello, M. (2000). First steps toward a usage-based theory of language acquisition. *Cognitive Linguistics*, 11.

Tomasello, M. (2003). *Constructing a language: A usage-based theory of language acquisition*. Cambridge, MA: Harvard University Press.

Underwood, G., Schmitt, N., & Galpin, A. (2004). The eyes have it: An eye movement study into the processing of formulaic sequences. In Schmitt, N. (Ed.), *Formulaic Sequences: Acquisition, Processing and Use*. Amsterdam: John Benjamins.

Webb, S., & Kagimoto, E. (2009). The effects of vocabulary learning on collocation and meaning. *TESOL Quarterly*, *43* (1).

Webb, S., & Kagimoto, E. (2011). Learning collocation: Do the number of collocates, position of the node word, and synonymy affect learning?. *Applied Linguistics*, *32* (3).

Webb, S., Newton, J., & Chang, A. (2013). Incidental learning of collocation. *Language Learning*, *63* (1).

William, J. (2000). Testing ESL learners' knowledge of collocations. *ELT Journal*, *35*.

Williams, J. N. (1996). Is automatic priming semantic. *European Journal of Cognitive Psychology*, *8* (2).

Willis, D., & Willis, J. (1996). Consciousness raising activities. *Challenge & Change in Language Teaching*.

Wolter, B., & Gyllstad, H. (2011). Collocational links in the L2 mental lexicon and the influence of L1 intralexical knowledge. *Applied Linguistics*, *32* (4).

Wolter, B., & Gyllstad, H. (2013). Frequency of input and L2 collocational processing: A comparison of congruent and incongruent collocations. *Studies in Second Language Acquisition*, *35* (3).

Wolter, B., & Yamashita, J. (2015). Processing collocations

in a second language: A case of first language activation? . *Applied Psycholinguistics*, *36* (5).

Woolard, G. (2000). Collocation-encouraging learner independence. In Lewis, M. (Ed.), *Teaching Collocation: Further Developments in the Lexical Approach*. Hove, UK: Language Teaching Publications.

Wray, A. (2002). *Formulaic language and the lexicon*. Cambridge: Cambridge University Press.

Yamashita, J., & Jiang, N. (2010). L1 influence on the acquisition of L2 collocations: Japanese ESL users and EFL learners acquiring English collocations. *TESOL Quarterly*, *44* (4).

Yang, Y. and Hendricks, A. (2004). Collocation awareness in the writing process. *Journal of Reflections on English Language Teaching*, *3*, 51-78.

Ying, Y., & O'Neill, M. (2009). Collocation learning through an 'AWARE' approach: Learner perspectives and learning process. In Barfield, A., & Gyllstad, H. (Eds.), *Researching Collocations in Another Language*. Palgrave Macmillan UK.

Zaferanieh, E., & Behrooznia, S. (2011). On the impacts of four collocation instructional methods: Web-based concordancing vs. traditional method, explicit vs. implicit Instruction. *Studies in Literature and Language*, *3* (3).

Zhang, X. (1993). English collocations and their effect on the writing of native and non-native college freshmen. Doctoral dissertation, Indiana University of Pennsylvania.

相关资源链接:

BCC 语料库: http://bcc.blcu.edu.cn/zh/cid/0。

CCL 语料库检索系统（网络版）：http://ccl.pku.edu.cn:8080/ccl_corpus/index.jsp?dir=xiandai。

《知网》（董振东，董强）：http://www.keenage.com。

Corpus-based Chinese Lexical Association Dictionary（CLAD）：http://www.chinesereadability.net/LexicalAssociation/CLAD/。

后 记

2012年我做出了人生中第一个最重要的决定——在邢红兵教授门下开启我的研究生生涯。当我接触到计算语言学、语料库语言学、心理语言学等学科领域丰富有趣的知识后，我很快就发现，语言研究并非我以前看到的枯燥模样，语言学的"故事"里还有计算机、心理学、生物学、教育学等各种各样的"角色"，而且它们之间的关系竟是那么的紧密、和谐而有趣。后来我学会了基本的数据库处理、语料分析和心理学实验研究方法。这些方法不仅在学术研究上给我提供了许多解决问题的手段，思维训练方面更是使我获益匪浅。

在硕士和博士研究生期间，对我成长最有帮助的就是邢老师每周一次的讨论课。也就是在每周一次、几乎从不间断的讨论课上，我渐渐对词汇知识及习得的研究产生了浓厚的兴趣。在汉语二语教学和学习者语料分析的过程中，我发现词语搭配的使用对学习者语言表达的地道性起到了至关重要的作用，而学习者又始终难以准确地使用各类词语搭配。由于词语搭配知识既包含语言的组合性知识，又关涉聚合性知识，且涉及语法、语义、语用等各个方面。将清搭配知识体系以及二语学习者的习得机制，将有助于深化我们对语言知识层级体系以及不同层面语言知识习得机制的了解。

2017年我有幸获国家留学基金委"联合培养博士项目"资助，赴美国马萨诸塞大学阿默斯特分校（University of Massachusetts

Amherst，简称 UMass Amherst）进行了为期一年的学习。学习期间，我一边旁听王志军教授和该校语言学院的相关课程，一边分析中介语中的词语搭配问题，经与王老师讨论之后，在他的鼓励和启发下开启了搭配知识习得的研究，回国之后，在邢老师的进一步指导之下完成了相关的研究，并最终写作成书。

本书尝试从动态系统理论的视角出发，结合联结主义和基于使用的二语习得理论，利用语料分析、语言知识测评等手段，从产出和理解两种通路考查学习者的搭配知识习得机制，从而较全面、深入地了解二语学习者不同维度汉语搭配知识的习得难度及习得机制。全书的主要内容是在博士毕业论文的基础上写成的。

总的来说，目前展示的成果在搭配知识体系及相关因素的梳理上讲是相对比较系统、全面的，也验证了搭配知识中比较重要的一些方面，以及相关影响因素的作用，但对搭配知识体系内部各知识单元之间的深层关系及其在学习者心理词典中的构建过程和机制则还需要大量的研究。从这个角度讲，本书可算作我对搭配知识习得研究的一个起点，内容上更多的是搭配知识体系及相关研究问题的初步挖掘和研究方向的初步探索。它既是我研究的初步成果，也是我这些年学习的一个总结。

在本书正式出版之际，我要衷心地感谢指导我学习、引领我成长，以及在各个方面给予我帮助的人们。首先，要将我最诚挚的感谢献给我的导师邢红兵教授，他在学术上是我的楷模，在为人处世和生活上也是我学习的榜样。邢老师不仅激发了我的研究兴趣，引领我踏上语言科学研究的道路，还在我踟蹰不前时给予鼓励，在我举棋不定时提供指引，在我怠惰因循时予以鞭策。感谢邢老师百忙之中为本书作序，这对我也是一种鼓励、支持和鞭策，在今后的科研道路上，我将更加努力，并始终坚持严谨治学，不辜负老师的期望。

由衷地感谢我的"联合培养"导师王志军教授。在 UMass Amherst 学习期间，王老师在学习和生活上都给了我特别多的照顾，尤其在本书的前期文献搜集、研究规划等方面给了我很多的指导和帮助，全书的研究和写作是在两位导师的指导和帮助下才得以顺利完成的。很怀念王老师驱车带我们去参加各种学术会议的时光；很怀念那个最美的秋天，王老师载着我们穿梭在色彩斑斓的层林间，在学习之余享受阿默斯特的美景……感谢王老师，让我在异国的一年不仅收获了知识，还收获了温暖、美景和快乐！

衷心感谢研究和写作过程中给我提供了宝贵建议的各位教授。虽然因我自身水平的限制，本书最终可能还是达不到老师们期望的水平，但在各位专家的帮助下也有了不少改进。

真诚地感谢我的同门在研究设计、测试等过程中给我提供的帮助。特别感谢石高峰师弟在搜集资料和测试过程中为我提供的无私帮助，也特别感谢肖莉师姐、佳荷师姐、黄贤淑师姐、王舜真师姐帮我收集了大量数据。没有他们的帮助，就没有书中这些丰富的数据和材料。感谢我的同门兼好闺蜜敖晶晶，在美留学期间给我带来温暖和快乐，与我在学术上相互学习，互勉共进。

深深地感谢我的父母和所有家人，是他们一直以来的默默付出，以及对我的关心、支持、包容与理解，使我能够静心完成相关研究，并顺利写作此书。他们是我前行道路上永远的温暖和动力。2020 年是我人生另一个新阶段的起点，家人们都很辛苦，谨借此书的出版，来纪念我人生的这个新起点，并向所有家人致敬，愿未来一路平坦，风景无限，家人安康。

最后，十分感谢教育部人文社科基金、云南民族大学中国语言文学博士点成果项目以及云南省青年人才项目的大力资助。感谢社会科学文献出版社为本书提供了出版机会，感谢出版社相关工作者在出版过程中的支持与帮助。因作者水平有限,不足之处恳请读者批评指正。

李梅秀
2020年秋于昆明呈贡大学城

图书在版编目(CIP)数据

汉语作为第二语言搭配知识习得机制研究 / 李梅秀著. -- 北京：社会科学文献出版社，2020.10
ISBN 978-7-5201-7535-7

Ⅰ.①汉… Ⅱ.①李… Ⅲ.①汉语-对外汉语教学-教学研究 Ⅳ.①H195.3

中国版本图书馆 CIP 数据核字（2020）第 209168 号

汉语作为第二语言搭配知识习得机制研究

著　　者 / 李梅秀
出 版 人 / 谢寿光
责任编辑 / 王　展

出　　版 / 社会科学文献出版社（010）59367127
　　　　　　地址：北京市北三环中路甲29号院华龙大厦　邮编：100029
　　　　　　网址：www.ssap.com.cn
发　　行 / 市场营销中心（010）59367081　59367083
印　　装 / 三河市尚艺印装有限公司

规　　格 / 开　本：787mm × 1092mm　1/16
　　　　　　印　张：18.5　字　数：237千字
版　　次 / 2020年10月第1版　2020年10月第1次印刷
书　　号 / ISBN 978-7-5201-7535-7
定　　价 / 88.00元

本书如有印装质量问题，请与读者服务中心（010-59367028）联系

▲ 版权所有 翻印必究